社会发展70问

丁晓良 著

中国金融出版社

责任编辑：石　坚
责任校对：孙　蕊
责任印制：陈晓川

图书在版编目（CIP）数据

社会发展70问（Shehui Fazhan 70 Wen）/丁晓良著.—北京：中国
金融出版社，2014.3

ISBN 978 - 7 - 5049 - 7191 - 3

I.①社… Ⅱ.①丁… Ⅲ.①社会发展—问题解答 Ⅳ.①K02 - 44

中国版本图书馆 CIP 数据核字（2013）第 254858 号

出版
发行　　　中国金融出版社

社址　　北京市丰台区益泽路2号
市场开发部　（010）63266347，63805472，63439533（传真）
网上书店　http://www.chinafph.com
　　　　　　（010）63286832，63365686（传真）
读者服务部　（010）66070833，62568380
邮编　100071
经销　新华书店
印刷　保利达印务有限公司
尺寸　169毫米×239毫米
印张　21.5
字数　236千
版次　2014年3月第1版
印次　2014年3月第1次印刷
定价　32.00元
ISBN 978 - 7 - 5049 - 7191 - 3/F. 6751
如出现印装错误本社负责调换　联系电话（010）63263947

筚路蓝缕，以启山水

恩格斯告诉人们："一个民族想要站在科学的最高峰，就一刻也不能没有理论思维。"规律的总结、文明的传承、新知的探索，离开深沉而冷峻的思考，离开犀利而严酷的磨砺，是不可能有所成就的。古来先哲、导师和圣人，之所以定格在人类文明顶极的光环里，他们做学问的精神和人格，他们对于开启社会的有序与和谐，是怎样评价也不为过的，正如宋人所言，"天不生仲尼，万古如长夜"。

在诸多学问组成的海洋中，社会学被认为是最复杂、最难解，也是最引人关注的一门学问。人类"从利、从上、从众"的共性思维对于物理规则的畸变；人类"经济、政治、文化"的时空塑造对于畸变的再扭曲；人类"体能、技能、智能"的差异所产生的微观认知多样性；

人类"心理、行为、意识"在个体和群体中的异化……社会学的复杂与繁难，足以让古今的研究者们望洋兴叹。列宁说过一句话，"几何公理要是触犯了人们的利益，那也一定会遭到反驳的。"由此，迎接现代社会学的挑战，该是多么厚重的期许！

几千年来人类发展的长河中闪烁着许多智者的光芒，他们规范、提炼、实践、格物致知、天人感应……无不为了洞悉社会演化规律、制定社会行为准则、规范社会公序良俗，他们披荆斩棘，筚路蓝缕，乃至耗尽毕生心血，可歌可泣，史不绝书。然而，读不尽者，天下之书，参不尽者，天下之理，仍然有太多的疑惑和缺憾，困扰着前人，也拷问着后人。诸如三国演义开宗明义宣称，"天下大势，分久必合，合久必分"；毛泽东与黄炎培在延安的窑洞中感慨往复更迭的政权周期律；辩证唯物论凝练出的对立统一；老子的道法自然；天人合一的哲思；雅典的民主政治……大凡一涉及从物理到生理的跃迁，进而从生理到心理的跃迁，再到从个体心理到社会心理的跃迁，人们总会用一个字表达：难。

然而，科学道路上从不缺乏勇者和健者。我的朋友丁晓良先生勤于向学，甘于寂寞，于学问处孜孜以求，于辩论场侃侃而谈，人在尘世之中，始终不失雅士之风。他的抱负与气度，是他撰写《社会发展70问》的精神支撑。爱因斯坦曾说："提出一个问题比解决一个问题更重要。"这是因为不知道未解问题的深髓，极有可能将人的智慧耗竭在荒芜的大漠中，在其上行路，不要说鲜花，就是连一根小草也会难得一见。有鉴于此，能对社会发展提出70个问题的人，不啻为仁者的心怀、智者的先导、勇者的担当，丁晓良先生有此体验，足见其思虑之深，见解之锐，由此也可以想见其备受磨难之苦，历尽艰辛后登高望远之趣。

社会问题涉及人类知识的总体，研究的中心任务之一是揭示人类社会行为的三大基本内容：表现形式、追寻目标和内生动力。大凡自然科学、社会科学，乃至文史哲的精粹，只有经过沉淀并展现在我们的视野之中，只有通过广泛的涉猎和咀嚼，去粗取精地萃取出闪光的火花，才能初尝学问的乐趣。

序一：筚路蓝缕，以启山水

　　社会问题之深广，还涉及古今中外几乎包罗万象的方方面面，与文化、习俗、观念、信仰息息相关，同一个问题在不同的群体中有着决然不同的映射和反响，往往答案不具有唯一性，这就大大增加了问题的难度和容量。因此，无大勇大健者，往往却步不前。吾友晓良，敢于踏足并试图踩出一条路径，足堪大大称许。本人驽钝，粗读一遍原文，已觉耳目灵便，内心若有所悟。聪慧倍我之读者诸君，想必读后会有更大的收获。

　　是为序。

第三世界科学院院士

国务院参事

牛文元

2013 年 9 月 17 日于北京

一颗赤子之心的当代天问

与丁晓良结识转眼就二十年了，他是我的熟人中唯一同时具有工学博士和经济学博士的人，对科学和中国科学院的发展很有见地。因为谈得来，我和他由同事变为熟人，由熟人变为朋友，最后互相以兄相称，以为知己。

二十年前，晓良兄年轻才俊、功底深厚、热心公益、思想活跃、为人热情，所到之处鹤立光彩。中国科学院的同仁都愿意和他长谈、畅谈，我也不例外。十年前，我和良兄各奔东西，忙于工作和家事，见面机会不多。但是，每次短暂相见，他都能带给我新的惊喜，或事业，或生活，或其他发展。这次，良兄又以他的新著再次给人崭新的感受，那就是各位看到的这本《社会发展70问》。

有幸率先拜读了良兄的手稿，为他涉及领域之广阔、看问题之深邃、视角之独特和字里行间充实的满腔热忱所深深感动。毫无疑问,《社会发展70问》是中国当代寻求真理之问,是一颗赤子之心的当代天问。对当代中国的这些重大问题必然是见仁见智,良兄虽然只是一家之言,读后还是给人很多启迪。

中华民族有高瞻远瞩,展望星空的优良传统。从两千多年前屈原的天问长诗到前不久温家宝总理的"仰望星空"四节诗,一代又一代的仁人哲士发出过他们对美好未来的期盼和充满热血的呐喊,感动着我们去思索、去求索。最近几十年来,一方面,我们的物质世界有了翻天覆地的发展,令全世界瞩目。但另一方面,对精神的追求和哲理性的思考却被多数群体所淡漠。这是我国社会发展遇到很多困难的主要原因。党中央最近反复号召要有理论创新,想必也是同样的想法。《社会发展70问》中有专门论述软科学意义的一篇文章,正是对理论创新意义的反思,大有切中时弊之态。

良兄新著中不仅涉及经济问题、教育问题,还提及心理相关的问题。这对我国心理学同仁也是一个很好的刺激和宣言。人间的一切都是人的行为的结果,而人的行为必定有其心理基础,从这个意义上讲,不注意心理而办事必然难以达到预期的愿望。我国心理学人还都在写文章、找课题、提职称的旋涡中挣扎,无暇顾及社会问题,良兄的"天问"启发我们要更多地用心理学的知识和原理关注并参与社会的实践,是我读后最大的感受。

希望各位能从本书中获得这样或者那样的启示,希望有更多的文化人随着良兄加入到提出"天问"和回答"天问"的历史行列,方不辜良兄将近年的所思所得整理出版的初衷。

第三世界科学院院士

原中国心理学会理事长

国际心理学联合会副主席

中国科学院心理所所长

张 侃

2013 年 9 月 12 日于北京时雨园

社会发展
SOCIAL DEVELOPMENT 70Q 70问

前　言

　　现在是公元 2014 年。转眼之间，自己从 1956 年出生到现在已经是 58 岁了。回首往事，我所经历的时代是一个发生翻天覆地变化的时代。中国从一个贫穷落后的国家转变为一个强国；人口从 4.5 亿增加到现在的 13.7 亿；人民从吃不饱饭转变为丰衣足食；14 亿中国人的观念从安分、安命、安贫、乐天、不争、认吃亏转变为追求社会公平正义的制度，并在这个制度下追求幸福的观念。

　　伟大的时代催生伟大的思想。一个伟大的民族绝不仅仅是一个只会模仿西方规模化生产的民族，也不是只有领先的科技和强大的军事力量，而是拥有引领世界文明方向的伟大思想和理念，有建立更加公平、公正的世界规则的胆略和能力。拿破仑说："世界上有两样东西最有力量，一是宝剑，二是思想，而思想比宝剑更有力量。"我写这本书的出发点，一是希望提出问题，启发国人思考。提出问题是面对问题、解决问题的第一步。例如，1900 年希尔伯特在国际数学会上提出 23 个数学问题，对于西方的近代数学研究有一定引导作用。中国社会下一步要想健康发展，也必须坦然面对，而不是回避发展中、转型期必须解决的重大战略问题，因为这些问题逃避不掉，越晚解决，矛盾积累得越多，越难以解决。二是因为中国社会，包括人民的思想长期处于专制统治之下。要想迎来中华民族的伟大复兴，人民的思想首先需要从愚昧或偏见中解放出来。本书探讨的社会问题涉及大量的历史、文化、社会学、人类学、比较制度、比较政治经济学、制度经济学、心理学、教育学、生理学等方面的知识，限于作者的水平和能力，书中所提出的有关社会问题及其解决建议仅仅是一家之言，恳请读者诸君批评指正①。

我所主张的读书和研究态度，是从问题、从经验、从历史事实、从常识出发，而不是从理论或者经典著作出发；从不仅纵向比较、继承本民族优秀文化遗产出发，而且更要睁眼看世界，横向比较、借鉴和继承全人类文明的共同优秀文化遗产出发。需要说明的是我没有苛求先人之意，但一代人有一代人的使命。面临中国社会转型和改革进入深水区，我们这一代人乃至我们之后的若干代人不反思、不改革就不能进步，就是对子孙的不负责任。我谨望用通俗易懂的语言、用百姓切身关心的问题将社会科学从象牙塔中释放出来，从附庸的注释学说中解放出来，走入寻常百姓家，成为一本老百姓、政府官员都可以买得起、看得懂、用得上，对理解复杂的社会现象、对家庭和事业可持续发展、对启发民众独立思考、对中华民族自立于世界民族思想之林能有所帮助的实用社会与文化发展启示录。为节约读者时间，书中每一问都独立成文，读者可只选自己感兴趣的问题阅读。每一问文字都不长，图文并茂，力图使读者在比较短的时间里理解一个问题，力图使读者开卷有益。书中，有教育与科学之问、文化之问、制度之问、经济之问、历史之问和未来之问。因为世界，尤其是中国，正处于制度大变革的关键时期，因此书中关于制度分析的问题比较多。当然这一本短短的小书，也不可能穷尽社会发展方面所有的重要问题。好在来日方长，以后还可以慢慢道来，继续与读者分享。至于我的初衷能否实现，还要留待历史的检验和世人评说。

2014 年 1 月 7 日

注释

① 到任意搜索引擎输入"丁晓良博士的博客"，即可到我的博客给我留言，或者发电子邮件，邮箱地址：xiaoliang. ding@ gmail. com。

社会发展

SOCIAL DEVELOPMENT 70Q 70问

目　录

教育与科学之问

文化之问

制度之问

经济之问

历史之问

未来之问

教育与科学之问

◎孔子在与弟子们互相探讨问题，教学相长、互相启发

.

1. 为什么说中国教育的悲剧也是中华民族的悲剧？

"竹帛烟销帝业虚，关河空锁祖龙居。坑灰未冷山东乱，刘项原来不读书。"此为唐朝诗人章碣的《焚书坑》，喜欢读历史的人多半知道它。

纵览中国历史，历代的开国君主都不是传统意义上的读书人。尤其是在乱世敢于造反而且成功的刘邦、朱温、朱元璋、努尔哈赤，其出身其实就是流氓、乞丐、最底层的官吏。而同时期的读书人张良、敬翔、刘伯温之流即使加入造反队伍，也只是把自己的理想寄托于明君身上，做个军师之类的助手，出谋划策，希望以帝王师的荣誉而载入史册。所以俗话说"秀才造反，三年不成"。好不容易有两个落第的秀才——黄巢和洪秀全敢于领头造反，但也是鼠目寸光，屁股还没坐稳就开始享福或者窝里斗，终难成大器。为什么？这其实是中国教育对于领袖培养的缺陷。

根据心理学的研究，人的智力可以大致划分为创造力智商、死记硬背的智商、情商、灵商。智商是指智力水平，帮助你解决问题。情商是控制和调节自身情感的能力，也就是和人打交道、与人相处的能力，帮助你面对问题。灵商是信仰，它会帮助你超越问题。比如说相信人类普适价值观，相信善终将战胜恶。它会帮助你在危机时刻镇定，临危不乱。可惜的是，中国的教育，自古代有科举制，尤其是明代引入八股文以来，其考试结构主要考查的是死记硬背的智商，对创造力智商、情商、灵商都缺乏培养和考查方法。因此培养不出领袖人物，这实在是中国教育的悲剧。

中国古代的教育思想，在夏、商、西周时对人才的培养还是比较全面的。《周礼·保氏》中提到，"养国子以道，乃教之六艺：一曰五礼，二曰六乐，三曰五射，四曰五驭，五曰六书，六曰九数。"其中，礼为礼节、规矩、社会各阶层间的秩序（即今德育），重在约束外表和内心的行为；乐为音乐，重在调和内在的情感；射为射箭技术（锻炼体格，品格修养）；御为驾驭马车的技术；书为书法（即今文学）；数为算法（即今数学）。可惜到了孔子，射、御、数在教学中已不占重要地位，六艺演化为六经，即《易》、《书》、《诗》、《礼》、《乐》、《春秋》的学说。主要学习历史、社会学、文学知识。早期儒家的文化理想表达的是自然经济条件下平民的愿望，因而总是寄希望于圣贤而不是自己将它付诸实现，政治上表现为精英主义或贤人政治而不是能够产生贤人的制度，停留在说教的道德层面。据司马迁《史记·滑稽列传》记载，"孔子曰：六艺于治一也，《礼》以节人，《乐》以发和，《书》以道事，《诗》以达意，《易》以神化，《春秋》以义。"孔子之后的儒家，例如宋儒程颐、朱熹，强调先知后行而不是知行合一，忽略实际工作能力的培养，或可以以不知为借口而永远不行。到了明朝朱元璋，在科举考试中引入八股文，更加强化了死记硬背的智商，扼杀了创造力智商，忽略了情商和灵商培养，以致于中国教育所培养的知识分子几千年来都只是一种附庸，只能够做助手，而当不了领袖。

上述中国教育的悲剧其实也导致了中华民族的悲剧。因为刘邦、朱元璋、努尔哈赤等草莽英雄懂得人情世故，网罗豪杰，组建团队，当皇帝。但毕竟没有读过书，见识有限，因此也提不出什么先进的治国理念，以致于从秦朝到清朝，中国的制度文明并没有真正前进，而是在原地转圈甚至倒退。例如，朱元璋仇商、抑商，导致宋代已经蓬勃发展的商品经济在明代受到压制[①]，使得中国逐渐落后于西方。

再看，近几十年来我国教育的主旋律，就是提高升学率，这可为后人研究中国近现代教育史提供一个比较极端的范例。道德涵养的重要性毋庸置疑，一个只被要求"成绩好"的人，会成为怎样的人才，我们可能在自己身边已经看到。所以我认为，中国教育在历史上和当前最大的悲剧是忽略了对于创造力智商、情商、灵商的培养，忽略了实际动手能力的培养。我们应当回归教育的本质，即为人类的文明培养通才，而不能只是为执政者培养奴才。教育应当去行政化，让民间教育家办学。

注释

① 北宋时期，商品经济在中国已经有了一定的发展，国民生产总值占世界的80%。而朱元璋由于其早年的经历，对商人一概采取仇视和抑制的态度，以致于商品经济的发展在明代受到压制，明朝的国民生产总值仅仅是宋朝的1/10。

2. 为什么中国的大学没有培养出诺贝尔奖获得者？

　　根据心理学的研究，人的智力可以大致划分为创造力智商、死记硬背的智商、情商、灵商。中国的学校，不论大中小学，目前的教学方法主要培养的是死记硬背的智商，考量的也主要是死记硬背的智商。对情商、灵商则缺乏有效的培养方法。老师的职责就是把知识灌输进学生的头脑里，灌输的方式就是与每个学生建立起权威关系，单向传播。对于创造性的智商，不仅没有培养方法，基本在学生上小学期间就被扼杀了。例如，做题目只能按照老师教的方式和步骤做。用其他方式做，即使答案做对了也要扣分，这怎么能够培养出来有创造力的学生呢。想当年孔夫子教学，采用的是与学生一起讨论，教学相长、互相启发的方式。现代医学也证明团队的互动可以得到对问题更准确的认识①。

看看历史，看看自己的同学、朋友以及所培养的晚辈，真正在社会上取得成功的主要不是在学校期间死记硬背成绩好的人，而是创造性智商、情商和灵商都比较高的人。有位心理学家就告诉我，"北京中学存在'第10名现象'。"即中学校长们发现中学生们未来在各行业取得成功的人士大多不是原来班上考试成绩排前几名的学生，而是成绩排在第10名左右的学生。为什么呢？其实很好解释。考试成绩衡量的主要是死记硬背的智商，名列前茅的学生因为将主要精力用于学习书本知识，应付考试，其用于与人交往的时间与精力就会减少，相应的情商就低。而考第10名左右的学生之所以成绩能够排在第10名，说明其智商还可以，但是这样的学生并没有将所有的精力用于死记硬背以提高考试成绩，而是用了相当一部分时间去与同学交往或者发展自己的个人兴趣。所以，其情商和创造力相对于成绩名列前茅的学生反而要高，因此在走向社会后有更大的概率取得成功。美国著名成功学家卡耐基甚至认为情商占有成功权重的85%。根据中国校友会网大学评价课题组对1977—2008年我国各省市高考文理科状元的调查发现，我国杰出政治家校友榜、院士校友榜、杰出人文社会科学家校友榜、富豪企业家校友榜、长江学者等顶层人才榜单，尚未发现高考状元的身影②。再比如，唐宋期间是我国文学艺术的高峰，出了唐宋八大家、李白、杜甫等大诗人，而同时期一共出了265个状元郎，但是唐宋八大家、李白、杜甫等人都不是状元郎，也就是说状元郎主要衡量的是死记硬背的成绩，而唐宋八大家主要靠的是创造力。类似的例子还可参见注释中两个名单的对比。③我们还可以看看不成功的例子，大家都知道的李天一，可以说是除了道德素养之外的全才，音乐、书法、体育样样获奖，但就是屡屡犯罪④。监狱里的少年犯，50%以上都拥有很高的智商，但是情商和灵商很差。现在的家长和老师，对于孩子选个好学校，取得好的死记硬背的成绩是过于看重了。其实大可不必，原因在前面已经讲过了。

看看国外，对于孩子的创造力、情商和灵商是怎么培养的吧。创造力的培养，主要是让孩子按自己的兴趣发展，因此学校开的选修课比较多。中国以前由于观念和经济能力的问题，学校开的选修课很少，对学校和考生衡量的科目都相对比较少，不论孩子是否感兴趣，都必须学那几门课，按一个模子铸造。现在中国的国力和家庭的经济能力都比以前有了很大的提高，有条件让孩子按照自己的兴趣选修一些课程，主要是观念上要改变，重视和鼓励孩子按照自己的兴趣发展。再说情商和灵商的培养，国外主要鼓励学生参加学生社团活动、社区志愿者活动、教会等宗教团体活动，多承担一些家庭和社会责任。美国的中学生4年需要做40～80小时的社区服务，如果他们完不成规定的社区服务时间，申请大学时会受影响。此外，还要看老师的评价和推荐信。在过去的25年中，美国高中和大学开始把服务学习项目引入课程安排中来。学生不仅可以通过课堂，也可以通过直接参加社区服务来学习社会学、政治学、心理学、生物学、数学、音乐、美术、文学等知识。根据美国教育部的数据，千禧一代中，每五人里就有四人在高中时期参与过社区服务。中国将来在学生录取、奖学金发放等方面也应该有对于情商和灵商的考量，切实在教育结构、人才选拔结构方面作出调整和改革，只有这样，才能够真正培养出创造性智商、情商和灵商较高的人才，才能够真正解决钱学森对于中国大学为什么不能够产生诺贝尔奖获得者的困惑⑤。如此，则国家幸甚，民族幸甚！

注释

① 在 20 世纪 50 年代进行的研究中，伦敦大学附属医院的阿伯克龙比发现了一个很有趣的事实。当一批医科学生跟着医生查房并一起对病人的病情进行诊断时，他们得出的结果比单个学生陪着医生去查房时得出的结果要准确。团队的互动使得学生有机会质疑对方的假设，发表个人看法，借鉴别人的观察，对病人的病情达成共识。

② 中国校友会网（cuaa. net）大学评价课题组：《中国高考状元调查报告》，2009 年 5 月。

③ 看两份名单，哪份名单上您认识的人多一些？第一份：傅以渐、王式丹、毕沅、林召堂、王云锦、刘子壮、陈沆、刘福姚、刘春霖。第二份：李渔、洪昇、顾炎武、金圣叹、黄宗羲、吴敬梓、蒲松龄、洪秀全、袁世凯。第一份是清朝科举状元，第二份是当时落第秀才。

④ 李天一 4 岁学习钢琴，师从中央音乐学院著名钢琴教授韩剑明先生；8 岁学习书法至今，师从清华大学方志文先生；10 岁加入中国少年冰球队，多次参加国内外少儿冰球比赛。连续两届荣获全国希望杯青少年儿童钢琴比赛二等奖、中国作品演奏奖，全国少儿钢琴比赛金奖，第八届北京钢琴艺术节优秀演奏奖。小小年纪，书法作品令人叹为观止，连续三届荣获爱我中华全国青少年书法大赛铜、银、金奖。但就是这样一个被父母寄予厚望的"神童"，而且在学习具体知识技能方面也不负父母厚望的"神童"，在道德修养方面却被父母的溺爱、纵容所宠坏。继 2011 年 9 月 6 日因为打人事件被收容教养一年后，2013 年 2 月 17 日，李天一又因涉嫌轮奸被捕，小小年纪就成了一个二进宫的"惯犯"。这其中的教训难道不值得每一个家长和教师深思吗？对于李天一的进一步分析，还请见我的另外一篇文章：李天一屡屡犯罪、"我爸是李刚"告诉了我们什么？http：//

blog. sina. com. cn/s/blog_60f793a50101a0an. html。

⑤ 本文（http：//blog. sina. com. cn/s/blog_60f793a50100pjid. html）发表于 2011 年 2 月 7 日，当时中国内地还没有人获得中国政府认可的诺贝尔奖。

3. 现代教育工作者的历史责任是什么？

孔子：有教无类　　　　　　　　杜威：教育即生活

要搞好教育首先要了解教育的服务对象——人的素质构成。根据心理学的研究，人的智力可以大致划分为创造力智商、死记硬背的智商、情商、灵商。可惜的是，中国目前的教育，其教育内容、考试结构主要考查的都是死记硬背的智商，对创造力智商、情商、灵商都缺乏培养和考查方法。这实在是中国教育的悲剧。

从大的历史观来看，中华民族五千年文明史被西周封建、秦灭六国、辛亥革命三个划时代事件分为四段。西周封建之前，中国处于氏族、部落、部落国家联盟阶段；西周封建之后至秦灭六国，中国处于邦国贵族封建时代；秦灭六国后至辛亥革命，中国处于帝制时代[①]；辛亥革命后，中国进入共和制时代。从对人的素质全面培养的角度看，随着历史的演进，中国教育对人的全面培养可以用四个字来概括："越来越差"！

中国古代的教育思想，在夏、商、西周时对人才的培养还是比较全面的。但主要注重学习历史、社会学、文学知识。自然科学和工程技术从孔子之后成为不登大雅之堂的雕虫小技。宋代（961—1279年）时，国子监里还要求学习数学和天文学，并且有相应的课程考试。到了元代（1313年以后），这些课程就被取消了，并且到1898年戊戌变法之前就再没有被恢复。到了明朝朱元璋，在科举考试中引入八股文，更加强了死记硬背的智商，扼杀了创造力智商，忽略了对情商和灵商的培养，忽略了对自然科学和工程技术的培养。以致于中国古代的教育只能够培养助手，培养不了领袖[2]；只能够培养帝国统治所需要的知晓儒家四书五经的士大夫，培养不了科学家和工程师。

民国以来，西学之风渐盛。"五四运动"提出了"科学与民主"的口号[3]，新文化运动的先驱者们主要以资本主义上升时期的人权、自由、平等学说对儒家伦理道德思想进行了严肃的反思，全方位的对比和剖析，促进了思想自由、学术民主，以及新学说、新思想的广泛传播，动摇了儒学在政治伦理道德领域的指导地位，结束了儒学在思想学术领域的统治地位，造成了全国规模的思想解放运动，为中西文化的进一步融合和各种新文化、新思想在中国的传播开辟了道路。这个时期虽然政府无能，官员腐败，可他们允许学术与思想的自由，故产生了蔡元培、陶行知等一大批杰出的教育家。

但是自新中国成立以来，由于长期政治运动不断和错误的知识分子政策，使得教育沦为阶级斗争的工具，政治和愚民的工具，教育行政化，各级学校领导体制"官本位"。"文化大革命"中更是大搞个人崇拜、全民武斗、破四旧、批林批孔、读书无用论。这不仅对于学术与思想的自由，甚至对于中华优良传统、对于人的素质更是全面的扼杀。恢复高考制度以来，死记硬背的智商有了相应的考核办法，因此得到了大大的加强。但是对创造力智商、情商、灵商仍然缺乏培养和考察方法。所谓德智体全面发展，由于没有落实的措施，基本上是一句空话。现在中国教育的主旋律，就是提高升学率，对人的培养主要是训练死记硬背的能力。创造力智商、情商、灵商不仅是缺乏培养和考察方法，基本上是扼杀。这可为后人研究比较教育史提供一个极端的范例，对于民族和后代是要承担历史责任的。

耶鲁大学第 16 任校长（1986—1992 年）小贝诺·施密德特于不久前评论说，"新中国没有一个教育家，而民国时期的教育家灿若星海"。以 1917 年的北京大学为例，有一群年轻而富有朝气、敢于探索的教授。梁漱溟，25 岁；胡适，27 岁；刘半农，27 岁；刘文典，27 岁；林损，27 岁；周作人，33 岁；陈独秀，39 岁；朱希祖，39 岁……校长是蔡元培，50 岁，最年轻的是画法研究会导师徐悲鸿，23 岁。而现在的中国大学已经是行政化、政治化，对政治的适应，对某些人利益的迎合，损害了大学对智力和真理的追求，使得中国大学不存在人文社会科学领域学术与思想的自由。仅凭课程多、老师多、学生多、校舍多，不可能使得中国大学跻身"世界百强"。

那么，现代中国教育工作者的历史责任是什么呢？

首先，从创造力智商、情商、灵商三方面加强对人的培养。创造力的培养，主要是让受教育者按自己的兴趣发展。因此，学校里需要开的选修课要增多。中国以前由于观念和经济能力的问题，学校里开的选修课很少，对学校和考生衡量的科目都相对比较少。不论孩子是否感兴趣，都必须学那几门课，按一个模子铸造。现在中国的国力和家庭的经济能力都比以前有了很大的提高，有条件让孩子按照自己的兴趣选修一些课程，主要是观念上要改变，重视和鼓励孩子按照自己的兴趣发展。再说情商和灵商的培养，国外主要鼓励学生参加学生社团活动、社区志愿者活动、教会等宗教团体活动，多承担家庭和社会责任。哈佛大学学者曾经做过一项调查研究，得出一个惊人的结论：爱干家务的孩子和不爱干家务的孩子，成年之后的就业率为15∶1，犯罪率是1∶10。另有专家指出，在孩子的成长过程中，家务劳动与孩子的动作技能、认知能力的发展以及责任感的培养有着密不可分的关系。凡是从小就好吃懒做、不爱劳动的人，长大了多不能吃苦，独立自谋能力差，工作成就平平。因此，教师在教育孩子的同时，有责任教育望子成龙的父母从孩提起就应为孩子创造一种环境和条件，对孩子进行早期劳动训练，让孩子做力所能及的事情，让孩子练成一双勤劳的手，可使其终身受益。美国在大学录取时都要看学生在参与社会公益活动方面的情况，还要看老师的评价和推荐信。中国将来在学生录取、奖学金发放等方面也应该有对于情商和灵商的考量，只有切实在教育结构、人才选拔结构方面作出调整和改革，才能够真正培养出创造性智商、情商和灵商较高的人才。

其次，改课堂上的单向灌输法为启发式、讨论式的教学方法。孔子当年就是这样教学的。《论语》其实就是孔子与弟子关于学习问题的讨论记录。

再次，改进学科设置结构。我国的传统观念是高等教育要上普通大学。优秀的学生不愿意报考职业教育学院。高校大规模扩招以来，由于职业教育没有形成中高级人才教育体系④、职业院校只能招收"大学漏"、"官本位"⑤等缘故，普通高等教育相对于职业教育的不合理比例并没有得到改善。综观发达国家，例如，德国、韩国，国际竞争力的保持和提高主要是因为有大量的经过职业技术培训的劳动力。职业教育在德国、韩国国民教育体系中占有极其重要的地位。以德国为例，学生从小学升到普通初中、普通高中、大学的人数占 25%，而从小学升到综合初中，各类职业高中、技术学院、高等学院的人占到了 75%。美国也同样如此，它不仅有高水平的研究型大学，也有大量高质量的职业技术学院和社区大学。在全美 3 688 所学校当中，60% 是职业学校和社区的学院，普通大学只占 40%，其中，研究型大学只占 3%，而我国仅是有博士学位授予的院校和科研院所就远远超过了美国，但我们的高等职业院校无论从质量上还是数量上，都与其他国家相差很远。

最后，改善教育投入结构。教育带有公共产品和私人产品的双重属性。按照市场经济的规律，越是在基础教育阶段，越属于公共产品，需要政府投入的比例越大；越是受过高等教育、职业教育的人，在劳动力市场上的价值越高，越属于私人产品，需要政府投入的比例越小。以韩国为例，其教育经费仅次于军费，但私人投资的比重占了一半左右。[6]但是在我国，由于新中国成立初期实行计划经济，曾专门设有高等教育部。像我们"77 级"以前和以后几届的大学生，考进大学后就成了国家干部，都是由国家来投入。这个传统延续到现在，虽然考进大学不包分配了，但对于普通高等教育的投入比例仍远大于基础教育和职业教育。我国是穷国办大教育，更加需要鼓励动员民间的投入。诸位请不要忘记大成至圣先师孔子就是靠办私塾起家的。

至于中国大学的去行政化，教育学家办教育，实现人文社会科学领域学术与思想的自由，那将是伴随中国政治体制改革的一个长期的过程。"路漫漫其修远兮，吾将上下而求索。"

注释

① 关于邦国贵族封建时代与帝制时代的区别，请见丁晓良：《中国大

历史观是什么样的?》，http：//blog. sina. com. cn/s/blog ＿ 60f793a 501018f2h. html。

② 丁晓良：《为什么说中国教育的悲剧也是中华民族的悲剧?》（ht-tp：//blog. sina. com. cn/s/blog＿60f793a501015vjw. html）。另外，中国古代有影响的正史中，甚至对于佞人都有传，但对于著名的科学家、民间匠人都缺乏记载。可见自然科学和工程技术在中国古代的社会地位。

③ 关于"五四运动"是否提出"打倒孔家店"，学术界实际上是有争议的，请见北京大学教授王东所著《"五四"精神新论》。

④ 经过多年的努力，目前中等职业学校招生规模已经由2004 年的600 万人增加到2012 年的800 万人，与普通高中大体相当。但是高等职业院校招生规模远比普通高校小得多。

⑤ 由于官本位的影响，使得现在高职学校的校长非常热衷于将学校改成本科，因为随着学校地位的变化，他自身的地位也会发生改变。这个问题如果不解决，职业学校的校长是不会安心做职业学校校长的。

⑥ 雷丽平：《韩国职业技术教育的发展与改革对我国的启示》，载《东北亚论坛》，2008 （2）。

4. 李天一屡屡犯罪、
"我爸是李刚" 告诉了我们什么?

2013 年 2 月，著名歌唱家李双江与梦鸽的儿子李天一因涉嫌轮奸被刑事拘留，3 月 7 日被检察机关正式批捕。[①] 一时间，此案成为社会舆论的焦点。联想到 2010 年 10 月发生的 "我爸是李刚" 事件[②]，2011 年 9 月发生的 "官二代毁容美少女案"[③]，问题虽然暴露在这些 "官二代"、"星二代" 身上，但实际上这仅仅是这一代独生子女教育问题的冰山一角。这些事件反映出中国的家庭教育和学校教育出了大问题。希望父母们和教师们不单是围观、热议李天一等事件，而应该立即反思、审视自身的教育问题所在，采取行动，纠正存在的问题。亡羊补牢，犹未为晚。如此我们的后代才有希望，我们的家庭才能够幸福。

先看看中国的家庭教育有哪些主要问题。首先是中国的家长都很重视对儿女的教育。这应该是好事，但是，由于 "文革" 对于民族道德和价值观的破坏，可悲的是在 "文革" 中或 "文革" 后长大的不少家长自己就不懂得怎样做人，同样也不懂怎样教育子女，仅重视对子女的智力投资、知识灌输，仅重视考试成绩，而忽视了道德教育和人格培养，也就是说只注重死记硬背的智商而不注重创造力智商、情商和灵商，[④]这就不是好事反而是坏事了。李双江曾言，梦鸽给孩子的未来定的标准，一度是 "一定要得诺贝尔奖金，一定要当大人物"，但是怎样做一个正常的人，懂道理，有道德的人，反而没有重视。从一定程度上说，这也是现在家长们普遍存在的问题，舍本逐末，得不到好的结果。其次是普遍对独生子女的溺爱。由于没有竞争，独生子女在家中本来就不需要礼让，天生也不懂得礼让。如果父母不在这方面加强对孩子的教育，孩子怎么会懂得换位思考，在社会上礼让呢？因此，这是实施计划生育政策以来，成人和正在成长的独生子女以自我为中心，在为人处事中不懂得换位思考的原因。再加上父母、现在甚至是祖父母辈⑤的宠爱，更是为所欲为，从小就没有养成良好的习惯。根据心理学家的研究，"性格培养主要发生于6岁之前，主要由父母实施。如果这一阶段没有对他说不，恐怕他大了以后就会遇到法律对他说不；如果他没有被延迟满足，他大了以后就会随欲望而动；如果他没有经过诱惑训练，他长大后就会不计后果，肆意妄为"⑥。如果家长们能够改进自己溺爱子女的家庭教育方式，敢于对孩子说不，敢于延迟对孩子的满足，敢于要求孩子换位思考，不仅对于孩子性格健全、未来成长有好处，甚至对于自己的晚年幸福也是至关重要的。否则像李双江、梦鸽夫妇，只会是培养了一个不当教育的反面典型。子不教，父之过。但父不懂，又是谁之过呢？全社会都需要反思，该是全面改良民族道德的时候了。⑦

再看看我们的学校教育。我的一位学弟在清华大学做领导。他的女儿从英国回来时还是上幼儿园的年龄，回国后继续上国内的幼儿园。该校校长也是从英国回来的，孩子也小，也继续上国内幼儿园。一比较就看出问题了。在英国幼儿园，老师教孩子的首先是吃饭怎么吃，坐位置怎么坐，和其他人怎样交往，规矩、礼貌，怎样做人等。而在中国幼儿园，老师上来就对孩子们说，"你们将来都要做科学家的啊"。多么伟大的理想！多么幼稚的教育！一个社会是由各种各样的人构成的，难道所有的人都去做科学家不成？难道做科学家就是所有孩子的兴趣不成？进一步来说，如果一个科学家没有健全的人格，他可能会用他所掌握的科学知识去干罪恶的勾当，其结果，对于社会的危害更大。中国独生子女的不健全性格养成，除了家长要承担主要责任外，幼儿园和学校也难辞其咎。中国的学校教育，不论大中小学，目前的教学方法主要培养的是死记硬背的智商，考量的也主要是死记硬背的智商。对创造力的智商、情商、灵商则更加缺乏有效的培养方法。⑧这样的教育，在中小学培养的只能是应付普通知识灌输的考试机器，在大学培养的至多是应付专业知识灌输的考试机器和有一些专业技能的技师，不可能培养出有健全人格、独立思考的大家。

这样的教育系统必须被改革了。

注释

① 详见 http：//www. baike. com/wiki/％ E6％9D％8E％ E5％ A4％ A9％ E4％ B8％80。

② 详见 http：//baike. baidu. com/view/4534118. htm。

③ 详见 http：//www. baike. com/wiki/％ E9％99％ B6％ E6％ B1％9D％ E5％9D％ A4。

④ 丁晓良：《为什么中国的大学没有培养出诺贝尔奖获得者?》，http：//blog. sina. com. cn/s/blog_60f793a50100pjid. html。

⑤ 现在中国由祖父母辈隔代抚养孙辈的家庭已经达到了60％ ~70％。

⑥ 中国人民公安大学教授、犯罪心理学专家李玫瑾：《我对李天一犯罪心理问题的分析》，http：//limeijin. i. sohu. com/blog/view/256923017. htm#6506080 - tsina - 1 - 54618 - 16715dd2d09d5ae3c545d246c9f6c900。

⑦ 丁晓良：《中华文明的出路何在？重建，改良或复兴？》，http：//
blog. sina. com. cn/s/blog_60f793a50100wmeh. html。

⑧ 详见注释④。

5. 为何当前中国科学研究重硬轻软，
重大战略问题缺乏顶层设计？

　　这些年，国家有很多重大战略问题缺乏顶层设计。例如，据2009年清华大学社会发展由孙立平教授牵头的社会发展研究课题组成果显示，"2009年全国内保费用达到5 140亿元，已经接近军费的5 321亿元，"但是仍然经常是按下葫芦浮起瓢。现行的一些政策法规陈旧不合理，对权力约束不够，群众依法有序表达诉求的渠道不畅，结果是越维越不稳。维稳的顶层设计有问题。再比如，我国是世界上最大的铁矿石购买国，但是作为最大的买主对于铁矿石的定价机制基本没有发言权。我国的钢铁企业实际是给世界上几大铁矿石供应商打工。这也是由于我国对于铁矿石供应没有未雨绸缪的宏观战略研究和顶层设计的结果。又比如我国的能源战略，前些年提出西进战略。但是到底应该先采海底的油气还是陆地的油气？这个问题值得商榷。不久前美国发表公告说本国的天然气已经可以自给。因为美国已经掌握了页岩气的工业开采技术。而我国，尽管页岩气储量比美国还要丰富，但有关开采的技术研究还基本上没有布局。如此种种，说明当前中国的科学研究重硬轻软，重具体技术轻宏观战略。

回忆改革开放初期，小平同志非常重视软科学研究。那时的思想非常活跃，理论界本着实事求是的态度作了很多软科学研究，为当时的政治体制改革、经济体制改革提供了很好的理论指导和顶层设计。现在，国家对于科学技术的投入比那时大大增加了，但是上述列举的问题反而缺乏研究，这是为什么呢？

不久前在杭州，同一位曾任过浙江大学副校长的老同学谈起这个问题时，他对我说，"经济是基础，国家虽然增大了对科技的投入，但对软科学的支持力度相对较小，对优秀人才缺乏吸引力。没有优秀人才去从事软科学研究，自然不会有高水平的研究成果。没有高水平的软科学研究成果，自然不会引起领导的重视。这是一个恶性循环"。我深以为然。

我分析当前中国科学研究重硬轻软的另外一个重要原因是研究软科学问题会涉及国家宏观管理体制，容易得罪既得利益者，犯政治错误；或者是有研究禁区，导致不敢研究。

愿各级领导能够解放思想，实事求是，重视和支持事关国家发展重大战略问题的软科学研究和实践，使中国梦的梦想是科学梦想，并逐步得以由科学梦想变为现实，则功在千秋，名垂青史，国家幸甚，民族幸甚！

6. 近代以来中国科技为何会落后？

公元前三世纪到十六世纪

这个问题在我 1996 年写经济学博士论文时就研究过。[①]当时根据我国经济发展的历史事实说明，我国科学技术落后的历史原因是由我国外延和模仿再生产的方式与自然经济所决定的。时隔多年，我国经济发展仍然没有实现转轨，因此有必要将老调重弹一遍。

历史原因之一：外延和模仿再生产的方式致使我国的发明类型保持为经验型。

一、李约瑟之谜

我国历史上对于科学技术曾经作出过伟大的贡献。公元前 3 世纪，已经发明了用天然磁铁矿磨成的指南针。公元 2 世纪，蔡伦发明了造纸术。公元 7 世纪，发明了刻版印刷术。公元 11 世纪，毕昇发明了活字印刷。公元 9 世纪，发明了火药。在农业方面，我国很早就发明出了一些非常有用的技术，如行种植法和集约锄地法（公元前 6 世纪）、铁犁（公元前 6 世纪）、马的套具（公元前 4 世纪）、多管播种机（公元前 2 世纪）等。因此，那时中国的农业生产率，相对来讲要比欧洲的高。我国历史上技术发明的高峰期是在公元 8 世纪至 12 世纪，14 世纪以来，我国就少见有系统的重大发明了。例如，在公元前 221 年至 1644 年，我国发明的 68 种主要农具中，有 35 种发明于 961 年至 1279 年，而发明于 1369 年至 1644 年的只有 4 种（见表 1）。我国的科学技术在 16 世纪之前的 1000 年至 2000 年处于世界的前列，然而当 17 世纪西方的技术进步加快以后，中国却远远落后了[②③]。这样一个矛盾被李约瑟归纳为如下具有挑战性的两难问题：第一，为什么中国文明史上一直远远领先于其他文明？第二，为什么中国现在不再领先于外部世界[④]？

表1　　　　　　中国历史上所发明的主要农具随时间的分布

朝代	主要农具发明数量（种）
秦、汉（公元前221—220年）	13
魏、晋、南北朝（公元221—580年）	10
隋、唐（公元581—906年）	3
宋（公元961—1279年）	35
元（公元1280—1368年）	3
明（公元1369—1644年）	4

资料来源：Chao（1986）[5]。

二、对李约瑟之谜的补充回答：历史上外延和模仿再生产的方式致使我国的发明类型保持为经验型

为了回答上述问题，林毅夫提出了一系列的假说。其一，在前现代时期，技术的发明基本上源于实践经验，科学发现则是由少数天生敏锐的天才在观察自然时自发作出的。一国人口多，则经验型"试错和改错"的次数多，技术发明的概率高。从公元前400年到现在，我国人口大致是欧洲的两倍，因而经验型的技术发明多，然而，经过8世纪到12世纪这段技术发明的高峰期之后，技术水平已经达到了经验型发明的顶点，14世纪之后，经验型发明的可能性仍然存在，可是，发生重大技术突破的概率却是越来越小，大多数新发明都只是对原来的技术做些小改进。其二，17世纪后，技术发明主要是在科学知识的指导下通过实验获得的，科学发现主要是通过以数学化的假说来描述自然现象以及可控实验方法而得到的。中国没有从以经验为基础的发明方式，转换到基于科学和实验的创新上来，而同时期的欧洲，至少经由18世纪的"科学革命"已经成功地实现了这种转变，所以，中国在现代时期落后于西方世界。其三，上述科技创新方式的转变只有受过特殊训练的科学家才能完成。中国没有成功地爆发"科

学革命"的原因，大概在于科举考试的课程设置和其激励结构不合理，它使知识分子无心于投资现代科学研究所必需的人力资本，因而，从以经验为基础的发明方式转换到基于科学和实验的发明方式的概率就大大降低了[6]。

上述假说的第一点、第二点，较好地回答了由于科技创新的方式不同所导致的我国与西方技术发展的差异。假说的第三点，试图回答为何存在此种科技创新方式的不同，"实质上是一个技术供给不足假说"[7]。这里，我们要进一步问一个问题，为什么中国科举考试的课程设置和其激励结构使知识分子无心从事科学事业，尤其是做可控实验或对有关自然的假说进行数学化。宋代（公元961—1279年）时，国子监里还要求学习数学和天文学，并且有相应的课程考试，为什么在公元1313年以后这些课程被取消了，并且没有被恢复过？在此，作者想对上述科技创新方式不同的原因作一"补充"回答，中国科举考试的课程设置和其激励结构不合理的这种现象，是由于我国历史上物质资料的简单再生产与帝制社会[8]生产关系的模仿再生产，致使对自然科学知识需求不足所造成的。也就是说，问题的本质是对科技的需求不足导致了供给不足，实际上应该是一个对科技需求不足的假说。

（一）从物质资料的再生产过程看

中国帝制社会的经济以农业为主，土地和劳动力是最重要的生产要素，因此，我们在此主要分析中国农业的发展历程。

由于中国国土面积较大，人口较多，生产要素的供给较丰富，人均耕地面积到了18世纪才有较明显的下降（见表2）；由于人口增加大于疆域的扩大和可耕地面积的增加，劳动力供给相对增多，中国历史上总的趋势是人均耕地面积不断下降（见表2），粮食复种指数不断增加（见表3）。根据史料记载和赵冈等学者的推算，公元 1 世纪，人均耕地面积为 9.67 亩，粮食复种指数为 0.6，每播种 1 亩的混合谷物（主要是小米）产出为 96 斤，人均谷物产出为 501 斤；到 11 世纪，人均耕地面积 5.5 亩，粮食复种指数大约由 0.6 提高到 1.0，每播种 1 亩的混合谷物（主要是小米、小麦、水稻）产出由 96 斤提高到 167 斤，人均谷物产出提高到 735 斤，而这几乎是中国历史上人均产粮的峰值了；到 1949—1952 年，人均耕地面积约 2 亩，粮食复种指数提高到 1.35，官方公布每播种 1 亩的混合谷物产出为 176 斤，与 11 世纪每单位播种面积的产出几乎相同，由于复种指数的提高，亩产增加到 238 斤左右，而人均谷物产出却降低到 471 斤，甚至低于 1 世纪的相应值（见表 3）。事实上，这一下降过程持续了几百年。例如在宋朝时，浙江的水稻亩产为 402 斤，17 世纪中叶，该地的水稻亩产达 518～681 斤，而到 1928 年，降到了 300～400斤，小麦的亩产变化也有类似的趋势。若以 11 世纪的人均谷物产出为 100%，则后续年代的产出指数分别为：1812 年，83%；1882 年，70%；1949—1952 年，64%（Chao，1986）。可见，从中国农业的发展历史看，增长的源泉主要来自于土地面积和劳动力投入的外延扩大，而要素生产率（见表 3）和雇工劳动剩余（见表 4）自宋代以后逐年减少，呈现收益递减的特征。

表 2　　　　　　　　　　公元 2—1887 年的人均耕地面积

年份	可耕地（百万亩）	年份	人（百万）	人均面积（亩）
2	571	2	59	9.67
105	535	105	53	10.09
146	507	146	47	10.78
976	255	961	32	7.96
1072	666	1109	121	5.50
1393	522	1391	60	8.70

续表

年份	可耕地（百万亩）	年份	人（百万）	人均面积（亩）
1581	793	1592	200	3.96
1662	570	1657	72	7.92
1784	886	1776	268	3.30
1812	943	1800	295	3.19
1887	1154	1848	426	2.70

资料来源：Chao（1986）[9]。

表3　　　　　　　中国历史上单位播种面积和人均谷物产出情况

度量	1 世纪	11 世纪	1949—1952 年
人均可耕地面积（亩）	9.67	5.50	2.50
粮食复种指数	0.60	1.00	1.35
谷物种植面积比例（%）	90	80	80
每单位播种面积的产出（斤/亩）	96	167	176
种植谷物的耕地产出（斤/亩）	96	167	238
人均谷物产出（斤）	501	735	471

资料来源：Chao（1986）[10]。

表4　　　　　　　我国历史上雇工生活标准的变化

时期	月实际工资加口粮#（升）	时期	月实际工资加口粮#（升）
汉（公元前206—220 年）	150～373	明（公元1369—1644 年）	47～231
唐（公元618—907 年）	190	清，雍正年间（公元1723—1735 年）	63～250
北宋（公元961—1127 年）	195～830	清，乾隆年间（公元1736—1795 年）	40～116
南宋（公元1128—1279 年）	45～163	清，嘉庆年间（公元1796—1820 年）	34～65

注："#"表示中国历史上有雇主在雇用期间为雇工提供膳食的习惯，此处按30升（约42斤）估计。

资料来源：Chao（1986）[11]。

综上所述，由于中国疆域辽阔，可开垦的土地和劳动力多，导致历史上的再生产以要素的外延为主。这种生产方式所要求的技术创新并不侧重要素生产率的提高，而主要是适应新种类外延环境的创新。例如，9世纪（唐朝）之后，随着人口从种植小米和小麦的北方向种植水稻的长江以南地区迁移，农具和新的作物品种进入了经验型发明的高峰期（见表1）。其后，我国农业主要是将经验型技术发明的成果应用于新开垦的土地，要素外延的环境并没有改变，因此生产发展对新发明的要求并不迫切，这是科技创新的方式没有发生转变的重要原因之一。

（二）从帝制生产关系的再生产过程看

中国帝制社会的再生产是物质资料的外延和模仿再生产与帝制生产关系模仿再生产的统一。由于经验型技术发明和简单外延再生产的方式能够基本满足民族生存的需要（见表3、表4）和皇帝的享乐，帝制王朝并不需要知识分子以主要精力从事发明创造，而希望他们以主要精力学好儒家学说的四书五经，忠君报国。如果社会制度为科学家才能的"非生产性利用"甚至破坏性利用提供了比生产性利用更高的报酬，科学家才能被吸引到非生产性用途上，科学发现就会停滞。

出于引导知识分子忠君报国的需要，董仲舒提出了"罢黜百家，独尊儒术"，"诸不在六艺之科，孔子之术者，皆绝其道，勿使并进。邪辟之说灭息，然后统纪可一而法度可明，民知所从矣"⑫。董仲舒的建议被汉武帝采纳，于公元前136年建太学，置《诗》、《书》、《易》、《礼》、《春秋》五经博士，招收官僚、地主子弟，每年考试一次，优秀的补为郎中、文学、掌故。至隋朝（公元581—618年），政府废置了按门第高低选用官吏的九品中正制，按德才标准选拔官吏，并继续实行州刺史举送士人到中央参加秀才、进士、明经等科目考试，考试合格者录用的制度。这类考试的目的主要是为了在地主阶级中较广泛地收罗人才，补充官僚队伍，这适应了士族地主衰落、庶族地主兴起的历史趋势，既符合帝制所要求的中央集权，又有利于一般没有托荫袭爵特权的庶族地主，使他们能通过读书做官的道路进入仕途，扩大了帝制政权的基础⑬，这是我国历史上科举考试的课程设置及其激励结构不合理和帝制社会超稳定的重要原因之一。

历史原因之二：自然经济排斥科技进步。

一、小生产的习惯势力排斥科技进步

我国帝制统治历史长，帝制社会地主土地所有制占优势和残酷的剥削相结合，造成了小农业和家庭手工业的紧密结合，这是自然经济的核心⑭。这种分散的个体生产，在规模上十分狭小，而在内容上也很简单，其生产的目的主要是为了解决吃饭和穿衣的自给问题。在这种狭小的生产规模和简单的生产方式下，"交换是有限的，市场是狭小的，生产方式是稳定的，地方和外界是隔绝的"⑮，人们的眼界是封闭的，小生产的习惯势力盛行，"这种习惯势力的一个显著特点，就是因循守旧，安于现状，不求发展，不求进步，不愿接受新事物"⑯。在这种习惯势力影响下，难以产生有组织的、基于科学和实验的系统创新。

中国历史上由于生产要素相对丰富，"一向自认为是天府之国，可以不需要对外贸易而自给自足"⑰，在此条件下形成的农业和家庭手工业紧密结合的自然经济结构，排斥社会分工和商品经济的发展，因此难以破除小生产的习惯势力。在帝制王朝的统治下，这种习惯势力又由于政治上的保守和统治的需要得到了加强，最典型的就是倒退的明朝⑱，之后的清朝也基本上沿袭明制，没什么进步。在1792年，英国政府派特使乔治·马嘎尔尼访华，谦恭地祝乾隆八十大寿，提出同中国平等交往，扩大贸易联系⑲，当时清朝统治处于由盛而衰的转折，在外表上仍保持着强盛帝国的姿态，有资格同外界对等交往，但"与外界完全隔绝曾是保存旧中国的首要条件，"[20]清朝政府出于自给自足的考虑和担心允准英国开辟对华贸易会动摇其统治，傲慢地拒绝了平等交往和吸收其他民族先进文明的机会[21]。48 年后，鸦片战争爆发，英国用大炮轰开了腐朽的清朝政府闭关自守的大门，中国沦为半帝制半殖民地社会[22]。

二、自然经济排斥鼓励创新的法律制度

近代以来，工业革命是与有效的产权制度联系在一起的，发明成了一门职业，需要知识产权制度的维护[23]。而在自然经济条件下，"生产基本上是为了供自己消费。它主要只是满足生产者及其家属的需要"，"以交换为目的的生产，即商品生产，还只是在形成中"[24]。因此，经济关系在很大程度上依赖于血缘关系、宗法关系，并通过传统习惯和道德来调整，缺乏对平等交换的契约关系的需求，所产生的法律主要是维护自上而下集中统治的刑法[25]，官僚可以凌驾于法律之上，司法制度从来没有从政治体制中独立出来，一直是为大一统的帝国中央集权体制服务的[26]，没有产生相应的产权和知识产权制度，因此不可能引导发明从少数天才的个人偶然行为变为社会公众的持续行为。

三、"重农抑商"的自然经济政策阻碍了财富向工业资本转化，影响了进步

在自然经济条件下，人们普遍重生产轻交换。商鞅、《管子》的作者和荀子、韩非子等把农业（包括家庭手工业）称为"本"，把奢侈品的生产和流通称为"末"，认为重农必须抑商和禁末，以保证农业部门的劳动力和农民的生产积极性。他们并不否定工商业的作用，抑商的程度也有差别。韩非子针对一些工商

业主的投机活动，将"末"的概念扩大到整个工商业。以后历代王朝都不同程度地对工商业执行限制政策，"重农抑商"，"强本抑末"，一直到清代，仍旧实行此政策[27]。"重农抑商"思想和政策，对巩固邦国时代的封建制和统一帝国时代的帝制统治起了积极作用。但随着社会经济的发展，其消极作用日益增加。表现在上层，皇家和高官将巨额财富用于修建游乐园林而较少用于发展工商业。如"乾隆皇帝在位 60 年（公元 1736—1795 年），对圆明园岁岁营构，日日修华，浚水移石，费银千万。"[28]颐和园的前身清漪园，自乾隆十五年开工，历时 15 年，"共用白银4 482 851两 9 钱 5 分 2 厘"，尚未包括不需由皇家开支的部分物料、运输、劳力等[29]。而在百年以后的洋务运动中兴办的轮船招商局（1872年），占主要比例的官股为 190 万两，开平矿务局（1878 年）集股 80 万两，上海机器织布局（1890 年）资本 50 万两，湖北织布官局（1893 年）派捐 80 万两作购布机专款[30]，其总和尚不如百年前修建清漪园的开支多。表现在民间，社会上积累起来的财富多用于购买土地，从事地租盈利，难以向工业资本转化。例如，明代中叶成化年间（公元 1465—1487 年）丝织业中张翰的祖辈，从只有一张织机的小生产者逐渐发展成具有二十几张织机的工场主后，到张翰一辈，已不再从事丝织业生产，而是读书中举做官，变成了地主官僚[31]。在甲午战争（公元 1894—1895 年）以前，民族资本所创办的有限企业中，大部分企业的资本都在 10万两以下，少的只有几千两[32]。因此难以"把这些有限的生产资料从个人的生产资料变为社会的，即只能由人们共同使用的生产资料，就不能把它们变成强大的生产力"[33]。这种传统一直延续到今天，表现为民间积累的财富多用于购买房产，从事房租盈利。如果不加以引导甚至限制民间资本投资范围，也是难以向工业资本转化的。

注释

① 丁晓良：《由历史唯物主义观看中国科技为何会落后》，见《中国科技体制改革的经济学分析》，202页，北京，科学出版社，1998。

② 林毅夫：《制度、技术与中国农业发展》，上海，上海人民出版社，1994。

③ 林毅夫：《中国的经济改革与经济学的发展》，见《经济学与中国经济改革——北京大学中国经济研究中心经济学前沿系列讲座》，上海，上海人民出版社，1995。

④ Needham, J., "Introduction" in Robert K. G. Temple. China：Land of Discovery and Invention. Wellingborough：Patrick Stephens，1986.

⑤ Chao, Kang, Man and Land in Chinese History：An Economic Analysis. Stanford：Stanford University Press，1986.

⑥ 详见注释②。

⑦ 详见注释②。

⑧ 关于帝制社会的定义，请见丁晓良：《中国大历史观是什么样的?》，http：//blog. sina. com. cn/s/blog_60f793a501018f2h. html。

⑨ 详见注释⑤。

⑩ 详见注释⑤。

⑪详见注释⑤。

⑫《汉书·董仲舒传》。

⑬ 通过这种考试，皇帝既可把最优秀的人选来担任公职，又可以通过儒家经典的教育建立一套道德体系。这种道德体系可以大大减少皇帝的统治成本（林毅夫，1994）。

⑭ 凌耀伦、熊甫、斐倜：《中国近代经济史》，第1版，重庆，重庆出版社，1982。

⑮ 恩格斯：《社会主义从空想到科学的发展》，马克思主义著作选编

（乙种本），第 1 版，北京，中共中央党校出版社，1994。

⑯ 邓小平：《在全国科技大会上的讲话》，见《邓小平文选》，第 2 卷。

⑰ Sir Staunton, G. , An Authentic Account of an Embassy from the King of Great Britain to the Emperor of China, Printed for Rbbert Campbell, by John Bioren, Philadelphia, 1799. 中译本：《英使谒见乾隆纪实》，叶笃义译，第 1 版，北京，商务印书馆，1963。

⑱ 朱元璋在治国方面有哪些失误呢？http：//blog. sina. com. cn/s/blog_ 60f793 a501015svl. html。

⑲ 在英国国王致乾隆皇帝国书中说：“各处事情物件可以彼此通融，别国的好处我们能得着，我们的好处别国也能得着”（Staunton，1799）。

⑳ 马克思：“与外界完全隔绝曾是保存旧中国的首要条件，而当这种隔绝状态在英国的努力之下被暴力所打破的时候，接踵而来的必然是解体的过程，正如小心保存在密闭木棺里的木乃伊一接触新鲜空气便必然要解体一样。”《中国革命和欧洲革命》，见《马克思恩格斯选集》第 2 卷，3 页，北京，人民出版社，1972。

㉑ “乾隆五十八年 8 月己卯赐致英吉利国王敕书曰：……天朝物产丰富，无所不有，原不籍外夷货物以通有无。特因天朝所产茶叶、瓷器、丝斤为西洋各国及尔国必需之物，是以加恩体恤，在澳门开设洋行，俾得日用有资，并沾余润。……朕于入贡诸邦、诚心向化者，无不加以体恤，用示怀柔。如有恳求之事，若于体制无妨，无不曲从所请。今尔使臣所恳各条，不但于天朝法制攸关，即为尔国王谋，亦俱无益难行之事……”（Staunton，1799）。

㉒ 而我们的东邻日本，却于 76 年后面临着半殖民地的危机，实现了明治维新。

㉓ 卢现祥：《西方新制度经济学》，第 1 版，北京，中国发展出版社，1996。

㉔ 详见注释⑮。

㉕ 苏星、龚育之、杨春贵：《建设有中国特色社会主义理论教程》，第 1 版，北京，中共中央党校出版社，1996。

㉖ 详见注释㉓。

㉗ 雍正："朕观四民之业，士之外，农为最贵。凡士工商贾，皆赖食于农，故农为天下之本务，而工贾皆其末也。"（彭泽益，1957）

㉘ 见圆明园管理处圆明园园史介绍。

㉙ 刘若晏：《颐和园》，第 1 版，北京，北京出版社，1991。

㉚ 张寄谦：《中国通史讲稿（下）》，第 1 版，北京，北京大学出版社，1984。

㉛ 详见注释⑭。

㉜ 详见注释㉚。

㉝ 详见注释⑮。

7. 如何培养民族和个人的创造性？

人类的创造性思维可称之为顿悟，比如灵感、直觉等。顿悟是创造性思维的普遍形态。它是人们在探索问题过程中，对问题百思不得其解，由于某种机缘的启发，突然看出问题情境中的各种关系并产生了顿悟和理解，出现的豁然开朗、精神亢奋，取得颖悟的一种心理现象。上千年前六祖慧能说，"我于忍和尚处（指在五祖那里），一闻言下便悟，顿见真如本性，是以将此教法流行"，这就是一种顿悟。

创造性思维是否只有天才才有呢？对顿悟内在的信息机制进行的分析和研究表明，顿悟是思维中旧的格式塔（旧的逻辑）被打破和新的格式塔（新的逻辑）被创建的过程。格式塔理论还用实验明确指出，人的顿悟功能是普遍的、先天性的，即无师自通的。现代心理学家用著名的黑猩猩学习用木箱为梯子登高摘香蕉的实验，论证了高级众生也具有顿悟之本能。

　　创造性的问题，对于民族的生存和个人的发展都非常重要。例如，犹太民族虽然颠沛流离、饱受迫害千年，但是由于宗教信仰和教育等原因，这个民族的创造力、影响力非凡①，产生了爱因斯坦、马克思、弗洛伊德等影响人类发展的伟大的科学家、思想家，罗斯柴尔德、摩根、洛克菲勒等左右世界金融界的金权霸主。在亡国 2 000 多年后，这个民族还能够恢复古国以色列，并取得了 5 次中东战争的胜利。其军事科研翘首全球，并在遗传学、计算机科学、光学、工程学、医学、农业方面居于世界前列。在全世界 70 亿人口中，犹太人仅有约 1 300 万人，占世界人口的千分之二，但就是这千分之二的犹太人，却占据了全球诺贝尔奖获奖者的五分之一。作为对比，2011 年第六次人口普查结果公布中国人口数量为 1 370 536 875 人，算上海外华裔约 4 000 万人，共占世界总人口数的五分之一，但是诺贝尔奖获得者共 12 名，还不到诺贝尔奖获奖者的 2%。创造力的差异多么明显！自工业革命以来，中华民族对于世界科学技术的发展贡献甚小②，与之相伴随的是中华民族在近代受到列强的宰割和压迫愈烈。

　　既然创造性对于民族生存、个人发展那么重要，那么我们怎么样才能够增强民族和个人的创造力呢？人类的创造性思维并不为人们的理智所控制，具有突然性、短暂性、亢奋性、突破性、独特性、不稳定性、情绪性等特征。通常的看法，认为灵感是可遇不可求的。人不能按主观需要和希望产生灵感，也不能按专业分配划分灵感的产生。陆游的《文章》诗就说："文章本天成，妙手偶得之。粹然无瑕疵，岂复须人为。"现实生活中人们也会遇到"有心栽花花不开，无意插柳柳成荫"的情况。至今人们还没有找到控制灵感产生的办法。中国教育学家就宣称，创造性不能习得只能"孕育"③。且不论创造性是否可以习得，它至少可以培养。那么，怎么培养民族和个人的创造性呢？

首先，从上述犹太民族和中华民族的创新力对比可以看到，创新不仅与个人的学习方法和情绪有关，它更是社会的事。根据心理学专家对于中西方思维风格的比较研究，有间接证据表明中国人是聚合型思维居多，西方人是发散型思维居多；中国人是 Adapter（顺应者）居多，西方人是 Innovator（创新者）居多。这是由于中华传统的农耕文明、专制帝国、被篡改的三纲五常、祖宗家法不可变等从生产方式、社会治理方式、文化等方面抑制了创新[④]。中国要建设创新型国家，必须在上述三个方面都进行相应的改革，在制度层面鼓励创新。如此才能够使人民的思维逐渐发散，逐渐摆脱聚合型思维，成为创新者。国家才能够真正进入创新促进发展的良性循环。

另外，我们必须改革民族的教育方式。世界公认中华民族是重视教育的民族，但就是这么一个重视教育的民族，近代以来却没有培养出民众的创造力，这难道不值得我们深思吗？

从表现特征、实验操作、神经生理学以及学习机制等方面的诸多不同来看，人类具有内隐和外显两种学习机制。内隐学习（Implicit learning）是有机体在与环境接触的过程中不知不觉地、潜移默化地获得了一些经验、学习了某种规则并因之改变其事后某些行为的学习。这种学习的效果可以通过某种测试表现出来，但是意识层面却无法觉知这种规则，不能外显地把这种规则说出来。语感的培养就是一个很好的例子。语感是对语言从形式到内容，包括语音、语义、语法、语用在内的综合的感知、领悟和把握的能力。人们对语感的认识是"只可意会，不可言传"。因此可以说，语感主要是通过内隐学习获得的。类似于语言的内隐学习例子还有体育技能、歌唱技能、书法、待人接物行为习惯、社会习俗、民族文化熏陶等。外显学习（Explicit learning）则类似于有意识的问题解决，是能意识到的、作出努力的和清晰的。任何一个学习任务都是内隐和外显学习的结合物，是内隐和外显学习之间联系与权衡的产物。两者之间的独立性是相对的，它们之间存在紧密的联系和相互作用。研究表明，外显学习对内隐学习的阻碍作用是随处可见，经常发生的，而外显学习对内隐学习的促进作用虽然存在但较少见到，因为它所需要的深入且恰当的外显指导通常很难达到。反过来说，内隐学习一定会促进外显学习。当学习者共同运用内隐和外显两种学习方式时，其效果是最好的。内隐学习和外显学习之间存在着协同效应⑤⑥。

根据学习内容和学习方式的不同，人的学习又可以分为三种不同的类型，即机械的学习、示教的学习以及自适应的学习⑦。例如通过考察实例进行学习（例中学）和通过解决具体的问题进行学习（做中学）就是典型的自适应学习。例中学有两种情况：一是提供某个概念的一系列正例和反例，学习者的任务是通过归纳推理，产生覆盖所有正例并排除所有反例的概念的一般描述；二是提供一个或几个有详细解题步骤的例题，学习者的任务是考察并理解这些例题，并通过类比学会解决其他类似问题。在自然科学发展史上，无论古代、近代，还是现代，类比在科学发现中是一种被普遍应用的方法。也可以应用这种方法启发和培养学生的创造力。例如，多给学生看历史上的大科学家遇到问题时是怎样想的？有关教育部门还可以请一线科学家向全国学生们介绍目前他们正在处理的问题、困难及其思路，以激发学生的兴趣，启发学生的思路。

在做中学的学习方式中，提供的学习材料是一系列的问题，学习者的任务是利用已经学会的知识解决这些问题，从而学会解决其他类似问题。

在自适应学习的实践应用方面，中国认知心理学家朱新明教授等提出了以样例引路，以问题解决为手段，以建立"条件—动作"对为核心的示例演练学习方法，并将这一方法应用到几何、代数、物理等领域的学习。1993 年 9 月，由朱新明和诺贝尔奖得主、认知科学和人工智能的创始人之一西蒙编写的《初中数学示例演练试验教材》正式出版，在我国的一些学校进行教学试验。在 2003 年，这一实验已逐步扩展到 21 个省市的数百所学校。通过上万名学生的实验证明，仅仅通过例中学就可以学习相应的知识。不仅初中 3 年的课程完全可以在 2 年内掌握，而且学生学习还不累。但是目前这样的创新课程必须要纳入所谓基础教程体系。可想而知在现有应试教育体制下，这样的创新课程命运只能是被夭折。

中国学生在学校的学习以外显学习、外显知识规则的死记硬背、机械的学习和示教学习、应试教育为主。我自己就曾经经历，也经常听周围的人说起过孩子在学校里题目答案做对了，但就是因为没有按照老师说的方法、步骤去做就扣分的事情。这种教育体制所起的作用不仅是灌输知识，而且同时在扼杀着宝贵的创造力。正如资中筠所说，教育是百年树人，如果中国的教育再不改变，人种都会退化，这就像土豆要退化一样[8]。因为你教育出来的学生，再过十年，他就是老师。然后他再接着用这一套方法去教育下一代，这样一代一代接力下去，教育就是在不断摧毁人。中国的家长们都喜欢说一句话，叫"不要输在起跑线上"。实际上中国的孩子已经输在起跑线上了。中国现在的教育，从幼儿园开始，传授的就是完全扼杀人的创造性和想象力的极端功利主义[9]。我们要培养民族的创造力，就必须改革目前中国的垄断教育体制，改革学习方式，大范围地引进内隐学习、自适应学习。

上述从生产方式、社会治理方式、文化、教育等方面都进行相应的改革，在制度层面鼓励创新的过程是一个长期的过程。作为个人，绝不能被动等待。因为民族是由一个个个体所组成的，如果这个民族中的每个个体都能够主动地培养自身的创造性，不仅对这个个体的长远发展有利，而且通过上下结合，还可以大大加快宏观改革的过程。让我们看看如何培养个人的创造性？

进入现代社会，每一个人都面临着自己大脑有限的信息加工能力和无限的信息之间的矛盾。社会和家长都在疯狂地攫取着有限的儿童大脑功能的心智资源。人脑的重量平均为人体总体重的2%，但它需要使用全身所用氧气的25%，相比之下肾脏只需12%，心脏只需7%；消耗的能量占全身消耗能量的20%；血流量占心脏输出血量的15%，一天内流经大脑的血液为2 000升。如能把大脑的活动转换成电能，相当于一只20瓦灯泡的功率。正如运算速度越快的计算机越不稳定一样，过度用脑会引起心脏病和各种心理疾病。保守地估计，现在中国有 1 600 万青少年有心理问题。广州市政协委员谢炜如所掌握的关于广州大学生的一份调查材料显示："4 675 个被抽查的大学生中，有不同程度心理问题的 551 人，占调查总人数的 11.79%。其中，有严重心理问题的大学生共 36 人，占调查总数的 0.76%，其症状包括人际关系敏感、敌对、强迫、焦虑、偏执、抑郁等。这些症状都可能导致这部分大学生的行为偏差，有些症状隐含攻击性和残忍性，甚至可以说是产生马加爵事件的土壤和温床⑩。"目前我国的教育，尤其是家长，一味地强调孩子的认知能力，学知识的能力，儿童虽然学习快，但形不成稳定的人格，结果就会出现像李天一那样的艺术、体育技能优秀，但道德没有底线的孩子⑪。其结果，对社会、对家庭、对孩子，都是悲剧。怎么办呢？

方法之一，机会偏爱有准备的大脑。任何顿悟都必须有明确的思考问题为大前提，同时顿悟必然是对此问题经过长期、认真，甚至艰苦的思考才可能出现。所以，我们自身，并且要鼓励我们周围的人对感兴趣的事物多问几个为什么？并进行相应的思考、探索。正如袁隆平所说，灵感是知识、经验、追求、思索与智慧综合实践在一起而升华了的产物。他对"灵感"的定义很实在，具有操作性。

方法之二，想办法在学习的同时最小程度破坏创造力，保护创造力。郑也夫说，"教育要消极一点，对孩子成长不能太干扰"⑫。这有一定道理。但是在中国举国开展"学历的军备竞赛"、家长们都寄希望于一个独生子女的宏观环境下，听任个体自在发育的教育可能并不现实。不如应用积极的保守疗法。像前面提到的内隐学习促进外显学习，自适应学习都可以帮助一方面学习知识，一方面最小程度破坏创造力。除此之外，还可以有意识地让大脑处于清醒的脑虚空状态。从有利于创新、有利于内隐学习、自适应学习的角度而言就是让大脑处于准备状态、放松状态，让自己慢下来。比如说每天冥想、内视、打坐 20 分，这是道教中的一种基本修炼方式。在佛教中叫"禅坐"或"禅定"，是禅宗必修的。现代社会忙忙碌碌。我们大多数人在清醒的时候，都是和别人在一起，例如和同事、客户、亲人在一起，或者是和电视剧、文艺作品里面那些虚幻的人物在一起，都是在感知外部信息。我们很少感知自己身体内部的信息。但是只有静下来，和自己在一起，我们才能真正了解我们内心的想法、直觉，获得我们所需要的力量。俗话说，求人不如求己，归根结底，人要靠自己，别人的帮助，虽然很重要，但那不是决定性的。冥想就是和自己在一起。

现代心理学和医学表明，冥想状态下有利于脑细胞再生，减少对脑供血；冥想可以刺激大脑分泌内啡肽，缓解人的疼痛或不适，使人有愉悦感。在放松状态下人的创造性思维能力比不放松强。少用脑反而会多创造。在大脑抑制状态下，脑血流下降，可以帮助人们提高行为控制能力，提高人们的学习记忆能力，改善人们左右脑协调工作的能力。越是发达的物种，其脑波越慢，协同完成能力越强。俗话说放下了也就得到了。歌唱中使胸腔、喉腔、头腔形成共鸣腔，克服声抖的关键就是放松舌根、喉咙、胸部。体育竞赛中您也可以观察到很多放松自己反而有助于赢得胜利的例子。吴一兵据此设计了一个脑控制力比赛游戏（脑司南）来形象地说明这个问题。其原理是通过所采集脑电波的变化来控制司南转动。谁越放松，司南就向谁转动，谁就赢了；谁如果越紧张，反而会输[13]。脑抑制能力提高，也是脑节能和脑专注的体现。在学校里您也可以看到学习好的学生大部分是处于既专注又放松的学习状态，这样他（她）的学习可以持久。而学习比较差的学生在专注的同时会处于紧张状态，这样他（她）的专注很难持久，而且这样的孩子大部分有多动症。

方法之三，从个体的角度说，成功的情绪调节对于一个人的心理健康和能否作出创新性的工作都非常重要。在情绪发生的不同阶段，产生不同的调节策略[14]。Gross 提出以下五种情绪调节策略：情景选择、情景修正、注意分配、认知重评和表达抑制。在情绪发生的整个过程中，个体最常用且最有效的调节策略为五种策略中的后两种：认知重评（Cognitive Reappraisal）和表达抑制（Expression Suppression）。

认知重评是一种常见的原因调节策略，它是相对于表达抑制而言。主要是在情绪发生前通过重新建构情绪刺激的情境或重新解读刺激的意义，重新评价对情绪事件的理解和对情绪事件个人意义的认识，试图以一种更加合适的方式、换个角度理解情绪性事件，或者对情绪事件进行合理化，从而改变对情绪的反应。认知重评主要包括评价重视和评价忽视两种调节方式。与表达抑制相比，认知重评能更好地降低情绪体验，减少生理反应和交感神经系统的激活，降低杏仁核的激活水平，并对认知活动不产生影响；而表达抑制虽然能够降低情绪行为，但生理反应和交感神经系统的激活却增强，而杏仁核激活水平并未降低，且干扰认知活动的完成，还容易导致癌症。神经病理学的证据进一步表明，相较于表达抑制，认知重评能更好地调节情绪，有利于人们的身心健康[15]。

方法之四，随时想到，随手记下。灵感往往"采不可遏，去不可止"，如不及时捕捉，就会跑得无影无踪。因此，必须随身携带纸和笔，一旦有灵感就随时记录下来。欧阳修和邓拓都有

"马上、枕上、厕上""属思"的写作经验⑯。英国著名女作家艾丽·勃朗特年轻时，除了写作，还要承担繁重的家务劳动。她在厨房煮饭时，总是带着笔和纸，一有空隙，就立刻把脑子里涌现出的思想写下来。大发明家爱迪生、大画家达·芬奇等也都是这样，他们经常随手记下自己在睡前、梦中、散步休息时闪过头脑的每个细微意念。

注释

① 丁晓良：《为什么基督教认为人都是有罪的》，http：//blog. sina. com. cn/s/ blog_60f793a5010111uh. html。

② 丁晓良：《由历史唯物主义观看中国科技为何会落后》，见《中国科技体制改革的经济学分析》，北京，科学出版社，1998。

③《创造性不能习得只能"孕育"》，载《解放日报》，2012 - 09 - 28。

④ 丁晓良：《为什么中国人是顺应者居多，西方人是创新者居多?》，http：//blog. sina. com. cn/s/blog_60f793a501017f59. html。

⑤ 郭秀艳：《内隐学习和外显学习关系评述》，载《心理科学进展》，2004（2）。

⑥ Mathews R. C.，Buss R. R.，Stanley W. B.，Blanchard - Fields F.，Cho J. R.，Druhan B.. Role of implicit and explicit processes in learning from examples：A synergistic effect. Journal of Experimental Psychology：Learning，Memory & Cognition，1989，15（6）：1083 - 1100。

⑦ 李亦菲：《自适应学习有哪些基本概念》，载《中国教育报》，2003 - 12 - 13。

⑧ 资中筠：《中国教育不改变，人种都会退化》，载《南都周刊》，2012（29）。

⑨ 丁晓良：《李天一屡屡犯罪，"我爸是李刚"告诉了我们什么?》，http：//blog. sina. com. cn/s/blog_60f793a50101a0an. html。

⑩ 朱玉尊、廖晟：《政协委员呼吁建立"大学生心理健康三级保健

网"》，http：//www. southcn. com/edu/xinwenbobao/200403260618. htm。

⑪见注释⑨。

⑫ 郑也夫：《吾国教育病理》，北京，中信出版社，2013。

⑬《人的大脑可以控制司南勺自由运动》，http：//tv. people. com. cn/GB/61602/9595281. html。

⑭ John, O. P., Gross J. J.（2007）. Individual differences in emotion regulation strategies：Links to lobal trait, dynamic, and social cognitive constructs. In：Gross J. J., editor. Handbook of Emotion Regulation. New York：Guilford Press, 351 –372.

⑮ 程利、袁加锦、何媛媛、李红：《情绪调节策略：认知重评优于表达抑制》，见《心理科学进展》，2009。

⑯张书政：《新闻学家邓拓》，见《中国当代名记者小传（第一辑）》，王艾生主编，太原，山西人民出版社，1989。

8. 为什么说传统的工商管理课程在知识经济时代已经过时？

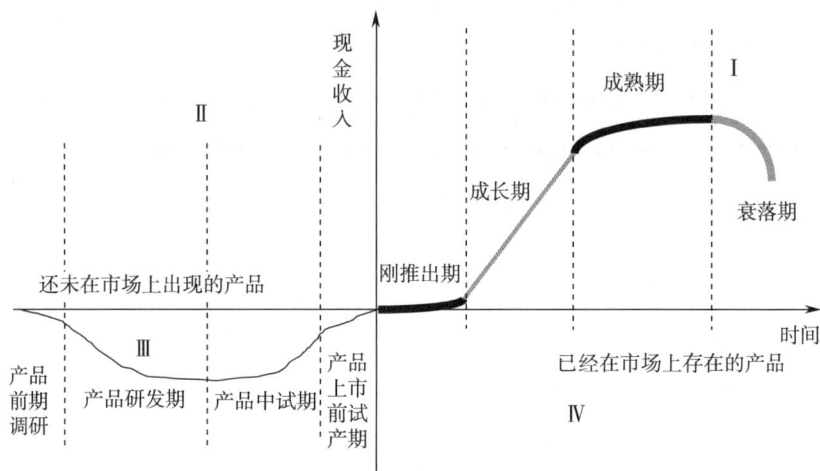

注：传统工商管理课程注重第 I 象限，创新创业课程注重第 III 象限。

图　四象限图

知识经济（Knowledge Based Economy）与传统产业不同，市场、产品、技术、产业链组织都需要创新。经营的理念与逻辑亦不同于传统产业。如何在十分动态的环境下，打造创新组织平台，蓄积核心能源，并构建合作网络，是一项重大的挑战。

为什么说传统的工商管理课程在知识经济时代已经过时了呢？传统的工商管理课程注重产品产出后的生产、行销、人事、财务、资讯等功能性管理的学习，在知识经济时代，有关管理课程需要向前移到新产品或新企业产生之前的创业与创新管理课程。例如，创新管理，技术策略，研发管理，智慧财产权管理。对于新创企业，还需要特别考虑创业运筹与商业计划，新创企业营销，创业融资与创投管理，新创及成长期企业的战略、财务、人事、法务管理。而上述课程，在传统的工商管理课程中是没有提供的。可惜的是我国大陆地区高等院校中的工商管理课程都还是按照老一套设置。而我国台湾的政治大学科技管理研究所、新加坡南洋科技创业中心、美国最大的创业教育基金会——考夫曼基金会等都已经在开设和赞助创业与创新管理课程，培养这些方面的人才了。差距已在加大，亟须教育界人士提高认识，奋起直追。

9. 为什么说社会企业家项目是培养未来社会领袖的重要途径之一？

中国当前面临社会转型期，需要一大批能够承担未来历史责任的、有宏观战略思维，同时又能够将理想付诸实践的未来社会领袖。我认为社会企业家项目可以作为培养未来社会领袖的重要途径之一。其原因有三：

第一，所谓社会企业，有许多种定义。按照我的理解就是用创新的盈利模式来解决社会问题、提供社会服务的组织。其盈利不是为了给股东分红，而是为了社会企业的可持续发展。在国外，自古希腊城邦国家以来，就有关心公共事务的传统。社会上活跃着各种 NGO、NPO、基金会、宗教和文化组织、教育和研究机构等。但在中国，正如韩非子所说，自古以来就是"公民少而私人众"。林语堂先生于 20 世纪 30 年代就指出，"公共精神"是一个新名词，正如"公民意识"、"社会服务"等新名词一样，在中国没有这类公共服务产品。"中华民族是一个由众多个人主义者所组成的民族。他们只关心自己的家庭而不关心社会"，"对中国人来讲，社会工作看起来总是在'管别人的闲事'。一个热心于社会改革或者说是热心于任何一项公共事务的人看起来总是有点滑稽可笑。"[①]笔者本人做社区志愿工作就曾被某些邻居质疑"无利不起早"。因此在中国，尤其有必要发展和培养"公民意识"，各类民办非企业法人、各类公募基金，以及以企业形式注册，但侧重解决社会问题的组织。例如，帮助独居老人居家养老，帮助自闭症儿童、读写困难儿童康复，免费、便捷地借阅图书，利用虹膜识别等高技术手段帮助被拐卖儿童回家，公益机构运行全景式监管等。这些社会企业存在的主要目的是为了解决社会问题。其盈利的主要目的是为了维持企业的正常运转，可持续地解决社会问题。也就是说在其赚钱的同时在行善。赚钱越多，行善的面就越广。这是一件多么有益的事情啊。我自 2012 年担任社会企业项目"易社"的创业导师后，一年来看到该项目培养的社会企业家在解决社会问题方面有很大的进展，我能够尽自己一点微薄的力量帮助这些社会企业家，也是在行善，心里感到非常快乐。

第二，中国教育的悲剧在于注重培养死记硬背的智商，扼杀了创造力智商，忽略了情商和灵商培养，以致于中国的教育只能够培养助手，培养不了领袖。②而社会企业家项目注重培养的是具有社会责任感和使命感的社会企业家。这使得我有理由期望该项目能够成为培养未来社会领袖的摇篮之一。因为作为社会企业家，他（她）们不仅要理解和信仰崇高的理想，而且还要考虑如何能够在实际生活中实现这些崇高的理想，考虑实现崇高理想的人的利益。而这些素质，也就是未来社会领袖的特质。像现任美国总统奥巴马，大学毕业后就到芝加哥主持了一个非盈利计划，以协助当地教堂为穷困的居民组织好职业训练。从历史的经验来看，许多理论听起来都非常有道理，但仅仅是有道理而已。实践从不按照理论的逻辑来发展，因为实践理论的人，永远遵循的是利益的游戏规则。所以，理论对于实践的作用，必须通过符合实践理论的人群所墨守的利益游戏规则才能得以真正实现，这也是政治家和理论家的根本区别所在。我愿意尽自己的全力为社会培养既具有崇高理想，又能够在实际生活中实现崇高理想的未来社会领袖。

第三，社会企业是新兴的、迅速增长的经济力量。人们在社会中的就业领域大致可以分为四类：传统市场经济中的企业、政府、非正规经济和社会企业。在欧美等发达国家，社会企业又被称为公民社会或第三部门。由于高技术的应用，生产效率的提高，市场和政府中的就业机会将持续减少。非正规经济像家庭生产、易货贸易等占国民经济的比重也在渐渐减小，因为社会的组织化程度越来越高，传统经济体正在向高科技社会转变。如此就剩下社会企业这一种就业方式在增长。根据约翰霍普金斯大学公民社会研究中心对于 42 个国家 2010 年经济状况的调查[3]，美国、加拿大、法国、日本、澳大利亚、捷克、比利时、新西兰的数据表明，社会企业平均占国内生产总值的 5%。这超过了电、气和水等公共事业，与建筑业（5.1%）基本持平。非营利机构雇用了大约 5 600 万全职员工，相当于这 42 个被调查国家中所有从事经济活动人口的 5.6%，超过了每一个传统市场部门的员工数量。在欧美发达国家，非营利机构是发展最快的就业部门。以法国、德国、英国和荷兰为例，非营利部门占就业增长总量的 40%。在中国，过去政府按照行政手段管了很多不该管也管不好的事情。未来的趋势是将大量的社会服务转移给社会企业，由它们按照创新的盈利模式向社会提供，政府可以招标的形式向社会企业购买此类社会服务。因此，有识之士应当重视社会企业家项目。

注释

① 林语堂著，郝志东、沈益洪译：《中国人（全译本）》，177～179页、213页，上海，学林出版社，1994。

② 丁晓良：《为什么说中国教育的悲剧也是中华民族的悲剧？》http://blog. sina. com. cn/s/blog_60f793a501015vjw. html。

③ 杰里米·里夫金著，张体伟、孙豫宁译：《第三次工业革命：新经济模式如何改变世界》，281 页，北京，中信出版社，2012。

10. 为什么我要在中国做风险大、 回收期长的天使投资呢?

我今年58岁了,已近耳顺之年。回顾一生,大概用七句话可以概括:插队4年,蹉跎岁月,艰苦卓绝。1977年恢复高考入学,被录取学了不感兴趣的专业,因此没有终生只做一个自己喜欢的专业,随着各个时期的需求和兴趣做事,拿了两个博士学位。工、农、学、研、官、企都做过,也都做得不错,受到国内外奖励29项,媒体描述我"是金子总会发光的"。曾任山东省淄博市张店区副区长、中科院处长、广西百色副专员、中科院副局长,为官四处,造福四方。曾被选为艾森豪威尔学者,得过美国伊利诺伊大学工商管理硕士奖学金,海外留学、打工,漂泊动荡。回国时因为薪水太低,难以支持女儿在美国念书,因此辞官创业,所创办的企业曾经是中关村创业50强。5年前,由于手机产业链已经向深圳集聚，恶性竞争使利润变薄，更加由于健康的原因，我从管理一线退下来，开始做天使投资，创业伯乐。同时进行社会启蒙，比较文化、比较史学、比较制度、比较政治经济学方面的研究。

和中国的许多富人比，我并不富，从管理一线退下来本可以过过休闲安稳的日子，为什么要做风险大、回收期长的天使投资呢？本质上还是自己的使命感使然。横向比较美国、欧洲、日本在实现工业化后向知识经济时代的转型，欧洲和日本是相对不成功的，这20年至30年经济发展基本处于停滞状态，而美国经济在基数很大的情况下却仍然保持了很强的发展活力。在软件、集成电路、生物制药、新能源方面走在世界前列。这是什么原因呢？差异在于美国社会有鼓励创业并通过资本市场来筛选并放大好的创业项目的机制。根据美国创业研究中心发布的天使投资报告显示，2007年，美国有258 200个活跃的天使投资人，投资了57 120家企业，投资总额为260亿美元。而2007年同期，美国的风险投资机构只投资了3 813家企业，投资总额为294亿美元。天使投资人和风投机构的投资额几乎相当。而现在中国也有许多年轻人愿意创业，也有了好的创业项目和创业板、新三板结合的机制。但很多年轻人创业没有经验，会走许多弯路。创业是创业者本人和社会创新、试错的过程，是创业者实现自己独立人格的过程。它具有风险大，回收期长的特点。中国的创业板是企业赚钱之后才可以上，功能是锦上添花，投资者是以投机为主；美国NASDAQ是企业亏钱也可以上，功能是雪中送炭，投资者以投资为主。中国的有钱人虽然不少，但因为这些人过去大多做的是传统行业，愿意对创新性的早期项目做天使投资的人很少。美国的天使投资人数以几十万计，投资项目数是风险投资机构的10多倍。中国的天使投资人只能以百计，投资案例及投资额更是少得可怜。兼之中国风险投资机构的职业经理人很多并没有创业经验，看不准早期创业项目，因此回避最需要雪中送炭的创业项目，扎堆去给比较保险的准上市项目锦上添花。

针对上述情况，我愿意在中国做一个创业伯乐和天使投资的先驱。希望通过我的身体力行，能够培养一些有作为的企业家，能够带动更多有经验、有能力的企业家、富人从事这项伟大的事业。

我做天使投资和创业伯乐的理念是：（1）投资最重要的就是看人，不仅仅看项目的技术方向，更加看重创业者是否敢于承担风险，倾其所有来创业；创业者的责任心、情商和创造力如何。（2）在创业者最需要雪中送炭的时候给他们投资。（3）不仅要投钱，而且要作为他们的创业导师，因材施教，用心教导他们怎么样做人，怎样做成一个伟大的企业。（4）甘为人梯，把我所培养的创业者看成是我自己创业精神的延续，视他们的成功为自己的成功，尽力为他们创造条件，让他们获得更进一步的投资和发展机会。

★文化之问★

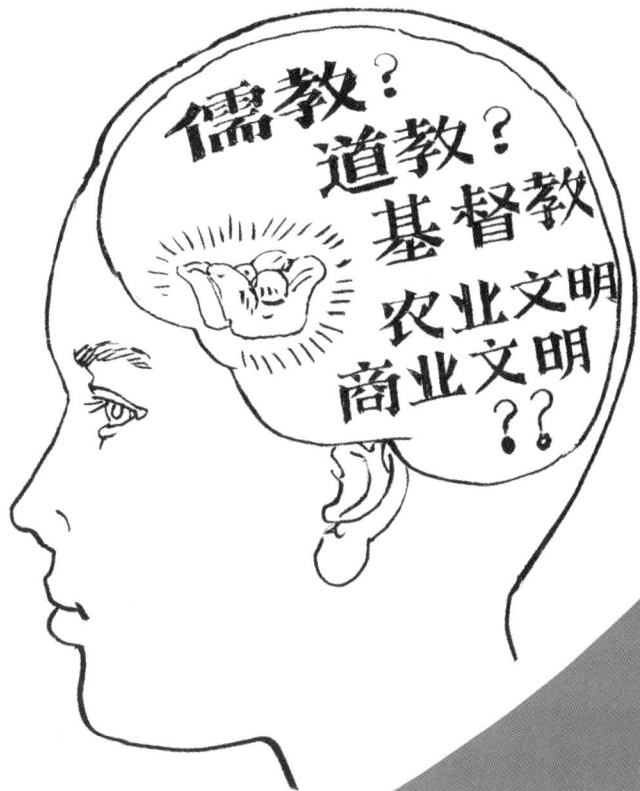

11. 人之初，"性本善"还是"性本私"、"性易坏"？

　　《三字经》说：人之初，"性本善"。我原来也没有多想，认为这句话有道理。最近认真思考了一下这句话，觉得这么说不太确切。主要看这里所说的"善"怎么定义？如果这里的"善"是指同情心，那是对的。因为根据进化生物学、神经认知科学和儿童发展等领域的最新发现，表明人类生来就是具有同情心的。人类的本性并不像很多启蒙运动思想家所说的那样缺乏理性、冷淡、贪婪、好斗而且自恋。相反，人类富有爱心、热爱交际、合作性强而且相互依赖。在此意义上，人之初，"性本善"是对的。

但是从社会治理、制度设计的角度看，我认为还是说人之初，"性本私"或者"性易坏"更加确切。为什么呢？刚刚出生的婴儿或者正在襁褓之中吃奶的孩子，应该说还不懂事，但都具有占有欲或者私心。任何一样东西，他（她）只要能够捏在手里，您如果从他（她）手里拿走，他（她）一定会哇哇大哭。您如果将这样东西还给他（她）或者用另外一件东西去替代，他（她）就会停止哭泣。同样，几个小朋友在一起玩的时候，您也可以观察到，如果他（她）们面前有一堆玩具，他（她）们各自都会尽量把玩具集中到自己面前。如果有小伙伴从自己面前拿走玩具，他（她）们之间就会发生争执。极少会看到有小朋友主动把自己面前的玩具送给其他小朋友玩的。在原始社会，人民应该说是非常淳朴，但集体打猎时有些部落成员还是会偷懒。为了约束这种搭便车的自私行为，会出现一些迷信思想，认为如果这样做就会触犯神灵，遭到报应等。①但这样的制度安排，并不会减少人的自私行为。夏商周时代的井田制，公田常常是无人耕种而被荒芜的。人民公社制之所以会转变为家庭联产承包责任制，阿里巴巴之所以要定出3万多员工中每个员工的关键绩效指标（KPI），也是因为这样做符合人的自私本性，可以大大减少出工不出力、偷懒等搭便车的自私行为，提高劳动生产率。

再来看"性易坏"。如同人类在口味方面趋甜避苦的天性一样，"性易坏"也是基于一个普遍的事实，人要学好的东西，就要克制自己的私心和懒惰，付出艰辛的努力，是非常不容易的。而人要想放纵自己，懒惰，学坏的东西是非常容易的。

另外，根据实验经济学家关于人性的研究结果，不论文化背景、社会意识形态如何，社会中利他主义者（如雷锋）的人数总体上极少，少于1%。实验表明，40%～67%的人是被称为"规范使用者"的"以德报德，以怨报怨"类。另外，20%～30%的人是自私自利的人，这类人无论别人如何善待他们都不会有所回报。[②]"规范使用者"还可以进一步分为"条件合作者"和"志愿惩罚者"。"条件合作者"是老好人。他们愿意协作，只要群体中有一定比例的人以互惠行为作反应就坚持合作。可是，"条件合作者"对集体行动的贡献与搭便车人数成反比。一旦搭便车的人数超过他们的容忍度，这些人也将采取不合作态度。因为，在此情况下，"理性利己主义者"会驱使"条件合作者"作出自私自利的行为选择。"志愿惩罚者"是"嫉恶如仇"的侠客，是主动的"以德报德，以怨报怨"者。只要有可能，他们就会自发地对搭便车者进行惩罚。惩罚可以是口头批评，也可以是给搭便车者造成物质损失。研究发现，"志愿惩罚者"的存在对于集体行动的结果有很大影响。他们约束搭便车行为，起着维护社会行为规范的作用。他们的惩罚使"理性利己主义者"不得不计算受惩罚的成本，修改自己的行为。如果没有"志愿惩罚者"，搭便车者不受约束，"条件合作者"就会逐渐减少直至停止为集体行动作贡献，对集体有利的公共物品就生产不出来。这表明，社会公德的产生不能单单依靠人的利他主义和纯粹个人的品性德行，倒是要更多地依赖于人们出自自利心而产生的动力。要想使这种动力形成稳定的集体理性行为，需要一定的制度激励因素。

所以说，从设计社会治理制度的角度看，人性的本质是自私的、自利的，是容易变坏的，并不是《三字经》所说的"人之初，性本善"。犹太教及基督教承认人类有经常做错事的根源，这应该是西方文化的一个重要长处。制度约束就是要减少和规范人性恶的一面。如果这种自私不以损害他人利益为前提，那么人在追求和改善自身利益的同时也在促使社会进步；但如果人追求和改善自身利益是以损害他人利益为前提并且不得到惩处，那么这样的社会将是一个大多数人生活在黑暗中的社会，是一个没有公平正义的社会。明白了这两点，我们对于社会制度的设计就不会限于空想。至于如何设计社会制度，笔者将另文论述[③]。

注释

① 林毅夫：《中国经济专题》，279 页，北京，北京大学出版社，2008。

② 陈抗：《三个和尚一定没水喝吗？——奥尔森学术思想介绍（一）》，载《经济学家茶座》，2002（2）。

③ 丁晓良：《明规则怎样才能战胜潜规则？》，http：//blog. sina. com. cn/s/blog_ 60f793a50101bck7. html。

12. 为什么基督教认为人都是有罪的?

以前我对于基督教认为人都是有罪的不是太理解。2012 年春节回去看望老母亲,应她要求给她讲解了一本基督教的书。书中讲到人都是有罪的。这里的"罪"指的是人的私心。讲人人都有私心。有私心的人在上帝面前就是有罪的。人如果能够时刻意识到自己是有罪的,行为就会自谦,做事就不会那么张狂,无所顾忌。人要想减轻自己的罪恶，人要想死后能够进入天堂伴随上帝，就要通过努力减少自己的私欲，就要通过努力做善事来赎罪。

基督教起源于古犹太教。古犹太教的政治体系是约法—先知—人民三位一体。例如十诫，就是上帝耶和华借由以色列的先知和众部族首领摩西向以色列民族颁布的十条规定。它教导人当孝敬父母，不可杀人，不可奸淫，不可偷盗，不可作假见证陷害人，不可贪邻居的房屋，也不可贪邻居的妻子、仆婢、牛驴和他一切所有的。① 牧师证道时常说："神的殿永远追随着悔悟的人。"十诫等约法被犹太人奉之为生活的准则，也是最初的法律条文。

基督教的正式经典《圣经》是由旧约和新约组成，这里的约就是上帝和人类之间的约定、约法，圣经的内容包括历史、传奇、律法、诗歌、论述、书函等。律法是其核心内容，它本质上是人民在长期生活中形成的、有利于社会可持续发展的习俗的制度化、规范化，被先知以神的启示和旨意传达给全体人民，得到了全体人民发自内心的崇拜和自觉的遵守。许多国家的领导人就职时将手放在圣经上宣誓，其实质是他（或她）宣誓遵守人民的共同约定。基督教认为人都是有罪的假定既符合大部分人都有私心的事实②，使得立法更切合人类社会的实际情况，又有助于社会治理并促进了整个民族的可持续发展。作为例证，犹太民族虽颠沛流离、饱受迫害千年，但这个民族始终恪守自己的信仰并使得基督教成为世界上信众最多的宗教③。信念的坚定使得这个民族心理能量高度集中，产生了爱因斯坦、马克思、弗洛伊德等影响人类发展的伟大的科学家、思想家④，罗斯柴尔德、摩根、洛克菲勒等左右世界金融界的金权霸主。在全世界70亿人口中，犹太人仅有约1 300万，占世界人口的千分之二，但就是这千分之二的犹太人，却占了全球诺贝尔奖获奖者的五分之一⑤。在美国，犹太人成为了左右政局的强大势力集团。在中东，犹太民族恢复了古国以色列，并取得了5次中东战争的胜利。

我同意基督教"人人都有私心、因此人都是有罪的"的观点。⑥我更加赞成基督教徒努力减少自己的私欲、努力做善事来赎罪的理念和行为。这也是西方企业家成功之后大多通过努力做善事，回报社会的动力源。相比起来，我国的企业家成功之后努力做善事，回报社会的比例要少得多。奢侈消费、比阔的倒多得很。我提倡大家学习和实践基督教徒努力减少自己的私欲，通过努力做善事来赎罪的进步理念和行为。这有利于社会和谐、进步，也有益于做善事者自己的身心健康！

注释

① 《出埃及记》，见《旧约》，第20章，2~17节。

② 丁晓良：《人之初，"性本善"还是"性本私"、"性易坏"？》，http：//blog. sina. com. cn/doctordingxiaoliang。

③ 截至2004年，基督教信徒有20亿人。其中，基督教信徒包括天主教会的11亿人、东正教会的2亿1 600万人、边缘教会约3 170万人、属基督新教各教派约3亿6 700万人和英国国教会的8 400万人。独立教会（不隶属于任何主要的宗派）的4亿1 400万人，主要是在非洲的科普特派。

④ 有这样一种说法，五个犹太人改变了西方世界。第一位是摩西，他说一切都是律法；第二位是耶稣，他说一切都是苦难；第三位是马克思，他说一切都是资本；第四位是弗洛伊德，他说一切都是性；第五位是爱因斯坦，他说一切都是相对的。这五个犹太人构成了西方世界的精神框架：社会的秩序稳定，宗教思想的追随，资本的力量，性的原动力，辩证地看待事物等。

⑤ 从1901年诺贝尔奖首次颁发到2001年的100年间，总共680名获

奖者中，犹太人或具有犹太血统者共有138人，以千分之二的世界人口获得了诺贝尔奖的五分之一。作为对比，2011年第6次人口普查结果公布中国人口数量为1 370 536 875，内地是1 339 724 852，算上海外华裔约4 000万，共占世界总人口数的1/5，但是诺贝尔奖获得者共12名（内地只有3名），还不到诺贝尔获奖者的2%。创造力的差异多么明显！

⑥ 见注释②。

13. 农耕、游牧、工商业三大文明的主要优缺点是什么?

人类从古到今主要有狩猎、游牧、农耕、商业、航海、工业六种行业,与其相应的也有六种文明。随着人类种群优势的增加,野生动物的生存空间和数量都越来越小。狩猎文明逐渐萎缩或者作为一种补充形式与农耕文明、游牧文明并存。对人类影响比较大的航海活动基本上是与工商业活动结合在一起的。因此我们主要分析农耕、游牧、工商业这三种对人类历史有较大影响的文明形态。

梁启超所说的四大文明古国,都处于肥沃的大河流域和平原,孕育了历史上早期的农耕文明。其中,巴比伦坐落在底格里斯河和幼发拉底河流域,古埃及坐落在尼罗河流域,古印度坐落在印度河和恒河流域,中国坐落在黄河和长江流域。有规模的游牧文明最早起源于俄罗斯南部乌拉尔山脉附近的古代雅利安人游牧部落。他们畜养公牛和乳牛,牛粪则被做成圆饼,充当燃料,驯养的动物有山羊、水牛、绵羊、马等,他们选用马和马车作为交通工具,过着以游牧为主的生活。其社会组织形态处于父系氏族部落和军事民主制时期。为了寻找新的水源和牧场,雅利安人的部落开始不断向外迁徙，向西进入欧洲大部分地区，向东深入欧亚的腹地，向南则伸入西亚和南亚，在人类历史上形成了规模巨大的世界性的游牧部落迁徙浪潮。公元前3000年末至公元前2000年初，居住在黑海沿岸的一支雅利安人，进入巴尔干半岛的东北部，接着陆续分批进入希腊，被称为希腊人。由于迁徙不利于文字的产生，在话语权上无法胜过农耕文明，因此留在人们的印象中游牧文明是落后的。但通过本文的分析我们将会看到，游牧文明具有很多优点，而且它是希腊、罗马及近代欧洲工商业文明的祖先。[①]工商业文明的发源地古希腊处于风浪相对于大洋要平静的地中海沿岸丘陵地区，[②]3/5的土地不适宜种植，但适宜放牧，古希腊的畜牧业较农业发达。气候属于冬雨夏干型的地中海型气候。雅典约有3/4以上的粮食依赖国外输入。因此上古时代的文明中，唯有古希腊文明（公元前20世纪至公元前4世纪）在经济上进行以交换为目的的商品生产，形成了发达的工商业文明。

在四大文明古国中，古印度被南迁的雅利安游牧部落所灭，古埃及和巴比伦被雅利安人的后裔波斯人所灭。中国帝制社会的中后期也曾经两度被游牧文明所征服，但由于主要生产方式仍然以农耕为主，因此两次游牧民族入侵也都保持了本土农耕文明的地位。近代中国被工商业文明所殖民，进入半殖民地、半帝制社会。工商业文明得以逐渐在中国成长。进入共和制时代[③]后，中国有"五四运动"提出的"打孔家店"，有1934年至1949年蒋介石所倡导的恢复民族传统道德的新生活运动及之后与大陆"文革"分庭抗礼的中华文化复兴运动，有共产主义在中国的流行、取得政权并推行计划经济，有"打孔家店"的说法被后来的人们悄无声息地改成了"打倒孔家店"[④]，有毛泽东所发动的"文化大革命"、破四旧立四新⑤、批林批孔，有反对"四人帮"的"四五运动"，有邓小平领导的经济体制改革，有反腐败的学生运动。以上种种思想潮流和运动，极大地动摇了中国传统的价值观和道德体系，反映了传统的农耕文明、与之相适应的中央集权专制、计划经济同工商业文明、与之相适应的宪政传统、市场经济的文明大碰撞、大交流。这期间，中国逐渐纳入世界贸易体系，逐步城市化，走向市场经济，工商业逐渐成为中国经济的主流，但工商业文明还没有成为中华文明的主流。国民的价值观普遍混乱，很多人的观念仍然停留在农耕文明的阶段，或者是向钱看，唯利是图。身为中国人，我们需要摒弃自己传统文明的缺点，保留传统文明的优点，吸纳其他文明的优点，形成新的主流文明，才能够推动民族持续进步。

图　"文化大革命"中的宣传画

需要声明的是，我们这里讲到的优点和缺点是从适应人类历史发展规律，可持续发展的角度来衡量的。让我们先看看农耕文明的主要优点。首先，农耕文明要求按时播种，按时收获。需要顺天应命，需要守望田园，需要辛勤劳作。它不需要培养侵略和掠夺的战争技艺，而是需要掌握争取丰收的农艺和园艺。如果因为战争错过了农时，也会没饭吃。因此，这造就了人民勤劳、本分、不喜欢战争、热爱和平的性格。其次，农耕民族以素食为主，食物主要来自于自己的耕作而不是杀戮，造就温和善良的特性。表现在战争方面，农耕民族一般不主动去攻击游牧民族。中国古代的战争历史也充分地证明了这一点。最后，农耕文明的生产和生活环境相对稳定，经验易于传承。这导致农耕文明在农业种子、气候季节变化知识、农具制造等方面的技术领先性，以致中国的科学技术在 16 世纪之前的1000 至 2000 年间曾经处于世界的前列。

事物都是两面性的，再来看看农耕文明的主要缺点。第一，穷年累月"早出暮归，强乎耕稼树艺"（《墨子·非命下》）的单调而又稳定的农耕生活，使依附在土地上的农民无以产生强烈的创新和开拓欲望，故而形成了保守性和追求稳定和平的心态和"宁为太平犬，不做乱离人"的性格特征。孔子非常推崇周礼。但"周朝的组织是使一切事物按照固定的方式维持一成不变的关系，可是人口激增之后，环境更变，这种安排已无法维持"⑥。很多家族千百年来世世代代生活在一个地方，形成了对于土地和环境的眷恋。安土重迁，熟人社会，办事讲求关系，人与人之间关系的处理依仗权谋、纵横之术而不靠制度。做事依照祖宗家法，守成，对外界的新事物心存畏惧和抗拒心理。例如，早在 2000年前的战国时代，华夏先民就对自己这片栖息地进行了这样的概括："东渐于海，西披于流沙，朔南暨声教，讫于四海"（《尚书·禹贡》)。从地理环境来看，中国早就不仅仅是大陆国家，也是海洋国家。但是，由于对于土地的眷恋，对于新环境的畏惧，在改革开放之前，中华民族从来没有敢于向日本和中国台湾以东探索大海。在2013年以前的中国地图上，南海疆域从来就没有以和陆地疆域一样的比例尺显示过，仅仅以位于地图右下角的一个比例尺大得多、毫不起眼的小方块显示。位于长江入海口，具备建立港口城市地理条件的中国第一大城市上海，也仅仅是在1843年被英国人强迫开埠。其他沿海的主要城市除广州、杭州外都是进入半殖民地社会后被殖民者用枪杆子逼着开埠发展起来的。中国的词汇中充满着对于茫茫大海和海洋所代表的未知事物的畏惧，如"苦海无边，回头是岸"、"泥牛入海"、"石沉大海"、"大海捞针"、"海底捞月"、"海市蜃楼"等。有组织的几次航海活动也主要是沿着市舶贸易船只已经探索过的航路进行的[⑦]。所以，从心理和行为上来说，中国仅仅是个大陆国家。第二，由于农耕文明占据社会主流，其所形成的耕读文化基本能够满足自身的精神和物质需求，所谓"一等人忠臣孝子，两件事读书耕田"、"读可荣身，耕可致富"。因此对于外界的物资和信息交换缺乏需求，对新生事物、开辟殖民地不感兴趣。由此产生了"重农抑商"的自然经济政策，压抑了工商业的发展。例如，早在4 000年前的商朝，中国就已有发达的商业文明。商汤为了削弱夏的国力，曾发动贸易战，组织妇女织布纺纱，换取夏的粮食和财富，削弱夏的实力，最后灭了夏代的统治者夏桀，建立了商朝。当时还是甲骨文的时代，可惜商朝的思想没有形成文字流传下来，这是商业文明在中国社会没有形成话语权的原因之一。周灭商后，一方面为了政治安全的需要将商朝遗臣迁至郑国，另一方面周朝的农耕文明非常发达，其主流文化排斥商族人的经商才能，使得商族人和商业文明难以在农业社会占主导地位。这一思想一直影响到春秋诸子百家，尤其是法家⑧。所以中国的主流文化一直是看不起商人的。第三，由于农耕文明整治水利的需要；由于农耕文明所形成的自然经济、丛林法则；由于有比较好的建立统一国家的地理交通条件，导致产生了强大的中央集权政府。⑨这一集权政府的权力特征是无限专制，不受制约，因此导致产生庸主、昏君、暴君的概率占到百分之九十还多。⑩

中外历史上曾经发生过很多次游牧文明打败农耕文明的事件，其概率远大于后者打败前者。这启发我们思考前者相对于后者究竟有什么优点，能够在生存竞争中战胜后者。另外，很多人将这种现象称为落后文明打败先进文明，是这样的吗？让我们先别着急给一个文明贴上"落后"或者"先进"的标签，还是客观地分析一下游牧文明有什么优点？第一，千百年来游牧民族居无定所，逐水草而居。客观环境要求其必须具有对新环境、新事物的适应能力，对新事物的好奇心、包容性。此外，迁徙环境以肉食为主，人类的肠子要消化吸收动物蛋白质，会分泌出一种叫"去甲肾上腺素"的激素。长期进食肉类等动物蛋白质，就会较多地分泌这种激素。由于去甲肾上腺素会增高血压、刺激大脑皮层，且降低控制情感区域的能力，于是就导致长期以肉食为主的游牧民族具备了易兴奋，易产生激情，好创新，好冒险，好出头的秉性。《孔子家语》曰：食肉者勇敢而悍。鼓励创新与冒险，成为该文明的特性。这与农耕文明的保守、对新生事物的畏惧、容不得标新立异、排斥创新的特性形成鲜明的对比。第二，从资源禀赋的角度看，游牧民族所拥有的资源是不稳定的、内不足的。其天然就具有同外部世界交换资源的需求。这造就了游牧文明开放、进取的特性。这实际上是蒙古人、俄罗斯人能够建立横跨欧亚大帝国的主要内在原因。熟知历史的人应该知道，中国疆域最辽阔的朝代是元代和清代，而这两个朝代的统治者都是游牧民族。第三，游牧民族首领与整个部落社会成员需要共同迁徙，共同生活，没有条件来建造奢华的宫殿，其相互间的阶级差别、贫富差距相对于农耕民族要小得多。对于战争战利品的分配，部族成员共享的程度比农业社会一切荣耀、战利品（土地、财宝和奴隶）都归统治者要高得多，因此战争时期游牧民族的凝聚力相对于农耕民族要强得多。这种传统延续到后来，造成中世纪欧洲的封建领主在其领地上具有一定的财政、行政权力。具有了领主们联合起来同国王抗衡的政治经济基础。这导致 1215 年 6 月 15 日，英王约翰被贵族胁迫签署《自由大宪章》，国王成为贵族们"同等中的第一个"。第四，游牧民族一般实行的都是兵民合一，平时生产，战时战斗。在冷兵器时代，骑兵是优势兵种，游牧民族动员和训练一个骑兵的成本比农耕民族要低得多。狩猎和游牧文明的猎人和牧人的劳动，本身可强身健体，且他们习于危险并长于砍杀，他们对战争的看法，只不过是另一种形式的狩猎而已。所以，农耕民族的战士在战场上，体力和意志均不敌游牧民族。第五，游牧民族的生存环境远没有农耕环境稳定、安逸，牧民单独活动范围比农民要广阔得多，这造就了游牧民族勇敢、独立、自治、胸怀宽广的个性以及对于个性的尊重。第六，游牧民族的迁徙特性、变动环境不可能提供类似于农耕民族的妇女生孩子后坐月子的安定环境，因此游牧民族的妇女生完孩子后照旧需要随同部落迁徙，进行赶车、卸车、挤牛奶、酿奶油、鞣制和缝制毛皮等劳动，由此而形成的草原习惯法对于妇女比汉族对妇女要尊重得多，男女地位基本平等。像成吉思汗的原配孛儿帖，虽然被蔑儿乞人掳走，并被强迫与他人结合，但成吉思汗救回孛儿帖后，仍立其为第一翰儿朵的正妻，在 40 多个后妃中地位最高。

再来看看游牧文明的缺点。第一，在纸张和印刷术发明之前，由于迁徙不利于竹简类文字载体的携带，游牧民族文化的积累便主要依靠口耳相传，无法形成如农耕文明那样发达的社会文化和稳定制度组织。第二，因为其资源内不足，其与农耕民族的交流更加主动和具有进攻性、掠夺性。农耕民族军队所头痛的远征补给困难，被游牧民族打到哪抢到哪的作风解决了不少。第三，暴力性。游牧民族从进化的最初阶段，就一直与厮杀紧密相连。在还没有驯养家畜时期，游牧民族的食物主要靠捕猎维持，靠与大型肉食动物争夺食物，靠与其他部落的争斗获得食物，这种生存斗争是异常残酷的。因此造成游牧民族的暴力倾向。

工商业文明起源于古希腊，之后扩展到古罗马和西欧。其祖先也都曾是游牧民族。例如，欧洲人吃饭普遍用刀叉，中国人用筷子。医学也证明欧洲人比汉族人肠子短、遗传体质对牛奶不过敏，这都是与游牧民族食肉、喝牛奶多的特点相联系的。工商业文明同游牧文明都同样具有资源内不足的特点。胡适说"东方文明的最大特色是知足。西洋的近代文明的最大特色是不知足。"⑪实际上西方文明不仅仅在近代，在古代就由于其资源内不足而体现出行为的不知足。因而也都具有创新、开放、进取、独立的优点。但是工商业文明毕竟不像游牧文明一样赤裸裸地凭借暴力掠夺发展，而主要靠经济上与其他民族进行商品交换来发展。我对其不同于游牧文明的主要优点认识如下。

第一，商品交换在初期是具有不同商品的所有者之间通过他们协商认定的交换比例互相交换其产品的过程。交换对象之间可以是熟人，但在市场拓展初期更多的是陌生人之间的交往。正因为是陌生人之间的物品交换，交换行为必须在双方达成共识的基础上才可能完成,这个共识就是协商、守约、所有权的认定。这一过程由于有利润的推动,使参与交换过程的各主体获益,因此相对于停滞的农耕文明而言具有无限的扩展性和带动性。它一旦成为地中海沿岸乃至西欧各国文明的主流,就推动了各地区按照自己的优势来分工生产市场所需要的产品,催生公平交易的制度文明,例如,产权制度、殖民制度,带动货币作为一般等价物的产生;催生了票据贴现、物流等连接生产者与消费者的中介服务;导致以地区自治为基础的古希腊城邦国家、罗马共和国及其协商民主制度的建立,以及根据该国的法律规范承担义务和享有相应政治经济社会权利的公民与自由民的诞生。这种交换发展到后期,使得分散的个体公民手中拥有的零散资产等生产要素也成为商品,可以在股票市场得到合理、合法的表达,容易流转,使死的资产转化为活的资本,使得资源更加容易到达使用效率高的人手里;可以以有限责任公司的形式进行组织。大大提高了整个社会的资源配置、使用效率,最终促使西欧资本主义国家的建立。至今仍然没有停滞其脚步,已经发展成为全球的主流文明。所以资本主义"应当正名为'人类合作的扩展秩序'"⑫或称为"商业之系统"⑬。"资本主义制度,就是这样一个资本控制了暴力和劝说力的制度"⑭。正如秘鲁经济学家赫尔南多·德·索托在《资本的秘密》所说,如果政府转变职能,提供法律服务,让穷人的资产有合理的、合法的表达,容易流转,使得资源很容易到达使用效率最高的人手里。九个发展中国家的资本将大概是20个发达国家资本市场的总值。

第二,初期的贸易大都通过航海进行,西方谚语说"人生如航海"。相对于游牧的环境,大海更加能激发人的勇气和独立性。梁启超说:"海也者,能发人进取之雄心者也……彼航海者,其所求固自利也，然求之始，却不可不先置利害于度外，以性命财产为孤注，冒万险于一掷也。故久于海上者，能使其精神，日以勇猛，日以高尚，此古来濒海之民，所以比于陆居者，活气较胜，进取较锐，虽同一种族而能忽成独立之国民也。"

第三，海洋国家的贸易通路不固定，影响因素无可测性（最危险的就是海上风暴），怎样抗拒灾难，完全靠一船甚至就是船长的个人决定，其贸易方向政府无法也无必要控制，所以海洋国家更能接受自由贸易思想。海洋的灾害一旦发生，主要波及的是航行的船只，面对突如其来的无法抗拒的灾难，人们根本无法组织有效的集体防御，他们只能靠个人和小团体的力量去逃避或者保全自己，而这个时候，政府的强权也无法对自己的人民形成有效帮助，长期的无法互救和政府无力导致人民的独立、自救，最终形成人权大于国权的思想观念。

在征服和殖民的过程中，工商业文明同样表现出和游牧文明类似的掠夺性、暴力性缺点。⑦正如孙中山所指出，"西方文化是一种主张功利强权的霸道文化；东方文化则是讲仁义道德的王道文化"。但是我们也需要清醒地认识到，在历史上，这种东方的王道文化从来就是停留在道德说教层面上，统治阶级需要时就借用一下，而没有保证它落实的制度机制。

当前，中华民族面临改革的窗口期、战略发展机遇期、社会转型期，传统的价值观已经彻底动摇。中国现在是官方意识形态上的共产主义化，与此相矛盾但并存的经济运作上的商业系统化，行政管理上的官僚主义化，精神道德上的信仰空虚化，新的主流文明亟待建立。我认为这个新的文明将是继承了中华传统农耕文明勤奋、和平的优点，摒弃了中华传统农耕文明保守、重农抑商、无限专制的中央集权缺点，吸收工商业文明和游牧文明创新、开放、进取、宪政、人权、商品经济优点的文明，是既不盲目自大、又不全盘西化，既保留了民族优秀传统，又吸收其他民族长处的文明。这个新的文明的建立，有待全体中国人的共同努力。

注释

① 作为例证之一，我们可以看看白种人和中国成年人之间的乳糖酶差异。乳糖酶的作用主要是使乳糖水解为葡萄糖和半乳糖。白种人乳糖酶缺乏者不到 5%，而中国成年人乳糖酶缺乏者高达 60%～70%。白种人喝凉牛奶，中国人喝热牛奶。

② 以希腊东面的爱琴海为例，它由北方的色雷斯，东方的小亚细亚，西方的伯罗奔尼撒，南方横条状的克里特岛合围而成。其间陆海交织，海上岛屿星罗棋布，海水较浅且相对平静，海内任何部位距离陆地不过 50 海里，一旦风起云涌，船只可以随时返回港湾。"地中海是这样一个海，在这里用帆可能一连几天不能行驶，而用橹桨却很容易渡过平静的水域。"（托尔《古代船舶》）地中海人一旦懂得了用橹桨，就可以走进海洋，而在世界其他地方，人们必须耐心等待"帆"的出现。在这种地理条件下，地中海人的航海业和海上贸易十分发达，而且形成了一种向外拓展的文化类型。地中海成了人类工商业文明的摇篮。

③ 丁晓良：《中国大历史观是什么样的?》，http：//blog. sina. com. cn/s/blog_ 60f793a501018f2h. html。

④ 据学者们考察，遍查"五四"时期（1915 年 9 月至 1921 年 7 月）参加批孔运动的代表人物如陈独秀、李大钊、胡适、鲁迅、吴虞等人的论著，并没有"打倒孔家店"的说法。其中，仅胡适有一个相类似的表述，就是打孔家店。这一表述，是他在 1921 年 6 月 16 日所写的《〈吴虞文录〉序》中提出来的，其全文是："我给各位中国少年介绍这位'四川省只手打孔家店'的老英雄——吴又陵先生!"然而，胡适的"打孔家店"的说法却被后来的人们悄无声息地改成了"打倒孔家店"，并将其视为"五四"新文化运动的核心精神。

⑤ 在 1966 年 8 月 18 日天安门广场举行的，庆祝文化大革命的大会上，林彪号召："我们要打破一切剥削阶级的旧思想、旧文化、旧风俗、旧习惯，要大立无产阶级的新思想、新文化、新风俗、新习惯"。结果四新没有立起来，中国人民传统的美德倒是被破坏了，造反、告密、武斗、不讲礼貌、不尊重知识等反文化反文明的思潮和行动风行一时，中华文化遭受了空前的浩劫。各地还发生了砸毁寺庙、佛像、古墓、园林等文物古迹的事件。民族英雄岳飞等历史名人的坟墓被挖。全国各地无数的珍贵文物古迹毁于一旦，古城洛阳城东的白马寺，1 000 年前的辽代泥塑十八罗汉，2 000 多年前的贝叶经和稀世之宝玉马都在"文革"初期被砸烂了。民族的瑰宝尚且遭此厄运，一般民众家里的珍贵字画、古董文物，族谱也被红卫兵们搜出来砸烂烧光，家里的私人财物，也被洗劫一空。据不完全统计，"文革"初期全国有 1 000 万人家被抄。

⑥ 黄仁宇：《中国大历史》，第 1 版，16 页，上海，生活·读书·新知三联书店，1997。

⑦ 丁晓良：《郑和下西洋与西方航海活动有何差别?》，载《商业文化》，2013（6）下，总第 231 期，68 页。

⑧ 丁晓良：《中国落后的原因到底是什么?》，http：//blog. sina. com. cn/s/blog_60f793a501019lj7. html。

⑨ 丁晓良：《为什么中华制度文明中没有诞生对于皇权的制约法律?》，http：//blog. sina. com. cn/s/blog_60f793a5010165em. html。

⑩ 丁晓良：《什么是当前中国最主要的制度文明创新?》，http：//blog. sina. com. cn/s/blog_60f793a5010165ai. html。

⑪《我们对于西洋近代文明的态度》，见《胡适文选》。

⑫ 汪丁丁：《经济发展与制度创新》，上海，上海人民出版社，1995。

⑬ 亚当·斯密只区分"政治经济之系统"为两种：一为"农业之系统"，一为"商业之系统"。见《原富》卷一册四导言，An Inquiry into the Nature and Causes of the Wealth of Nations, Vol. Ⅰ, Book Ⅳ, "Introduction"。

⑭ 吴思：《血酬定律》，282 页，北京，语文出版社，2009。

14. 儒家文化的主要优缺点是什么?

图　中国落后的主要原因并不在于儒家思想

　　辛亥革命以来，中国的思想界在反思中国落后的原因。矛头所向，流行几千年的儒家文化遭受了前所未有的冲击。先是有1919年的"五四运动"呐喊"打孔家店"，后来此说法被悄无声息地改为"打倒孔家店"、1966年"文革"初期发动的"破四旧立四新"、1974年"批林批孔"。这一系列运动使得中国的传统价值观和道德体系遭到了极大的破坏。我在《中国落后的原因到底是什么?》①中的分析已经表明，中国落后的主要原因并不在于儒家思想，而是小农经济及与其相适应的农耕文明、集权制度、文化等。也就是说"打孔"、"批孔"搞错了。那么，是不是应该像现在中国很多地方正在做的一样开展国学教育，简单地恢复儒家文化呢? 那也是不行的。为什么? 首先让我们来客观地分析一下儒家文化的优点与缺点。

　　儒家思想的核心是仁、义、礼、智、信、恕、忠、孝、悌。仁就是以"爱人"之心推行仁政，使社会成员都享有生存和幸福的权利; 礼就是用"正名"(即道德教化)的方法建立社会的道德秩序，使社会成员对自身的社会地位都有稳定的道德认可和道德定位。其所传授的主要是四书五经。在中国帝制社会形成之前及初期，先秦儒家提倡德政、礼治和贤人政治，强调道德感化；法家提倡"一断于法"，实行严刑峻法，强调暴力统治；道家提倡顺乎自然，"无为而治"，三者具有很大的互补性。经过秦、西汉初年的治国实践证明：在动荡年代，军阀割据，难以用儒家路线实行全国大一统，而法家路线却能收到这样的效果；在动荡结束之初，人口凋敝，生产破坏，应该实行道家无为政治，与民休息，以恢复和发展生产；当国家稳定，走上正常运行轨道之后，不能再实行严刑峻法的暴力统治，而以儒家路线为宜。三者之间表现出了互相融合趋势。如历史学家黄现璠所说：汉由开国至武帝，"六十余年间，社会经济已呈繁荣；帝王集权亦经树立；学术思想自然趋于统一。盖诸家学说皆与帝王集权冲突，如墨家主平等，道家主放任，等等，皆不利于帝王集权。儒家与民言服从，与君言仁政，正合帝王专制之治。"[2]董仲舒以儒家思想为基础，采纳了韩非提出的"三纲"思想[3]，兼采道家的合理思想，提出了大一统、君权神授、三纲五常等思想，奠定了中国帝制社会统治思想的基本格局。从此以后，以汉代儒家伦理道德为中心，以法家的严刑峻法为辅助，以道家权术政治为手段的治国模式基本上成为中国帝制社会奉行不变的治国圭臬。

从历史角度来看，早期儒家表达的是自然经济条件下平民的愿望，寄希望于圣贤而不是平民自身将其付诸实现。政治上表现为精英主义或贤人政治而不是能够产生贤人、抑制恶人的制度，停留在道德说教的层面。教育上侧重于从平民中养成君子，参与公共事务而不是广泛地对自然、社会、人类自身奥秘的探索。汉代之后的儒家进一步异化为皇帝进行统治的思想工具，实质上成为社会伦理学与社会管理学。其具有的优点之一是强调人通过修养成为有社会责任感，自强、自尊、自重、自省，节制思想和孝悌仁义等社会伦理道德的君子。君子是什么人呢？"君者，羣也，羣下归心也"（《白虎通》），这是说君子要做群的代表。从字的组成来看，群是由一个君领着羊组成。中国自古以来对于治理天下就有牧羊之说。④由此看来，儒家认为治理天下的人应该是君子。君子进一步修养而成为贤人。贤人再进一步修养的最高境界是成为内圣外王的圣人。内圣，是自身修养的高度。外王，是人的社会功用。儒家学说优点之二是个人与社会、人类与自然、人心与天道的和谐发展原则，例如，儒家提出的天人合一，"忠恕之道"，"己所不欲，勿施于人"。还有就是注重平民教育和机会相对均等的教育公平。即使在商品经济社会的今天，这些也是需要的。日本、韩国、新加坡、中国台湾、中国香港等东亚国家和地区以儒家大同社会理想和西方宪政相结合⑤来实现资本主义，所谓"儒家资本主义"模式，已经成功地迈过"中等收入陷阱"，初步取得成效，就是例证。

再来看看儒家、尤其是汉代以后儒家的缺点。

其一，儒家强调道德感化，不注重建设制度。孔子之教，以刑法治国毕竟不如德教治国尽善尽美。直欲以礼代律，以春秋断事。但正如黄仁宇所述"以熟读诗书的文人治理农民，他们不可能改进这个司法制度，更谈不上保障人权。法律的解释和执行离不开传统的伦理，组织上也没有对付复杂的因素和多元关系的能力。"这导致中国社会法治不彰。"中国两千年来，以道德代替法制，至明代而极，这就是一切问题的症结"。"法律不外是行政的一种工具，而不是被统治者的保障"。海瑞的一生经历，就说明以"个人道德之长，仍不能补组织和技术之短"。一个堂堂的台谏之臣被万历皇帝称为"迂戆",海瑞"和洪武皇帝都没有想到,政府不用技术和经济的力量扶持民众,而单纯依靠政治上的压力和道德上的宣传,结果只能是事与愿违"⑥。就连自认为是"十全老人"的乾隆皇帝,也用"议罪银"而不是制度对渎职犯法的各省督抚进行薄惩,还美其名曰"爱惜人才"。大贪官和珅坐拥海量财富,大部分就来自于"议罪银"的回扣。受罚官员花钱消灾之后,还得拼命把这些钱挣回来,一层层盘剥下去,最后都转嫁到最底层老百姓身上。正因为在中国法治不彰,大家普遍不相信庭审,不服从法院判决。所以很多案件判后当事人照旧不服,反复越级上访。而当地领导为了政绩,为了维稳,只好花纳税人的钱买平安。这反而造就了一批上访专业户。很多经济纠纷最后的解决方式都会诉诸民间耍流氓方式,因为这种方式最有效。例如,一方花钱雇一群无业人员围堵另一方闹事,而这种情况下另一方报警也没用,只要不动手出人命警察基本是和稀泥。如果您指望法院强制执行,基本上您会失望的。笔者就曾亲身经历过两次法院强制执行,两次法院以各种理由不作为,执行结果等于零,没有实现任何权益,反而要花 20 多万元作各种软硬件比对试验,以证明对方确实是侵犯知识产权的惨痛经验。

其二,儒家学说"为皇帝树立了一个绝对的、至高无上的、卓越的、全能的权力","忠实的第一条款——忠君的绝对责任取代了并相当于在所有宗教里忠实的第一条款的内容——对神的信仰。"相对于儒家对皇帝的信仰而言,其他中国和西方的"宗教教导人们对神的信仰,尽管是虚假的,是一个幻想"却有助于人们"对宇宙神圣秩序的信仰"。⑦这可以激发人们探究"宇宙神圣秩序",鼓励创新。君如果不服从神的意志,不服从"宇宙神圣秩序",还可以被人民以神的名义推翻。但人民如果信仰皇帝,而皇帝是昏君时，这种信仰就会阻碍社会进步了。汉代儒家所推崇的三纲五常鼓吹的就是这样一种阻碍进步的信仰。其寄希望于贤人政治而不是能够产生贤人的、具有自纠错机制的制度。但历史已经证明，贤人的出现是小概率事件（小于2%[⑧]），而庸主、昏君、暴君的出现则是大概率事件。由于儒家没有解决圣贤产生的机制，因此本质上这种治国理论是凭借运气而不是凭借制度。一直到现在，某些所谓新儒家还在提倡500年出一个圣人暨立法者，靠运气而不是靠制度。真是可悲得很！三纲五常被统治者接受并独尊了2 000多年，严重地束缚了国人的思想，是导致中国人千百年来只是做臣民，顺应者居多[⑨]，民族在近代落后的重要原因之一。

其三，儒家注重道德说教而不是行动，寄希望于圣贤而不是自己将它付诸实现。这也是深受儒家影响的中国教育只能培养帝师，但培养不了领袖，中国的知识分子群体几千年来都只是一种附庸的重要原因。[⑩]顺便说一句，这应该也算是一种中国特色。拿同处于亚洲的日本举例，其武士实际上也都非常注重学习，是社会上相对有知识的人，但与中国不同的是日本武士不仅注重学习书本知识，而且注重践行。儒家的这种习惯延续到今天，就是大家都寄希望于有一个明君，有一个好官，而不是自己如何去努力创造一个能够产生明君的制度。例如2013年初，整个经济界和理论界都抱了很大期望，都期望上面有所作为，但我认为中国的事情更需要全体人民的努力，需要全体人民的自省、自我更新、知行合一。

其四，儒家从孔子时就"述而不作，信而好古。"朱熹集注："述，传旧而已，作，则创始也。"翻译成现代语言就是只阐述而不创作，相信而且喜好古代的东西。之后荀况大声疾呼百家争鸣

"无裨于治，是奸人的奸辩，应予禁绝，只准谈'礼'"，到董仲舒"罢黜百家，独尊儒术"及其后继者，都是"以政治权威成为无上权威，使文化从属于政治权威，绝对不得涉及超过政治权威的宇宙与其他问题的这种文化"。这种思想在汉代以后开始形成古文经学派。这反映了儒家思想上保守的一面。遵从"述而不作"的原则，那么对古代的东西只能陈陈相因，就不再会有思想的创新和发展。墨家就批评孔子的"述而不作"，主张"述而且作"，批评孔子和儒家的烦琐礼仪。儒家文化在中央集权统治者的倡导下，统治了中国思想界，抑制了创新，"所以中国没有数学，没有逻辑学"[11]，乃至没有科学。

其五，儒家对人性阴暗面的理解比较肤浅。就好比地球永远都会有白天和黑夜的同时存在一样，人性中除了拥有光彩的一面外也离不开阴暗的一面。《三字经》说："人之初，'性本善'"。实际远不是那么回事。[12]只有正视人性恶的一面，才能从制度角度考虑如何建立遏制人性恶的机制。但是现在中国电影的弹性审查标准是"怪力乱，不存在；人性恶，勿体现"，[13]这并不利于整个社会的健康发展。

其六，每一个个体都处于群体之内，而群体是由每一个个体所组成，因此群体也同样处于个体之内。儒家着重认识个人在人群中的社会属性，看到了个人的秩序属性、道德属性，看到了个人的家、国属性或民族属性、外在扮演角色的社会经济属性等。程朱理学讲存天理、灭人欲，存集体、灭个人。以儒家为主流的中国文化是集体主义取向，强调群体，最终以团体中领袖的个性为群体共性，在一定程度上忽视、压抑和扼杀了组成群体的每一个个体的个性。最明显的例子如中国人写自己的姓名是家族姓在前，自己名在后，欧美人写自己的姓名是自己名在前，家族姓在后；中国人寄信写地址是由大到小序列，国家名、城市名、街道名、门牌号等，而欧美人写地址是反着来的；中国人称自己为敝人、鄙人、在下、小民等，而英美人称自己为大写的"I"；中国人称自己的妻子为贱妾、贱内、贱荆、拙荆、山荆、荆妻、荆人、荆室、荆妇等，而英美人称自己的妻子为"Wife"，译为夫人、太太。这种压抑个性的传统一直延续到当代中国。但人类的发展模式无论如何也离不开个性的发展，个体与群体间的关系，其实是人类认识和实践中所遇到纷繁世界中最普遍的问题。心理学家常说，生命就是关系，关系的品质决定生命的品质。"正如基本粒子的特征作为物质结构与功能的微观表达一样，探索个体行为选择也就构成了社会物理学研究的还原论思考"。⑭马克思在《共产党宣言》中对社会主义社会中个体与群体之间的关系是这样说的："代替那存在着阶级和阶级对立的资产阶级旧社会的，将是这样一个联合体，在那里，每个人的自由发展是一切人的自由发展的条件。"儒家文化在此关系的处理上仅仅适合于原始的自然经济、落后的小农经济，中央集权的政治体制，并不适合需要协商的商品经济、民主政治、社会主义社会，更不利于创新。

其七，以儒家思想为主流的中国文化对于个人作为一个生命体的内在世界、内心的矛盾与冲突等体察和认识不够。例如，中国人得了抑郁症，在躯体症状方面花费百分之六十多，但在心理症状方面花费仅百分之三十多；再如中国人得了焦虑症，在躯体症状方面花费54%，在心理症状方面花费仅30%。根据世界卫生组织的统计，人群中4%～8%的人会犯抑郁症，女性得抑郁症的比例是男性的两倍；人的一生中1/4的人会有过抑郁情绪。目前，中国有严重精神障碍患者约1 600万人，10%～20%重型精神障碍患者具有肇事肇祸倾向而且已经导致爆发了多起疑似精神病患者的恶性伤人事件。[15]北京市 1996 年有个调查，老年人群中由于离退休、家庭关系、经济、衰老与疾病等四方面问题所导致抑郁症发病率 12.89%，其中男性 10.43%，女性 16.89%。中国有近亿人一生中经历过不同程度的慢性疼痛，统计数字表明，慢性疼痛病人 65.6% 合并有抑郁症。对这些人群，不仅仅应该进行生理治疗，还应该进行心理治疗。例如应用暗示疗法、安慰剂疗法，可使疼痛缓解 10% ~ 20%；看一部令人感动的电影，免疫力水平可提高 25%。这说明人对自身的了解、心与境的关系、心灵的发展、心理健康始终是人类发展面临的基本问题之一。"慎独"等儒家传统的内修方式不足以解决心理健康问题，儒家文化在这方面是有缺陷的。

其八，儒家文化是反映农耕文明和宗法制的周礼之产物。由于农耕文明劳动分工和宗法制的形成，造成了这种文化对妇女的偏见。在周朝之前的商朝，商业文明和农耕文明是共存的。殷代的双宗法保证了母亲在生育中的较高地位。妇女在社会生活中地位较高且较为活跃。如妇女死后可以独立受到祭祀，有一定的私人财富，能独立经营田产，部分贵族妇女还曾统领军队、指挥作战、统率田畋和守卫国土，妇女还可以主持祭祀、占卜，任巫祝乃至地位不低的大臣，比较广泛地参与社会生活。[16]在周之后，从秦到东汉，随着宗法制的逐渐增强，妇女的地位呈现出一种逐渐下降的趋势，宋明清时妇女的社会地位就更低了。[17]这与古代西方尊重妇女，王室女性成员也可继承王位的做法有天壤之别。即使现在中国妇女经济和政治地位大幅度提高了，但是对于女性的歧视仍然到处可见。且不说农村中经常发生的为要一个男孩而超生或溺死女婴的现象，就是在受过高等教育的人群中，对于伴侣的称呼也可略见一斑。例如，英美人士并称自己和夫人时，是夫人的名字在前，"I"在后，而中国知识分子并称时，是"我和夫人"，俗一点的就说"我和我老婆"，"我"总是在前的。

随着改革开放的深入，中国也逐步汇入了世界工商业文明的主流，我们需要以开放和进取的胸怀继承和光大民族传统中儒家社会责任感和注重教育的优点，摒弃其缺点，吸收外来工商业文明的商品经济、创新、开放、进取、尊重个体权利的优点⑱，形成新的主流文化，才能迎来民族的振兴和可持续发展。

注释

① 见 http：//blog. sina. com. cn/s/blog_60f793a501019lj7. html。

② 黄现璠：《汉代学术思想之三变》，载《扫荡报》，1941 - 10 - 08。

③ 韩非子："臣事君，子事父，妻事夫，三者顺则天下治，三者逆则天下乱，此天下之常道也。"，忠孝第五十一。

④ 中国古代以九州之长为"牧"，"牧"在这里就是管理人民之意。西汉时设十三州，汉成帝时，改州刺史为州牧。东汉灵帝时，州牧之地位，居郡守之上，掌一州之军政大权。如汉末刘表为荆州牧，袁绍为冀州牧，都等于割据政权。

⑤ 按照孙中山先生的理念，其民生主义既不同于否定私有制的共产主义，也区别于完全自由放任的资本主义，而是主张"公私兼顾，劳资两利"，"节制资本，平均地权"，追求"均无贫、和无寡、安无倾"的东方社会理想。《礼记·礼运篇》所描述的大同社会是儒家的理想，亦是孙中山民生主义的完满体现。

⑥ 黄仁宇：《万历十五年》，生活·读书·新知三联书店，2006。

⑦ 辜鸿铭：《中国人的精神》，译林出版社，2012。

⑧ 丁晓良：《什么是当前中国最主要的制度文明创新?》，http：// blog. sina. com. cn/s/blog_60f793a5010165ai. html。

⑨ 丁晓良：《为什么中国人是顺应者居多，西方人是创新者居多?》，

http：//blog. sina. com. cn/s/blog_60f793a501017f59. html。

⑩丁晓良： 《为什么说中国教育的悲剧也是中华民族的悲剧?》，
http://blog. sina. com. cn/s/blog_60f793a501015vjw. html。

⑪顾准：《希腊思想、基督教和中国的史官文化》，见《顾准文集》，
贵阳，贵州人民出版社，1994。

⑫丁晓良：《人之初， "性本善"还是"性本私"、"性易坏"?》，
http://blog. sina. com. cn/s/blog_60f793a5010111m1. html。

⑬《弹性标准三字真经》，载《全球通凤凰周刊》，2013 - 07 - 23。

⑭牛文元：《社会行为的概率选择》；刘怡君等：《社会管理学》，社
会物理学系列第4号，9页，科学出版社，2013。

⑮《全球通凤凰周刊》，2013 - 07 - 31。

⑯王蓉： 《殷周妇女社会地位变迁之原因浅析》，载《社科纵横》，
2004 （4）。

⑰欧阳凤莲，吴显华：《略论秦汉妇女地位的演变》，载《学理论》，
2009 （26）。

⑱丁晓良：《农耕、游牧、工商业三大文明比较谈》，载《商业文
化》，2013 （5）下。

15. 什么是国人的通病？

　　国人的第一个通病是说得多，做得少。章士钊百年前即撰文写道："日本与中国同在东洋，其所以比中国强，就是能行。至于知识，以言旧者，日本都是从中国来的；以言新者，中国比日本开通得早。科学思想，不要说明朝的徐光启译《几何原本》、李之藻译《谈天》诸书，即上海制造局所译各书皆在日本之先，何以日本强而中国弱，其关键即在能行与不能行而已。中国不能行，虽知也不算知。""侠客精神"，该出手时就出手，已为稀缺之异类，偶有为之者，众皆贬之，终一事无成。

国人通病久矣。孔子自己就期望贤人政治，难道贤人会从天上掉下来吗？墨家就批评孔子的"述而不作"，主张"述而且作"。孔子之后的儒家主流也是注重道德说教而不是行动，寄希望于圣贤而不是自己将它付诸实现。这其实是深受儒家影响的中国教育只能培养帝师，但培养不了领袖的重要原因。①宋朝朱熹也是主张知先行后。后人可以以不知为借口而永远不行。这种情况到了明代王阳明时才有所改观。王阳明认为知与行仅是一件事的两面。不可能将其分开。知是行的开端，行是知的完成。做的过程就是知识的应用与深化过程。"知之真切笃实处便是行，行之明觉精察处便是知。"如果将知与行分开，就不可能完成一个完整的认识的过程。比如号称知道孝，而不做，能说知道孝吗？满嘴仁义道德，一肚子男盗女娼，能说知道仁义道德吗？感动、感动，有感而动。感而不动能说是真正的感动吗？活动、活动，活着就要动。活着而不动能说是真正的活着吗？弟子规也是先讲入则孝，出则悌，谨，信，泛爱众，亲仁，最后才讲"余力学文。"正是"不力行，但学文，长浮华，成何人"。

从社会发展的角度来说，革命和改革都是行动。革命是暴烈的行动，改革则是相对温和、持续渐进、生产力可以逐渐积累的行动。大家都来实践知行合一，通过相对温和的行动建立不断纠错的机制，才能避免由于矛盾不断积累所导致的破坏性极大、基本在原地打转的暴烈的行动②，民族才有希望。

国人的第二个通病是虚伪。上至郭威、赵匡胤之流心里想着当皇帝，表面上却作出在睡梦中被部下黄袍加身，无可奈何被逼就范的样子；慈禧太后一边高唱"母子同心"，一边把光绪帝囚禁在瀛台，最后还把他毒死；袁世凯头一天对康有为信誓旦旦地说："为朋友两肋插刀"，第二天就去告密自保。下至平民百姓言不由衷地称自己的老婆为"贱内"、"拙荆";朋友们在一起吃饭,一边争着付账,一边心里又暗暗叫苦。大部分国民都是嘴上讲一套,心里想一套。导致互相之间没必要的猜忌,徒然增加办事成本。

国人的第三个通病是关系远重于制度。由于中华民族自古以来的主要文明形态是农耕文明。农耕文明的主要特点是生产环境相对固定,人们日出而作,日落而息,熟人社会。这造就了中国人把社会关系当做解决所有问题的灵丹妙药。什么事情都是以情感为纽带而影响规范治理,都有一套不摆在明面,但是实际发挥作用的潜规则。我就碰到过若干个自己明明有理,但执法部门就是不作为的案子。要根除这套见不得人的潜规则,靠所谓程序正义是不行的。必须让阳光尽可能照到阴暗的角落,腐败才可以尽量少滋生。

国人的上述三个通病都是老毛病了,还没有被克服。现在又发展出来第四个通病,就是从上至下普遍存在着的浪费。本来古代中国人是勤俭的民族。大家都会背唐诗:"锄禾日当午,汗滴禾下土。谁知盘中餐,粒粒皆辛苦。"但是当代的不肖子孙们由于上面讲到的虚伪面子加上经济条件好了,制度又有漏洞,于是乎从官员的公款吃喝到平民的婚宴,从百姓的自助餐到大学生的餐盘,都可以看到程度不等的惊人的浪费。据中国农业大学对全国大、中、小3类城市,共2 700台不同规模的餐桌调查后发现,全国一年仅餐饮浪费的蛋白质和脂肪就高达800万吨和300万吨,相当于倒掉2亿人1年的口粮。而一项社会浪费程度调查显示,排在第一的就是公款吃喝,占92.6%,其次是公车滥用等。统计显示,目前中国仍有几千万人尚未跨过温饱线。例如,我设立的奖学金所支持的百色地区生活困难但学习优秀的高中生,家庭人均可支配月生活费仅一、两百元。而很多普通"剩宴"中，不少菜基本原样未动就被倒掉了。殊不知这些被原封不动倒掉的一盘菜钱就够贫困地区一个人生活一个月了。我自己是插队知青出身，经历过"锄禾日当午，汗滴禾下土"的艰辛，对这样的浪费深恶痛绝。这样一个浪费社会资源的文化，不可能是先进的、引导世界文明健康发展的文化。如果不痛改前非，必将为人类文明前进的历史车轮所淘汰！比较一下"上帝的选民"，犹太民族。他们自认为是被上帝拣选来行使神圣的权柄。抱着这样的信念，这个民族心理能量高度集中，信念无比坚定，造就了爱因斯坦、马克思等伟大的科学家、思想家，罗斯柴尔德、摩根、洛克菲勒等世界金权霸主；抱着这样的信念，这个民族相信他们所积累的财富和权柄不是为了挥霍和放荡，而是为了彰显神的荣耀，因此他们中的很多富豪将财富捐出来做慈善事业；抱着这样的信念，这个民族成为了当今世界少有的强大势力集团，在颠沛流离、饱受迫害千年后在以色列复国。两相比较，中华民族是否应该好好反思呢？

注释

① 丁晓良：《为什么说中国教育的悲剧也是中华民族的悲剧?》，http：//blog. sina. com. cn/s/blog_60f793a501015vjw. html。

② 丁晓良： 《中华文明能够跳出周期性自毁的怪圈吗?》，http：//blog. sina. com. cn/s/blog_60f793a50100wr47. html。

16. 为什么中国人是顺应者居多，西方人是创新者居多？

李光耀预测中国 GDP 将不可避免地超过美国，但创造力永远无法与美国匹敌，因为中国文化不允许自由交流和思想竞争。①是不是这么回事？根据心理学专家对于中西方思维风格的比较研究，有间接证据表明中国人是聚合型思维居多，西方人是发散型思维居多；中国人是 Adapter（顺应者）居多，西方人是 Innovator（创新者）居多。这应该是由于我国千百年来的生活和生产方式、专制政治体制、文化环境所导致。

其一，从生活和生产方式看。由于中华文明的主流是农耕文明，环境相对稳定，可以墨守成规。农耕的经验传承、产出基本可以满足人民生活需要，因此产生了"重农抑商"的自然经济政策，抑制了对于创新的需求，以至于中国的科学技术自 14 世纪以来，就少见有系统的重大发明了。②即使有伟大的航海家郑和1405—1430年的七下西洋，甚至比西方航海家的地理大发现还早87年以上③，但是郑和航海的目的主要是宣扬明朝国威、扩展朝贡贸易、寻找失踪的建文帝、迎佛牙、加强同海外各国的联系。而所谓朝贡贸易，就是中国与海外诸国官方的进贡和回赐关系。朝廷对来朝贡的国家一般都有相当丰厚的回赐。这种经济关系实际是不等价的，对朝廷来说是得不偿失的。朝廷之所以明知亏本而乐此不疲，是因为对这种交易怀有一种政治目的。正因为如此，朝贡贸易的存在完全取决于朝廷，经济上并不是可持续的。相对中国而言，西方文明的基础，源自于地中海沿岸古希腊城邦国家之间借助于航海的贸易文明。④航海的周边环境相对农耕的周边环境变化大，也相对比较危险，不容易墨守成规，因而造就了人民的探险、创新意识。而建立在航海基础之上的贸易文明并不能够稳定、持续地满足人民的生活需要。存在决定意识，人民有对于创新、发现的持续需求。

到了罗马帝国时代，为了在更广阔的范围保持贸易所取得的利益或拓展疆土，开始推行殖民制度。这种制度，最初指的是在地中海沿岸驻扎300个罗马公民和他们的家属用于防卫海上袭击的一种制度。公元前200年开始，这种制度被广泛实行，所有殖民者保留罗马公民的一切权利。这样就使得罗马的实际控制地域大大扩展。演变到后来，这成为西方国家扩大自己的领土或者实际控制区域的一种有效方式。由此而延续的1492年哥伦布发现美洲，1497—1498年达·伽马远航到达印度，1519—1522年麦哲伦船队环球航行等一系列远航都带有明确的贸易目的、殖民目的。1600年英国东印度公司成立，将分散的商人组织成为股份公司，为海外贸易和殖民提供了组织和资本上的保障。贸易和殖民地带来的巨额财富提供了工业革命的原始资本，促进了英国于 18 世纪 60 年代开始第一次工业革命。同时期英国建立了产权制度，使得创新可以得到制度的保障，成为全民的长期行为。1785 年瓦特的改良蒸汽机投入使用。19 世纪 70 年代西方国家开始第二次工业革命，进入了创新促进发展的良性循环。

中国的农耕文明导致文化的特点是重农轻商，自然经济，安土重迁，故土难离，叶落归根，熟人社会。因而是收敛的、聚合的。贸易文明从来没有在"重农抑商"的中国形成主流。即使是唐中后期以广州为中心发展起来的中外商人商品等价交换的市舶贸易，也在明朱元璋实行禁海政策后又归为朝贡贸易。⑤而西方文化在初期，就特别推崇商品经济，殖民制度，人际交往的很大一部分是远距离的陌生人之间交往，因而是拓展的。举一个现在年轻人都熟悉的例子，眼下时兴穿越小说。您如果仔细观察一下，就可以发现中国人的穿越小说大多是向回看，描写从现代穿越到古代的。而美国人的穿越小说，大多是向前看，描写从现在穿越到未来或者从未来穿越到现在的，如《未来战士》等。这是否也反映了两种文化的差异呢。

其二，从政治体制看。同样由于中国是农耕文明，西高东低的地势需要对于大江大河有统一的水患治理和用水调度机制，东中部的平原又使得交通便利，统一的难度减小，由此导致产生了大一统的帝国。普天之下莫非王土，中国处于高度的帝国专制时代，社会中缺乏能够制约皇权的政治基础，导致了皇权的无限膨胀以及不受限制，大多数民众没有参与政治的权力，只是现行体制的消极服从者，即臣民、顺民、羊群。人民的思想也处于帝国高压统治之下，是一个被要求、被教育、甚至被压制的集体。因此，中华民族的个性变化史，是一个英雄主义不断衰减，阿谀奉承不断增长的历史。君不见自古燕赵多慷慨悲歌之士。如唱着"风萧萧兮易水寒，壮士一去兮不复还"而慷慨赴死的荆轲。如舍弃自己的亲生儿子而忍辱负重将赵氏孤儿养大的程婴。近代与当今中国多唯唯诺诺、贪污腐化之徒。如和珅、刘志军之流。由于受到千百年来的压抑，中国人之间极少拥抱，表达意思和感情是非常含蓄、隐晦而不说透的。中国传统文化所提倡的情绪表达方式是喜怒不形于色，接受的一方只能靠自己去悟。如木秀于林，风必摧之；树大招风；枪打出头鸟；出头的椽子先烂；逆来顺受；委曲求全；各人自扫门前雪，莫管他人瓦上霜；明哲保身，但求无事；事不关己，高高挂起；得过且多等中国广泛流行的成语都反映了整个社会不鼓励表达、也不允许创新的状况。即使现在也是如此。例如，"重庆打黑打的是重庆的企业家，但企业家什么都没有说，都没有吭气"。⑥制度文明是在原地转圈⑦，甚至明清相对于汉唐还有倒退⑧；文学艺术自唐宋达到高峰后也在走下坡路。社会的发展、思想的发展基本处于停滞甚或倒退状态。而同时期西方文明的发展，源自于地中海沿岸各国互通有无的贸易文明。贸易的基础是平等交换，诚信守约。希腊半岛的多山所造成的交通隔绝和海外贸易的独立性、拓展性使古希腊长期以来没有形成大一统的国家，这导致以地区自治为传统的古希腊城邦国家、后来德意志联邦国家，以及根据这些城邦国家的法律规范承担义务和享有相应政治经济社会权利的公民与自由民的诞生。在此期间相继发生了英王约翰被贵族胁迫签署《自由大宪章》（1215 年）、尼德兰革命（1566—1581 年）、光荣革命（1689 年）、北美大陆会议发表《独立宣言》（1776 年）、法国大革命（1789 年）等政治事件，使得其政治体制逐步转向"民有、民治、民享"，社会治理建立了自调节和纠错机制，得以保持创新活力，不断前进。

其三，从文化环境来看。秦灭六国之前的春秋战国时期是中华文化最活跃、最灿烂的时期。在此期间，百花齐放百家争鸣，大家辈出。在统一帝国时期的前期，汉武帝开始"罢黜百家，独尊儒术"。文化上强调三纲五常。"三纲"是指"君为臣纲，父为子纲，夫为妻纲"。它本来不是儒家思想，最早是由韩非提出⑨。它要求为臣、为子、为妻的必须绝对服从于君、父、夫。而早期的儒家，并非如此要求。孔子说"君不义，臣可以争于君；父不义，子可以争于父"。孟子说"君之视臣如手足，则臣视君如腹心；君之视臣如犬马，则臣视君如国人；君之视臣如土芥，则臣视君如寇仇"（《孟子·离娄下》）。不仅如此，早期儒家还要求君、父、夫要尽其为君、父、夫的责任，为臣、子、妻作出表率，所谓"君，君；臣，臣；父，父；子，子。"它反映了社会中君臣、父子、夫妇之间的一种辩证的道德关系。可惜的是，后来的思想家为迎合统治者都有意强化了服从的一面而淡化了抗争的一面。因此儒家思想实际上被篡改了。⑩"五常"即仁、义、礼、智、信，是用以调整、规范君臣、父子、兄弟、夫妇、朋友等人伦关系的行为准则。2 000多年来，被篡改的三纲五常作为帝国社会的最高道德原则和观念，被历代统治者所提倡，被写进家族的族谱中，起着规范、禁锢人们思想、行为的作用。它一直影响着中国人的国民性。当然，这种思想也确实起到了维护帝国社会秩序、规范人际关系的作用。但是这种思想以鼓励后辈服从长辈、下服从上为主。创新需要敢为人先。被篡改的三纲五常并不鼓励创新甚至压抑创新。否则为什么要"罢黜百家，独尊儒术"呢？以致秦以后到辛亥革命之前，中国产生的大思想家主要是儒家学派的，而且也就是董仲舒、二程、朱熹、王阳明、顾炎武等有数的几个人。以儒家为主流的中国文化是集体主义取向，程朱理学讲存天理、灭人欲，存集体、灭个人。所以在这样的文化环境下，一定是发散型思维者少，聚合型思维者多。即使有个别的发散型思维者，但是在这样的文化环境下也是另类，不会占据主流。例如，个性特立耿介的顾炎武和同里挚友归庄就被时人号为"归奇顾怪"。同时期的西方，并没有产生像儒家这样一以贯之的强势学派。公元 1 世纪，基督教产生。313 年，基督教在罗马取得合法地位。14 ~ 17 世纪，欧洲开展了文艺复兴运动。1520—1570 年，西欧宗教改革。1533 年，哥白尼提出日心学说。1610 年，伽利略发现了木星的四颗卫星，为哥白尼学说找到了确凿的证据。17 世纪后半期牛顿力学体系确立。19 世纪 30 年代法拉第证明了电磁感应现象。19 世纪中期达尔文创立生物进化论学说。20 世纪初爱因斯坦提出相对论。创新不断，大家辈生。

在艺术上，也可以找到汉民族的发展在汉代达到高峰，之后基本上在走下坡路的证据。例如在南阳汉画像中，像《刘累驯龙》、《伏虎》、《二郎斗牛》、《猎虎》等，人是宇宙天地间的主角，快乐而自信，与神明、猛兽幸福而祥和地相斗、相戏、相处，毫无畏怯之态，而我以前在台湾故宫博物院看到的明朝的龙，一副亡国之像。鲁迅从身边人们身上感受到太多的奴气和俗气，南阳汉画像让他和我们看到了祖先灵魂深处的力与美，以及让人血脉贲张的英雄主义。

由上述分析知道，中华传统的农耕文明、专制帝国、被篡改的三纲五常、祖宗家法不可变等从生产方式、社会治理方式、文化等各个方面抑制了创新。中国要建设创新型国家，必须在上述三个方面都进行相应的改革，在制度层面鼓励创新。如此才能够使得人民的思维逐渐发散，逐渐摆脱聚合型思维，成为创新者，国家才能够真正进入创新促进发展的良性循环。

注释

① 《警惕崛起中的中国》，载《澳大利亚人报》，2013 – 02 – 19。

② 丁晓良：《由历史唯物主义观看中国科技为何会落后》，见《中国科技体制改革的经济学分析》，202 页，北京，科学出版社，1998。

③ 郑和 1405 年首下西洋，比哥伦布发现美洲新大陆早 87 年，比达·伽马经过好望角早 92 年，比麦哲伦环球航行早 114 年。

④ 希腊是一片丘陵，3/5 的土地不适宜种植，但适宜放牧，古希腊的畜牧业较农业发达。气候属于冬雨夏干型的地中海型气候。雅典约有 3/4 以上的粮食依赖国外输入。因此上古时代的文明中，唯有古希腊文明（以雅典城邦为代表）在经济上进行以交换为目的的商品生产，形成了发达的工商业文明。管建宏：《自然环境与古希腊文明的形成》，载《历史教学问题》，1996（4）。

⑤ 丁晓良：《朱元璋在治国方面有哪些失误呢?》，http：//blog. sina. com. cn/s/blog_60f793a501015svl. html。

⑥ 王石：《躲避没有出路 工商界要自救》，http：//cul. qq. com/a/20130816/006 231. htm。

⑦ 丁晓良：《中华文明能够跳出周期性自毁的怪圈吗?》，http：//blog. sina. com. cn/s/blog_60f793a50100wr47. html。

⑧ 黄仁宇：《中国大历史》，生活·读书·新知三联书店，1997。

⑨ 韩非："臣事君，子事父，妻事夫。三者顺则天下治，三者逆则天下乱，此天下之常道也。"忠孝第五十一，韩非子。

⑩ 孔子提出"君，君；臣，臣；父，父；子，子"在前，董仲舒篡改为"君为臣纲，父为子纲，夫为妻纲"在后，http：//news. 163. com/05/0329/15/1G17KMQE 00011249. html。

17. 为什么中国人被嫌没品位？

　　近来发生的一系列事件，引起国人对自身素质的思考。

　　2012 年 9 月 3 日，瑞士国际航空公司证实，该公司 9 月 2 日由苏黎世飞往北京的 LX196 航班因为两名中国游客在飞机上殴斗返航。①2013 年 7 月 11 日，在法国普罗旺斯南法薰衣草田里，两伙中国游客为抢拍照位置大打出手。一伙是拍婚纱照的，一伙是小情侣。混战一团，婚纱也扯了，赤膊互拍，草田都被践踏了。2012 年 10 月 3 日外媒报道，法国时尚品牌 Zadig&Voltaire 近日表示，于 2014 年在巴黎开张的新酒店将不接待来自中国的游客，原因是嫌中国人没品位。2012 年中秋和国庆节双节长假，国内 119 个直报景区接待游客 3 424.56 万人次，旅游收入 17.65 亿元，都破了历史纪录。但是长假期间发生的种种不文明现象也破了历史纪录。例如，三亚 3 公里海滩散布 50 吨垃圾，北京 11 家公园 7 天假期收了 630 吨垃圾，人均用 1.4 米厕纸。各地的高速路因为堵车成了垃圾场，厕所。2013 年 2 月 3 日下午，农民工秦小亮骑着助动车去银行存钱，在上海市北翟路、协和路口不慎将手中的 1.76 万元钱款撒落在地，周围的一些路人趁机竟哄抢起了人民币，这位农民工半跪在街头，请求大家把钱还给他。农民工说，"这是他一年的血汗钱。"但仍有一些人拿着钱就离开。最终他自己捡回了 3 000 元，路人还给他的仅 700 元。^② 其实这样的例子还有很多，苏州货车侧翻，路过的三轮车、电动车直接装货。司机大喊"不要抢，我也是打工的"，没人理他。2012 年兰州高速车祸后，价值几十万元的葡萄被哄抢，车主倾家荡产。类似的例子不胜枚举。

不久前，有一位朋友给我讲了一个故事。说有一个中国旅欧团，团员中有不少暴发户。在欧洲旅行过程中点了一大桌菜，因为不合口味，稍微吃一点就准备走人。结果被旁边一位欧洲老太太拦住了。这些暴发户说我付了钱不爱吃你管得着吗？老太太报了警。警察来了就给这些暴发户开了浪费资源的罚单。

再看看中国现在在世界上，并没有真正的朋友。中国一直扶持的朝鲜、非洲各国，过去扶持的越南、阿尔巴尼亚，和中国之间的关系都是有奶就是娘，没奶就翻脸。现代中国人并没有真正得到外国人的尊敬。而回想汉、唐、明之时，四方来朝，当时世界各国是真正从心里尊敬、热爱中国的。例如，唐朝时大批日本留学生来华学习。明成祖时苏禄国（今菲律宾）东王率家属及随从三百三十余人不远万里来朝，曾要求将版图并入中国而未果，回程中因病去世而要求葬于中国。

图 2013年7月11日，两伙中国游客在法国普罗旺斯
南法薰衣草田里为抢拍照位置互殴

图 苏禄国东王墓，亦称苏禄王墓，坐落在山东省德州市德城区城北，是中菲
友好历史的见证，于1988年1月13日被国务院公布为全国重点文物保护单位

为什么古代中国强大了得到世界各国的尊敬，而现代中国强
大了反而被嫌没品？我认为主要的原因在于汉、唐、明之时，中

国的农耕文明和相应的儒家文化在世界上属于相对先进的文明，世界各国真正从心里佩服中国。现在中国虽然强大了，但由于文化大革命破坏了传统文化，新的商业文明还没有建立，国民的修养非常落后，显现出的是一种浮躁的、金钱至上、不可持续发展的暴发户心态③，因此不能得到世界各国的真正尊敬。

注释

① 详见 http：//news. ifeng. com/gundong/detail_2012_09/05/17355431_0. shtml。

② 详见 http：//news. qq. com/a/20130203/000727. htm。

③ 有一条中国移动 2014 年 1 月 31 日（阴历正月初一）发给神州行客户的拜年短信很能说明时下中国人的这种暴发户心态："拜年咯拜年咯！马年新气象，你有啥愿望？找对象，涨工资，还是一夜成为新土豪？无论神马，新的一年里，【务工易】祝你称心如意，一切都能马上有。"

18. 为什么中国是意音文字（象形文字），西方是拼音文字？

在远古时代，先民为了交流的需要，创造了语言和文字。文字在发展早期都是图画形式的形意文字（可以"望文生义"，又称表意文字）。例如，仓颉造字。他是按照万事万物的特征造出许多象形字。到后来，由于人类社会的发展，需要表达的意思越来越多，越来越复杂，文字越来越发展为抽象性更强的符号系统。在西方，形意文字演化为记录语音的表音文字。在中国，则演化为一种图形符号，既代表语素，又代表音节的意音文字系统——汉字。

在非正式的场合，意音文字往往被称为表意文字或象形文字，但这只是一种比喻或形象的说法，严格说来这种说法是不准确的，这种说法使人误以为意音文字只和表形表意有关系，和语音没有关系。事实上，意音文字和所有完整记录语言的文字一样，也必须完整地记录语言的读音。从声乐的角度说，"构成语言的每一个汉字，都是三个因素合成的，即声、韵、调。"①

中国文字的发展可以划分为三个大阶段。从甲骨文字到西周铭文是一个阶段，属于上古文字，以图形、会意为基础。周宣王以后的籀文到秦小篆是第二个阶段，以转注、形声为主，对物理世界的形态的依赖大大减弱，抽象性更强。秦汉时代的隶书以下是第三个阶段，这个阶段已经少有新文字的创造，更多的是对字的写法（笔法与结构）的关注。大体来说，从隶书到今天使用的现代中文字形体上没有太大的变化，属于同一个辨识系统。

西方的表音文字（拼音文字）只要会说就会写，国民识字率很高。而汉字独立于拼音之外，笔画繁难，就连许多饱学之士都会发出"汉字至难"的感慨。对于汉字的反思到"五四"时期更达到了一个高潮，鲁迅甚至发出："汉字不灭，中国必亡！"的呐喊。当然鲁迅这么讲有些极端，就像他在《狂人日记》中极端地说"仁义道德"后面只有两个字"吃人"一样。汉字并非一无是处，它也可以作为表意文字来使用。中国这么大，各地发音不同，但写下来，意思都相同。甚至语言完全不同的日本、朝鲜在古时候也主要是用汉字作书面表达。

我们不禁要问，为什么人类早期发展原理上基本一致的象形文字在中国演进为意音文字，而在西方演进为拼音文字？我这里提出一个生活和生产方式导致如此变异的假说。

中华文明生产方式的主流是农耕文明。这种生活和生产方式的特点是周边环境相对稳定，图形符号在人们脑子中的形象比较固定。人际交往主要是近距离的熟人社会交往。从生产和生活的需要出发，人们对于田地丈量有更迫切的需求。因此早期的象形文字进一步演进为一种既代表语素、又代表音节，但是侧重于相对稳定的图形的辨识系统——汉字。作为例证，我们可以看到由于农耕社会的稳定图形有限，因此常用汉字也就两三千个，而英语等拼音文字的常用词汇数量要多得多；中国人思维的特点是长于基于图形的形象思维、整体思维、比喻、直觉，短于逻辑思维、分析，像阴阳五行学说及对应的人体五脏的相生相克关系、中医的望闻问切乃至相术；汉语里的名词是"意象名词丰富但抽象名词缺乏"，"周代所有的古哲学家中，只有墨子和韩非子的风格接近有力的论证风格。孟子毫无疑问是伟大的诡辩家，然而他也只是对'利'、'义'等大而又泛的词感兴趣。其他哲学家，如庄子、列子、淮南子，只对漂亮的比喻感兴趣"。②

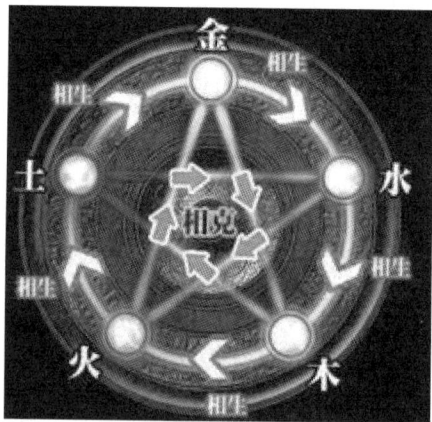

而西方文明的基础，源自地中海沿岸古希腊城邦国家之间借助于航海的贸易文明。③航海的周边环境相对农耕的周边环境变化大，图形符号在人们脑子中的形象不易固定。人际交往的很大一部分是远距离的陌生人之间交往。从生产和生活的需要出发，以航海为基础的贸易文明更加需要船与船之间、船与岸之间的远距离喊话，对于以声音为基础的人际交流有更加迫切的需求。因此早期的象形文字进一步演进为侧重于语音的、相对容易拓展的辨识系统——表音文字。

注释

① 余开基编著：《高考音乐强化训练·声乐卷（修订版）》，第 2 版，长沙，湖南文艺出版社，2003。

② 林语堂：《中国人》，上海，学林出版社，1994。

③ "地中海是这样一个海，在这里用帆可能一连几天不能行驶，而用橹桨却很容易渡过平静的水域。"（托尔《古代船舶》）地中海人一旦懂得了用橹桨，就可以走进海洋。在这种地理条件下，地中海人的航海业和海上贸易十分发达，而且形成了一种向外拓展的文化类型。此外，希腊是一片丘陵，3/5 的土地不适宜种植，但适宜放牧，古希腊的畜牧业较农业发达。气候属于冬雨夏干型的地中海型气候。雅典约有 3/4 以上的粮食依赖国外输入。因此上古时代的文明中，唯有古希腊文明（以雅典城邦为代表）在经济上进行以交换为目的的商品生产，形成了发达的工商业文明。管建宏：《自然环境与古希腊文明的形成》，载《历史教学问题》，1996（4）。

19. 中国社会阴盛阳衰的原因是什么？

最近和我在教育界的一些朋友讨论，大家发现，在我们的孩子们中间出现了一个和二十世纪五六十年代乃至七八十年代非常不同的现象。以前的普遍情况是小学、初中女孩子学习相对好，但是到了高中、大学，男孩子学习相对好。现在是倒过来了。近两年我担任 MBA 学生面试评委，应试者中女生居多。我的一些同学是大学的院校领导，他们告诉我，在硕士博士研究生中也存在类似的现象。在社会上，同样可以看到女企业家、女强人多了，杰出人士中，男人的比例整体上在下降。体育界就更不用说了，在国际大赛获奖的中国运动员中，女性比例明显高于男性。我姑且将上述现象称之为中国社会的"阴盛阳衰"现象。为什么会出现这种现象呢？我分析有如下四点原因：

其一，自1982 年计划生育被定为基本国策以来，中国进入了独生子女时代。对只有一个女孩的家庭而言，大部分是将女孩当做男孩养的。父母不再按照传统的三从四德来教育和要求女孩。这对女孩的心理影响、自信心增强都大有好处。其二，随着科学技术的发展，社会上的就业岗位，尤其是收入高的白领阶层，主要是靠智力而不是靠体力吃饭了，毛主席说"时代不同了，男女都一样"。女孩与男孩的体力差别虽然明显，但智力差别并不大。因此，妇女在社会就业岗位中的相对竞争力、女人在家庭中的经济地位和话语权均明显提高。其三，女孩相对男孩来说记性好、脾气好，更加适合中国要求听话、顺从的应试教育体制。相对而言，男生更加不适应。其四，中国社会讲究阴柔、权术、潜规则①，人际交往时，往往话不说透，点到为止，让对方去猜，女人在这方面相对更加擅长。

实际上，林语堂先生在 1935 年就说过，"中国人的心灵在许多方面都类似女性心态"[②]。例如，女人的生活本能比男人坚定，中国人生活的本能比其他民族坚定。女人相信直觉，中国人在很大程度上也是依靠直觉去揭开自然界之谜，诸如伏羲八卦、中医五行学说等。女性常避免使用抽象名词，而中国语言的特点是意向名词丰富但抽象名词缺乏。中国历史上和现在都有不少非常出名而受到很多粉丝追捧的男性出演女性的角色。在很多文艺比赛中不少男选手还将此技能作为一种获胜的法宝来展示。上述中国社会的"阴盛阳衰"现象只不过表明这种民族性的女性化特点在当代中国独生子女政策、潜规则盛行、应试教育体制下更加得到了发扬光大而已。

从社会治理的角度而言，中国民族性的女性化特点有利于治理而不利于创新。作为一个男性，想要在这样的社会中生存、竞争乃至取胜就要少一点阳刚之气，多学习一些阴柔之道。这也是中华民族阳刚之气越来越衰减，中国历史上屡屡能够有宦官专权的原因之一。而作为一个当代女性，比较其同性前辈来，应该说要幸运得多。因为她们既可以不再受三从四德的束缚，与男性平等地竞争，又可以在竞争中充分发挥其阴柔的特长，其结果我们大家都已经看到了。

至于说为什么中国民族性有女性化特点，那就话长了。我判断这与中国农耕文明的保守特性[③]、中国农耕环境的相对稳定[④]，中国社会长期的专制统治[⑤]有关。

注释

① 丁晓良：《为什么在中国权术流行而王道不行？》，http：//blog. sina.

com. cn/s/blog_60f793a50101a953. html。

② 林语堂:《中国人》,上海,学林出版社,1994。

③ 丁晓良:《农耕、游牧、工商业三大文明比较谈》,载《商业文化》,2013(5)下。

④ 丁晓良:《为什么中国是意音文字(象形文字),西方是拼音文字?》,http://blog. sina. com. cn/s/blog_60f793a501016opm. html。

⑤ 丁晓良:《为什么中国人是顺应者居多,西方人是创新者居多?》,http://blog. sina. com. cn/s/blog_60f793a501017f59. html。

20. 中华文明的出路何在？ 改良，重建还是复兴？

我最近一直考虑一个问题，为何当代中国人这么缺乏诚信？君不见食品之中掺假，基建工程豆腐渣，等等，这都是整个社会缺乏诚信的结果，为此，整个社会也付出了巨大的代价。当前的中国文明，进入了一个除眼前利益和实用之外，既无传统，也没有价值观，更没有信仰，没有方向的迷茫地段。中华文明的出路何在？是改良，重建，还是所谓的复兴？

追根溯源，中华文明来自于自给自足的农耕社会，君臣父子的熟人社会，缺乏陌生人之间的商品交换，因此，也并不需要建立在平等交换基础上的契约精神、尊重制度的精神。

随着中国走向市场经济，陌生人之间的商品交换范围越来越大，需要互相之间达成共同意愿的契约，需要交易双方对于契约的遵守。这种社会契约的精神、尊重制度的精神是过去中国社会家长制文化中所缺乏的。相反，中华传统农耕文明、儒家文化中有着许多阻碍社会进步的东西①，是需要取其精华，弃其糟粕的。因此，中华文明的出路绝不能是对民族传统的简单复兴，更不能是当代新儒学②所提倡的儒家文化复兴，儒学复兴，像现在中国很多地方正在做的一样开展国学教育。但是也不能将儒家提倡的修身、齐家、治国、平天下的社会责任心，道家道法自然、天人合一，佛家众生平等、因果报应等植根于中国社会几千年，为民众所广泛接受的优良传统完全抛弃③，从头重建。只能是在保留上述优良传统的同时，吸收现代商业文明、制度文化中适于中国社会的合理成分，进行道德改良！

注释

① （1）丁晓良：《农耕、游牧、工商业三大文明比较谈》，载《商业文化》，2013（5）下。（2）丁晓良：《儒家文化的主要优缺点是什么?》，http：//blog. sina. com. cn/s/blog_60f793a501019u3z. html。

② 当代新儒家提出所谓"儒家三期说"，即原始儒家、新儒家，以及当代新儒家。原始儒家指的是先秦孔孟、荀子的思想；新儒家指的是宋明儒学，包括程朱学派、陆王学派等；当代新儒家指的是继承宋明儒学，对比西方文化传统，面对现代化社会，用现代学术话语开启的新儒学传统。这种划分也不见得准确。实际上汉代董仲舒之后的儒家已经大不同于孔孟等原始儒家。以往，儒学的目标是教导人成为君子。而当代新儒家，例如，台湾学者林安梧认为，应该先成为享你应享的权利、尽你应尽的责任、义利合一的公民，然后成为君子。

③ 法家所谓的依法治国，不过是依照维护中央集权、镇压民众的刑法治国，算不上是民族的优良传统。因此这里没有将其列入。

21. 进步文明的基本原则是什么？

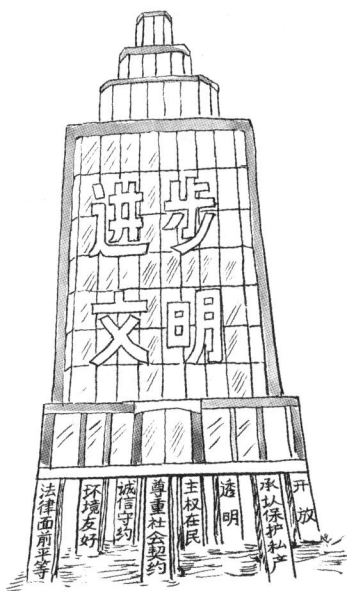

要改良中华文明，首先需要知道应该建立什么样的文明。为此，我们需要了解进步文明的共同原则。

什么叫做进步文明？具有创新能力、可持续创造财富的能力、可持续发展能力的文明就是进步文明。而中华文明自公元前21世纪的夏朝到清朝，一直没有走出周期性自我毁灭的循环。政治制度自夏朝以来、文化自宋朝以来、科技自14世纪以来，基本上停滞发展，算不上是进步文明，因此必须改良而不是所谓复兴。[①]

进步文明的基本原则，应该来自于人类作为群体的历史实践，人类价值观的普世价值，也就是举世公认的、符合人类整体利益的道德规范。例如，基督教信奉在上帝面前人人平等，佛教主张众生平等，道教强调人与人、人与自然的和谐，商品平等交换所要求的诚实守信、社会契约……总结起来，我理解进步文明的基本原则主要有如下几条：

1. 法律面前人人平等。这是市场经济商品公平交换和社会民主治理所共同要求的。

2. 与环境友好和谐，可持续发展。这是人类作为一个种群在地球上、乃至宇宙中长期生存所必须遵守的。否则人类只能被自己的繁衍、发展所自毁。

3. 诚信和守约。这是商品经济买卖双方商品公平交换所必需的。

4. 尊重社会契约。这是市场经济商品公平交换和社会民主治理所共同要求的。

5. 主权在民。这意味着国家的各级官员由全体选民选举产生。国家领导人是大众的领路人和问题的解决者，而不是帝王时期"普天之下莫非王土"的主人。国家不再是属于统治者的私人物品，而是一个由专家治理、权力受到制约的人民意愿共同体。这是人类群体的民主治理所必需的。

6. 承认和保护私有财产权。这是文明社会赖以存在的理性、道德和秩序基础。道理十分简单，如果一个人或一群人连什么是自己的财产，什么是别人的财产都分不清，他（她）们就不可能建立和发展符合自己长远利益的理性、道德和法律秩序。

7. 透明。这是人类群体的民主治理所必需的。阳光下的暗箱操作会少一些，腐败会少一些。[②]

8. 开放。中国汉朝期间开通陆上丝绸之路通西域，唐朝期间开通海上丝绸之路同 50 多个国家开展贸易活动，其时代是相对开放的时代，也是中国国力大为增强的时代。到了明清两代，统治者实行海禁政策，原来以民间为主的同 140 多个国家开展的颇具活力的市舶贸易被禁止，只允许官方为主的朝贡贸易。③历史表明，封闭的结果是落后，是缺乏创新的灵感和动力。明朝就是"一个内向和非竞争性的国家"，晚明更是"一个停滞但注重内省的时代"。④进步文明如果要保持其进步性，必须是开放的，善于吸收其他人类文明长处的。

上述基本原则并不简单等同于人类价值观的普世价值。有了上述基本原则，其他一些人类的普世价值观，例如正义等，也就得到了保证。

注释

① 丁晓良：《中华文明的出路何在？改良，重建或复兴？》，http：//blog. sina. com. cn/s/blog_60f793a50100wmeh. html。

② 丁晓良：《明规则怎样才能战胜潜规则？》，http：//blog. sina. com. cn/s/blog_ 60f793a50101bck7. html。

③（1）丁晓良：《朱元璋在治国方面有哪些失误呢？》，http：//blog. sina. com. cn/s/blog_60f793a501015svl. html。（2）丁晓良：《郑和下西洋与西方航海活动有何差别？》，载《商业文化》，2013（6）下。

④ 黄仁宇：《中国大历史》，生活·读书·新知三联书店，1997。

22. 为什么改良中华文明是有希望的？

　　2012年3月我到杭州出差，领教了全国文明城市的风采。有一些事情让我感动，看到了改良中华文明的曙光。

　　其一，在杭州，您可以放心大胆地过人行横道。所有机动车在人行横道必须避让行人。其二，在杭州街头，您可以看到不少人骑自行车。我在一个红绿灯路口随机地数了一下，大约有一半人是租的公用自行车，可以异地还车。租金好像是一天几毛钱吧。而在首善之都北京，几年前也推行过一段这种租用的公用自行车，但由于管理不善，自行车不是被偷，就是缺乏修理。这些自行车过不了几天就夭折了。而在杭州，我半年前就曾经在一个居民小区看到不少这种自行车，摆放和管理得井井有条。今天又在街头看到有近一半的骑车人骑这种公用自行车，这不仅反映了当地有关部门的管理水平，也反映了杭州居民的文明素质。其三，我在杭州公共汽车站候车时，高兴地发现候车牌上有即将到站的有关公交车是哪一路，还有多长时间到站等信息。这种车牌我在日本看到过，美国纽约也没有，想不到在杭州看见了，真是高兴。其四，我下榻的之江饭店的服务员一个个笑容可掬，非常礼貌。

自"五四"以来，中国的知识界与人民就在不断反思，中华文明的问题到底出在什么地方？中华文明还有没有希望？上述现象让我看到了中国社会普通民众素质的提高。2012 年以来，腾讯思享会开展致敬"时代知行者"，这些人既是时代的知者、思考者，同时更是具备行动能力、不断在路上创新前行的勇者、践行者。2013 年元旦，我又看到了北大法学教授张千帆等 72 名学者联署的呼吁超越左右之分、朝野之别，为建造一个民主、法治、尊重人权、民富国强的宪政中国而共同努力的六点改革共识倡议书①。2013 年 8 月 22 日，秦晖、黄纪苏、陈明、何光沪等自由派、新左派、新儒家和基督教研究的 24 位具有代表性的学者求同存异，达成了关于中国现状与未来的四点共识②。这些让我看到了中国思想界素质的提高。

中国有一个志在革新的执政党，有像杭州市民这样不断改进和提高的广大民众，有克服文人相轻等陋习、努力寻找改革共识并努力实践的思想界，有在改革开放中通过公平竞争获利的非寻租既得利益者的积极推动，我有理由感到改良中华文明是有希望的。

注释

① 中国律师网群，http：//wq. zfwlxt. com/blog/blogshow. aspx？ user = 28585&itemid = 736dc93a – bd67 – 4cf1ae8f – a139009bcfac。

② 秦晖、黄纪苏、陈明、何光沪等：《关于中国现状与未来的若干共识》，共识网，2013 – 09 – 05。

23. 为什么现代中国人需要重建信仰？

2012 年 3 月 3 日一早，夫人告诉我一个消息，有一位怀了 7 个月身孕的孕妇去 ATM 取了 1 000 元，被人割喉抢钱。结果孕妇怀着的孩子死亡，孕妇本人还在抢救过程中，凶犯还没有被抓到。

2012 年 3 月 2 日，《京华时报》有一个报道说，20 岁的搬运工马金库被指控因不满尹女士让他帮忙照看孩子，持斧子将她及其 2 岁儿子砍死。该日，马金库在北京市二中院受审。死者家属手举遗像，极度悲愤，但马金库满不在乎，甚至面带笑容。他称早已轻生，只求法院速判他死刑。

2012年1月6日，南京发生的爆头哥案件（凶犯对人的头部开枪，抢钱后逃匿），该犯名叫周克华，是苏湘渝系列持枪抢劫犯，于2012年8月14日被击毙，该犯曾作案8起致9人死亡。联想到1994年的千岛湖惨剧，当观光游船被劫时，台湾游客都自愿把值钱东西交给了匪徒，认为所有的财物都给你了，可以保命。然后罪犯叫大家进舱房，他们就把门锁掉。大家都以为他们想趁机逃掉，谁知道，他们一把火将里面的台湾游客、船员、导游共32人全部烧死，这是意想不到的。这些罪犯，除了钱之外没有什么信仰，内心没有任何敬畏。上述的割喉哥、爆头哥、马金库之流，也都是内心没有任何敬畏的。否则的话，想到夺走这么多人的性命，你的子孙要做牛做马，还有你到十八层地狱的苦难。但是，他们是彻底的唯物主义者，无所畏惧，没有"善有善报，恶有恶报"的概念。

前段时间还听到三个消息。有一个小学毕业生给别人留言：祝你今后开宝马，住洋楼，吃海鲜，娶美女，包二奶，夜夜做新郎。有一个城市对中学生做了一个测验，问在当今社会做老实人是否吃亏？结果90%的中学生答道做老实人吃亏。还有幼儿园的孩子给老师送钱，简直不可容忍。

中国的问题出在什么地方呢？很多腐败问题，除了制度的原因外，民众普遍缺乏信仰，内心没有敬畏也是原因之一。未来中华民族要在世界上立足，对内需要有各民族共同认同的、有凝聚力的文化；对外也不能只靠军事力量，还要靠先进文化的力量。当年西班牙人征服美洲大陆，并非只靠先进的武力，而是一手拿枪、一手拿十字架进行的。

因此，我主张重建民族的信仰。首先要恢复传统农耕文明所发展的礼义廉耻，再加上现代商业文明所需要的契约精神，平等

图 十诫①

协商精神和创新精神。

现代社会靠两个基本的东西来运行，即契约和信仰。这二者中，契约是更为根本的。但是中华民族自古以来就是自给自足的小农经济，在社会竞争和人际交往方面是丛林法则，成王败寇，缺乏民法和平等交换所需要的契约精神。胡适先生说得好，"一个肮脏的国家，如果人人讲规则而不是谈道德，最终会变成一个有人味儿的正常国家，道德自然会逐渐回归；一个干净的国家，如果人人都不讲规则却大谈道德，谈高尚，天天没事儿就谈道德规范，人人大公无私，最终这个国家会堕落成为一个伪君子遍布的肮脏国家。"因此，要重建民族信仰，关键还是要从建立制度文明入手。

注释

① 以色列的先知和众部族首领摩西带领以色列人出埃及后，看到他们的堕落。因此摩西借上帝耶和华的名义向以色列民族颁布了约束人行为的十条戒律，包括不可杀人，不可奸淫，不可作伪证陷害人，要信主耶稣是

唯一的神，不可贪恋他人财物等十条言简意赅的行为法条，是人类历史上的第二条成文法。摩西十诫对基督教，乃至对整个西方文明都有巨大的影响。反观东方，我们的先祖相信人性善，是可以通过内心的道德修为来约束自己的行为的，如《大学》中提到的"慎独"。由于自给自足的小农经济不需要平等交换的民法，由于我们的先人对人性善的乐观、导致了他们没有去制定人的行为规范。

24. 中国古代先贤是怎样识人的?

　　我在创业过程中由于用人不当曾经吃过大亏。有一位我重点培养的骨干员工不仅把公司的全套技术偷了,而且还把公司原来的客户也撬了,给公司造成了很大的损失。这个教训真是刻骨铭心。我没有想到有些人竟然这样没良心,做事这样缺德,怪只怪自己不会识人。亡羊补牢,犹未为晚。自那以后我就非常注重学习如何识人。老子说,"知人者智,自知者明。"具体的方法是涤除玄览,就是擦亮眼睛,非常细微地观察。但是具体如何操作呢? 还是不甚了解。

　　圣人所见略同。让我们看看孔夫子是怎么操作的。子曰:"视其所以,观其所由,察其所安;人焉廋哉。"视其所以,看对方经常与什么样的人来往;观其所由,看对方为了达到目的用了什么样的方法和手段,是否为了实现不正当的目标使用了不正当的手段；察其所安，看什么能使其心安，心里在想什么？这种识人方法有了一定的可操作性。

进而，庄子在《列御寇》中，教人"九徵"，就是识别君子的九种方法。

1. 远使之而观其忠——派他远出，以观察他的忠心。

2. 近使之而观其敬——让他在身边，以观察他是否敬谨、庄重。

3. 烦使之而观其能——派他做繁杂的事，以观察他的能力。

4. 卒然问焉而观其智——突然问他，以观察他的知识和机智。

5. 急与之期而观其信——给他紧急期限，看他是否守信用。

6. 委之以财而观其仁——托付财富，以观察他是否仁义。

7. 告之以危而观其节——告诉他危险，以观察他的节操。

8. 醉之以酒而观其则——把他灌醉来看他的本性，是否失态。

9. 杂之以处而观其色——让他办杂事，观察他的神色态度。

九徵之，不肖人得已。

诸葛亮在《心书》中提出"知人七法"：知人之道有七焉。一曰问之以是非而观其志；二曰穷之以辞辩而观其变；三曰咨之以计谋而观其实；四曰告之以祸难而观其勇；五曰醉之以酒而观其性；六曰临之以利而观其廉；七曰期之以事而观其信。

庄子和诸葛亮的方法像照妖镜一样，一下就可以将不肖者选出。后人，如晋商，在此基础上发展出了七字识人法。即：远、近、易、繁、危、卒、杂。筛选和造就了一大批可靠的商业人才。上述方法，对于现今选拔人才也是有现实意义的。

25. 为什么速滑世界冠军王濛会身陷 "打斗门" 事件？

2011 年 7 月 24 日晚，中国短道速滑队队员王濛因身陷"打斗门"的事件被国家体育总局冬季项目中心从国家队除名，中国短道速滑队多名主力队员也宣布离队。

王濛 10 岁开始练习滑冰，展现了良好的运动天赋。2006 年，王濛夺得都灵冬奥会女子 500 米冠军，由此成为中国短道速滑的绝对领军人物。2010 年温哥华冬奥会，王濛夺得短道速滑女子 500 米、1 000 米、3 000 米接力冠军，成为继李宁、邹凯之后在一届奥运会独得三枚金牌的中国运动员。截至目前，王濛拥有 4 枚奥运会金牌，与邓亚萍、伏明霞、郭晶晶、王楠、张怡宁五人并列为中国获得奥运会金牌最多的运动员。目前，王濛正在为夺取 2013 年冬奥会的 500 米项目三连冠而训练，她为何突然身陷"打斗门"呢？这一事件的发生偶然吗？

我个人认为，对于王濛，奖励她当人大代表不当。因为人大代表是有一定议政能力的人才适合担任。对她的惩罚也不当。要说责任，身为领队又先打人的王春露才应该在此事件中承担更大的责任。

由此想到两点。

其一，对于王濛之类的牛人，应该以鼓励性教育为主。要允许他（她）说出心里话。而不是简单压制，否则这类牛人总有憋不住的时候，迟早会出问题的。

其二，体育的本质是健身和竞技。而我国的举国运动体制仍旧是计划经济时期的产物。这种体制已经扭曲了体育健身的本质，而简单以竞技、拿金牌为目的。这导致了对运动员的扭曲教育，以致运动员的人格不健全。另外，现代体育也已经成为一种重要的经济活动，如何按照经济规律处理好体育活动所带来的利益也是体育活动的组织者必须要考虑的。

　　但愿媒体和大众对于王濛"打斗门"事件的讨论能够从简单的就事论事进步到如何建立新时代的中华体育文明及相应的体制改革。这才能避免下一个"王濛"的悲剧，才能真正有助于全国人民体质的提高和真正享受体育带给人民的乐趣。

制度之问

物质文明和精神文明大厦

制度文明

26. 中国落后的原因到底是什么？

自 1840 年鸦片战争以来，中国思想界开始反思，中国为什么会落后，不少人将落后的原因归罪于儒家文化。1919 年的"五四运动"提出了"打孔家店"的口号，"文化大革命"中发动的"批林批孔"运动给当时社会伦理道德方面造成混乱，学者受到迫害①，中国大陆各地的孔庙及相关文物古迹因此遭到了极大的破坏。一直到现在，还有不少人认为中国要想发生民主革命，必须首先进行文化变革，由情面儒家人治文化转向诚信契约法治文化。那么，中国落后的原因到底是不是儒家文化呢？儒家文化是不是就必然和情面人治联系在一起而和诚信契约不沾边呢？我认为不是。

首先，文化是一个群体在一定时期内形成的思想、理念、行为、风俗、习惯②，这些思想、理念类的东西是由这个群体的生产和生活方式所决定的。也就是说，是中华民族所处的农耕文明环境产生了儒家文化和其他诸子百家，是帝王因统治的需要选择和修改了儒家文化，并不是儒家文化决定了农耕文明。

其次，中国自孔孟、荀子以来，就已经具有相当成熟的社会契约论思想。"民之所欲，天必从之"（《左传》襄公三十一年引《泰誓》）。"天视自我民视，天听自我民听"（《孟子·万章篇》引《泰誓》）。"天聪明自我民聪明，天明畏自我民明畏"（《尚书·皋陶谟》）。"惟天时求民主"，人主只有能"保享于民"，才能"享天之命"（《书经·多士》）。"民惟邦本，本固邦宁"（《尚书·五子之歌》），"大道之行也，天下为公"（《礼记·礼运》）。

再次，在儒家看来，君王是一种职分，君要有君的样子。齐景公问政于孔子。孔子对曰："君，君；臣，臣；父，父；子，子。"公曰："善哉！信如君不君，臣不臣，父不父，子不子，虽有粟，吾得而食诸"（《论语·颜渊》）？孔子主张"君不义，臣可以争于君；父不义，子可以争于父"。孟子说"君之视臣如手足，则臣视君如腹心；君之视臣如犬马，则臣视君如国人；君之视臣如土芥，则臣视君如寇仇"（《孟子·离娄下》）。"治国有道，人主有职"（《荀子·王制篇》）。孟子还说："贼仁者谓之贼，贼义者谓之残，残贼之人谓之一夫。闻诛一夫纣矣，未闻弑君也"（《梁惠王下》）。君的原意是群（《白虎通》君者，羣也，羣下归心也），君的职能是维护群的利益，残害仁义的纣王只是独夫民贼而已，没有资格再被视为君。他又说："民为贵，社稷次之，君为轻。是故得乎丘民而为天子"（《尽心下》）。可惜的是到了汉武帝采纳董仲舒"罢黜百家，独尊儒术"的建议后，儒家学说被异化为统治工具。上述君臣父子关系的正确论述被董仲舒篡改为"君为臣纲，父为子纲，夫为妻纲"而得到之后历代皇帝的推崇③。儒家原来提出的社会契约论思想和君臣父子关系的辩证论述仅仅停留在道德层面，没有通过组织、法律、社会规范等转化为大家共同遵守的办事规程或博弈规则，节制人们行为的尺度。

最后，传统观点认为，中国在儒家"重义轻利"思想影响下，"重本抑末"、"重农抑商"，这是中国商品经济落后的根本原因之一。实际情况并非如此。《大学》强调国家当"以义为利，而不当以利为利"。"以义为利"，就是说立国之本在道义，在诚信。这就好比孔子所说的"民无信不立"。不要唯利是图。君子爱财，取之有道。孔子的学生子贡在七十二贤人中名列言语类前茅，从政"常相鲁、卫"，在出使齐、吴、越、晋四国的外交活动中得心应手，获得圆满成功。而且他在理财经商上还有着卓越的天赋。《史记·仲尼弟子列传》载："子贡好废举，与时转货资……家累千金"。子贡是将儒家伦理和商业活动结合在一起的最早儒商。"夫仁者，己欲立而立人，己欲达而达人"（《论语·雍也》）。这种思想甚至影响了日本江户时代的商人④。中国历史上重农抑商的真正始作俑者是商鞅。其变法思路就是全民集体走集权军国主义道路，而充满自由主义的商业经济就是此思路的大敌⑤。"注重农桑贬斥商业原为法家宗旨"⑥，提出农本工商末这一口号的，是法家的集大成者韩非。他说"困末作而利本事"，就是抑制商业而全力耕地。并将从事"末作"的工商之民，与儒士、游侠、辩士、近臣并列为"五蠹"，视之为覆邦亡国的蛀虫（《韩非子》）。

那么，为什么儒家的社会契约论、君臣父子关系的正确思想没有转化为可以执行的制度呢？导致中国落后的原因到底是什么呢？我认为主要有以下两点：

其一，存在决定意识。中华文明的主流是农耕文明，其生产方式主要是小农经济。耕读文化的环境相对稳定，可以墨守成规。农耕的经验传承基本可以满足人民生活需要，因此产生了"重农抑商"的自然经济政策，抑制了对于创新的需求。具体论述请见我另外两篇文章《为什么中国人是顺应者居多，西方人是创新者居多?》，《由历史唯物主义观看中国科技为何会落后》⑦。明白了这一点，就可以理解为什么从古至改革开放之前，中国商业文化形不成主流文化？为什么宋时已初具规模的手工业不能形成大产业？为什么工业革命不能首先在东方出现？亚当·斯密在18世纪著书时已称商业的管制办法优胜于农业的管制办法，这已被东西方发展的历史所证明。

其二，从政治体制看。同样由于中国是农耕文明，西高东低的地势需要对于大江大河有统一的水患治理和用水调度机制，东中部的平原又使得交通便利，统一的难度减小，由此导致产生了无限专制、皇权不受制约、没有渐进纠错机制的统一帝国。如同著名历史学家黄仁宇形象地指出，"中国传统社会的结构，有如三明治面包。上面是一块长面包，大而无当，此乃文官集团；下面也是一块长面包，也没有有效的组织，此乃成千上万的农民。其中三个基本的组织原则，此即尊卑男女老幼，没有一个涉及经济及法治和人权，也没有一个可以改造利用"。[8] 这种中央集权的帝国制度排斥限制自己权力的儒家思想，也不可能将其转化为可执行的制度。当然更加排斥建立在公平贸易基础上的工商业经济及其制度。这就使得中国两千年来，以道德代法制。君王说一套做一套，上行下效，导致社会潜规则盛行。君王皇权无限，而由于人性本私、性易坏[9]，因此导致昏君不断，矛盾不断积累至总爆发，然后由新兴的皇帝家族代替被推翻的皇帝家族。每改朝换代一次，社会生产力都遭到极大的破坏，一切归零，从头开始下一个周期性自毁的循环。导致中国发展基本停滞甚或倒退，与世界各先进国家的差距逐渐拉大。明白了这一点，就可以理解为什么中国的帝制社会能长达 2 000 多年？为什么近代以来中国人学习西方的政治经济文化总是只能得其形而不能得其神？具体论述请见我另外三篇文章《中国大历史观是什么样的？》，《为什么中华制度文明中没有诞生对于皇权的制约法律？》，《中华文明能够跳出周期性自毁的怪圈吗？》[10]。

综上所述，中国落后的主要原因是自然经济及与其相适应的农耕文明，包括与之相适应的中央集权制度、文化等。要想改变中国的落后局面，必须在保留农耕文明优点的同时大力发展工商业经济及与其相适应的工商业文明⑪。

注释

① 例如，当时著名学者、中山大学教授王季思，由于拒绝批判儒家学说而被视为"反动学术权威"遭到残酷迫害。

② 对于文化，不同的学者有不同的定义。对于我们这里讨论的儒家文化的问题而言，我比较倾向于集中在精神或伦理价值层面。因为儒家文化并没有真正转化为制度和组织层面的东西。套用费孝通的老师马林诺夫斯基关于文化的器物、制度和组织、精神或伦理三个层次定义并不合适。

③ 刘明武：《"君为臣纲，父为子纲，夫为妻纲"不是孔孟之道》，http：//news. 163. com/05/0329/15/1G17KMQE00011249. html。其实"三纲"思想最早是由韩非提出的。关于这一点，还可见丁晓良：《儒家文化的主要优缺点是什么？》，http：//blog. sina. com. cn/s/blog_60f793a501019u3z. html。

④ 日本江户时期思想家石田梅岩："商人的获利就如同武士的俸禄，但真商人须思客立则己立。"

⑤《商君书》说："使商无得籴，农无得粜。农无得粜，则窳惰之农勉疾。商无得籴，则多岁不加乐；多岁不加乐，则饥岁无裕利；无裕利则商怯，商怯则欲农。窳惰之农勉疾，商欲农，则草必垦矣。"意思是说如果商人不能收购米，农民不得卖米，那想偷懒发财的农民只好老老实实地耕作，商人无货，就逼得商人也去耕田了，没人从商了，国家就富有了！他在劝农耕织时说："大小戮力本业耕织，致粟帛多者复其身"。"事末利及怠而贫者，举以为收孥"（《史记·商君列传》）。意思是说制定严苛的奖惩法律，勤于耕织可望免役；从事工商则将沦为奴隶。这就是要从根源上彻底摧毁一个国家的商业基础！

⑥ 黄仁宇：《中国大历史》，生活·读书·新知三联书店，1997。

⑦（1）丁晓良：《为什么中国人是顺应者居多，西方人是创新者居

多?》，http：//blog. sina. com. cn/s/blog_60f793a501017f59. html。（2）丁晓良：《由历史唯物主义观看中国科技为何会落后》，见《中国科技体制改革的经济学分析》，北京，科学出版社，1998。

⑧ 黄仁宇：《万历十五年》，生活·读书·新知三联书店，2006。

⑨ 丁晓良：《人之初，"性本善"还是"性本私"、"性易坏"?》，http：//blog. sina. com. cn/s/blog_60f793a5010111m1. html。

⑩ 见 http：//blog. sina. com. cn/s/blog_60f793a501018f2h. html，http://blog. sina. com. cn/s/blog ＿ 60f793a5010165em. html，http：//blog. sina. com. cn/s/blog_60f793a50100 wr47. html。

⑪ 丁晓良：《农耕、游牧、工商业三大文明比较谈》，载《商业文化》，2013（5）下。

27. 中国进一步发展亟待研究和解决的重大问题是什么？

　　根据心理学专家对于中西方思维风格的比较研究，有间接证据表明中国人是聚合型思维居多，西方人是发散型思维居多；中国人是 Adapter（顺应者、改编者）居多，西方人是 Innovator（改革者、创新者）居多。这应该是由于我国千百年来的专制政治体制、文化环境、生活和生产方式所导致。[①]但是这并不妨碍中国人的创造性适应（Creative Adaption）。也就是说，有了问题会去想，去攻克，这符合中国人 Adapter 居多的特点。例如，2010年中南大学 20 岁的大三学生刘路破解国际数学难题"西塔潘猜想"。因此我建议：

1. 提出问题是面对问题、解决问题的第一步。例如，1900年希尔伯特在国际数学会上提出23个数学问题，对于西方的数学研究有一定影响。中国下一步要想健康发展，要坦然面对而不是回避发展中必须解决的重大战略问题，因为这些问题逃避不掉，越晚解决，矛盾积累越多，越难以解决。中国现在已经到了转折的关头，以往的发展模式不再可以持续，改革的窗口期正在消失，当前必须加强重大问题的综合研究和顶层设计。因此首先必须敢于提出亟待研究和解决的重大问题，以对政府和民间的各项活动进行主动、有效的引导。

2. 作为抛砖引玉，我提出如下中国进一步发展亟待研究和解决的重大问题。

（1）两个百年目标的具体化及实现目标的改革路线图。

（2）中国宪政民主进程设计。

（3）维稳的顶层设计。

（4）如何正确处理维稳和改革的关系。

（5）中国城市化进程中的人口迁移[②]、最大的生产资料——土地的有效流转[③]等问题。

（6）如何改良民族道德。

（7）中国参与第三次工业革命的跨越式发展战略。

（8）中国矿产资源战略。

（9）中国教育改革战略。

（10）中国海洋战略。

（11）中国的国际关系战略。

注释

① 丁晓良：《为什么中国人是顺应者居多，西方人是创新者居多?》，

http：//blog. sina. com. cn/s/blog_60f793a501017f59. html。

② 由于户籍壁垒等制度因素，至少有1.3亿农民工。他们的后代一部分成为隔代抚养的留守儿童，共有5 800万；一部分随着父母进城成为流动儿童，约2 700万，他们很难享受到城市孩子同等的教育和医疗等社会福利。这意味着中国有8 500万儿童随时面临着歧视和伤害的威胁。这代孩子不久也将成人，他们对于社会给予的不公平待遇必将作出反应。

③ 秘鲁著名经济学家赫尔南多·德·索托在《资本的秘密》、《另一条道路》中讲述了一个社会现象，为什么资本主义经济模式在西方（比如美国，西欧甚至日本）都取得了极大的成就，而它在很多发展中国家却停滞不前。这是为什么？德·索托一语道破真相，因为多数发展中国家没有建立起把资产转换成为资本的机制，所以他们缺乏资本。如果穷人手里的资产有一个良好的界定，有一个法律认可，有一个有效流转，那么9个发展中国家大概是20个发达国家资本市场的总值。因此，他提出不是通过拉美激进主义革命解决问题，而是转变政府职能，提供法律服务，让穷人的资产有合理的、合法的表达，容易流转，使得资源更容易到达使用效率最高的人手里。诺贝尔经济学奖获得者科斯也指出，中国的现行土地所有制阻碍生产力和土地价值提升。

28. 为什么说制度文明是精神文明和 物质文明可持续发展的基础?

如果没有制度文明，精神文明和物质文明都没有可持续发展
的基础，社会没有创新的动力，发展迟早要停滞，矛盾不断深
化，已经发展的物质文明、精神文明都要被人类自己毁掉。中国
自秦朝到清朝发展基本停滞甚至倒退，生产关系、生产力没有实
质性进步的历史事实已经证明了这一点。

以早期儒家的社会契约论和君臣父子关系的正确论述为例，
它表达的是自然经济条件下平民的良好愿望，因而总是寄希望于
圣贤而不是自己将它付诸实现，政治上表现为精英主义或贤人政

治而不是能够产生贤人和自纠错的制度。这就导致这种正确的思想停留在道德说教层面，既不受君王欢迎，也不可能自动转化为有约束力的制度。因此对社会发展并没有起到实质性的积极作用，反而被异化为统治工具。①

当今中国的 GDP 已经跻身世界第二，产能世界第一，国际贸易额世界第一，城市化过程也正在如火如荼进展中。但无数个活生生的例子表明，如果没有制度文明，现代中国已经建成的物质文明、生态文明可以毁于一旦。目前，重要的是进行制度创新。唯此才能保持全社会科技创新和管理创新的投入和持续。否则精英阶层缺乏安全感，纷纷用脚投票，移民出国②。社会矛盾不断积累，没有渐进的纠错机制来予以微调和缓释，迟早会导致矛盾的总爆发，生产力大破坏。之后如果没有生产关系的有效调整，制度创新，还会导致矛盾的不断积累至下一个矛盾总爆发。周而复始，社会并不能进步。中国过去几千年的朝代更迭已经证明了这一点。③

再举一些发生在首都的负面案例。北京奥运村正北温榆河畔有一个低容积率、高绿化率的大型成熟社区，叫蓬莱社区。该社区曾连续数年被北京市政府、首都绿化委员会评为"首都绿化美化先进单位"，在 2000 年 9 月，该社区又荣获联合国人类居住中心"2000 年全国优秀住宅环境"金奖。但是因为没有好的业主大会制度，该小区业委会集体辞职，后来该小区长期是有业主大会而没有业主委员会，管理者的长期缺位使得部分业主的违章建筑行为不能得到有效制止，引起了小区 80% 业主拒绝缴纳物业费的连锁反应。于是，物业服务公司自身也开始搞违章建筑对外出租以"维持物业利益"，物业服务质量非常不好，社区生态环境、居住环境被严重破坏，业主们的物业都被贬值，政府也无能为力。蓬莱社区附近的一个高档别墅区，珠江 1 000 栋，也产生了类似的情形。由于服务不到位，短短 6 年里已换了 4 家物业公司。大多数业主拒交物业费。社区的可持续发展很成问题。

看看正面的例子。英国之所以成为第一个普及蒸汽机的工业革命国家，关键并非是英国蒸汽机技术好，而是英国有完善的对于产权的保护制度。它使得全社会持续投入科技创新和管理创新，工业革命的实质是制度革命。

注释

① 丁晓良：《中国落后的原因到底是什么？》，http：//blog. sina. com. cn/s/blog_ 60f793a501019lj7. html。

② 悲剧的中国。小平同志说让一部分人先富起来，先富带后富。但由于商业环境和法制建设都较为滞后，加上民间"仇富"传统的心理叠加，使得大陆富豪们缺乏安全感，其结果，先富起来的那部分人许多成了外国人。例如，曾排名中国首富的玖龙纸业张茵已移民美国，张茵的丈夫刘名中已获得巴西国籍。据最新统计，个人资产超过 1 亿元的大陆企业主中，27% 已移民，47% 正考虑移民。其中，方便子女教育、保障财产安全、为养老作准备排在移民原因前 3 位。个人资产超过 1 000 万元高净值人群中，近六成的人士已完成投资移民或有关考虑。2011 年共有 15 万人移民海外。最近 3 年，投资移民导致 150 亿美元外流。

③ 丁晓良：《中华文明能够跳出周期性自毁的怪圈吗？》，http：// blog. sina. com. cn/s/blog_60f793a50100wr47. html。

29. 什么是当前中国最重要的制度文明创新？

图　1689 年光荣革命后英国国王威廉三世和玛丽二世接受"权利法案"[1]

中国自秦朝到清朝以来，乱多治少。屈指可数的也就是汉朝的"文景之治"，唐代的"贞观之治"、"开元之治"，明朝"仁宣之治"，清朝"康乾盛世"。每安定几十年，生产力就得到比较大的发展，就迎来一个某某之治。但是由于没有制度文明的保证，相对强大的大一统帝国又缓解了外在的竞争压力，之后很快就出昏君，导致社会矛盾不断积累而激化。中国历代王朝，包括江山一统的大王朝和偏安一隅的小王朝，一共有帝王六百一十一人，较好地履行了自己职责的只占一小部分，基本符合儒家道德规范的"圣君"更是凤毛麟角。为后世所纪念和景仰的历代成功帝王加起来不过十几名，而庸主、昏君、暴君则比比皆是，占到百分之九十八还多。这说明，仅靠道德层面的教育，没有制度的保障，解决不了中国社会乱多治少的问题。

由于在中华制度文明中没有对于昏君及其权力的制约机制，

没有渐进的纠错机制对于积累的社会矛盾予以微调和缓释，因此会导致积累矛盾的总爆发，生产力大破坏。之后由另外一个皇帝家族代替被推翻的皇帝家族，开始下一轮循环。因为还是没有对于昏君及其权力有效的制约机制，还是会导致昏君层出不穷，矛盾不断积累至下一个矛盾总爆发。中国自秦朝到清朝以来的朝代更迭，生产关系、生产力没有实质性进步，发展基本停滞甚至倒退的事实已经证明：对于领导人的权力制约是最需要的制度文明，也是中华文明中所缺失的。

从大的历史观来看，目前中国仍处于共和制初期②。中央集权专制和计划经济互为增强，其弊病至今仍未解决。正如邓小平同志所说，"过去20年的失败不能全归罪于一人，更大的问题是导致这些错误的制度缺陷。"制度文明创新对于中国下一步的发展尤其重要。这其中最重要的就是如何应用透明的机制相对公平地选出领导人，如何建立有效的领导人权力制约机制、最长任期制和出错后的自纠错机制？这实际上是中国当前最重要的顶层设计，其他的改革问题相对此问题而言不过是皮毛。如果建立了这套根本的制度供给能力、纠错能力，国家的进步就将不是凭运气而是必然的了。

注释

① 法案中坚持了人民应享有的"真正的、古老的、不容置疑的权利"，包括不经议会同意不能制定或终止任何法律的效力；不经议会同意不能征税；不经议会同意不能建立常备军；人民应享有选举议会议员的自由；议会享有辩论的自由等。至此英国议会与国王近半个世纪的斗争以议会的胜利而宣告结束。

② 丁晓良：《中国大历史观是什么样的?》，http：//blog. sina. com. cn/s/blog_60f793 a501018f2h. html。

30. 为什么中国当前亟须系统的、顶层的改革路线图设计？

　　纵观这些年来的改革设计，可以用碎片化、应急化、部门化来概括。头痛医头，脚痛医脚，缺乏系统化的顶层设计。例如应对 2008 年全球金融危机，本可借此机会削减过剩产能，调整产业结构，使经济由粗放经营、投资驱动的轨道"转到依靠科技进步和提高劳动者素质的轨道上来"，但是中国政府提出了 4 万亿元，实际上是 22 万亿元①的救市计划，使各行业的产能过剩进一步深化，经济增长方式难以转轨。当前的中国，到处可见缺乏总体规划的建设工地，很多有保留价值和使用价值的房子被拆了建新房，而建了十几年的房子或建了不久的新房又再被拆，产生了无数的建筑垃圾；道路的路面经常重复着开膛、缝上，再开膛、再缝上的循环。很多无人居住的鬼城和无效的 GDP 就是这样产生的。再比如政治体制改革，"十七大"后开展了不少民主试点，如基层自治民主有较大突破，但仍存在"碎片化"问题，没形成全党的制度规范，很多是自生自灭，干部一调走就人走政息。因此必须上下结合，顶层设计并形成制度。

当前，中国社会的贫富两极分化、腐败、发展不平衡、生态问题已经到了很严重的程度。改革也到了涉及寻租既得利益者的寻租之权的深水区，阻力增大。矛盾如果再积累下去而不能加以渐进的解决，迟早有一天会总爆发。为今之计，应当加紧进行体制改革，制度创新。当务之急是要有一个系统的、顶层的改革路线图设计。顾炎武说："天下兴亡，匹夫有责。"希望大家都能够献计献策，为改革路线图的顶层设计而贡献力量。

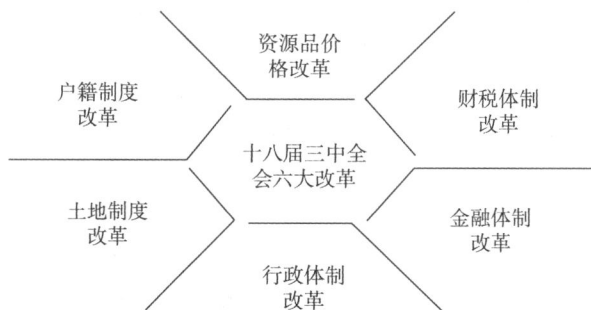

2012 年 12 月 15 日至 16 日，中共中央在北京召开了经济工作会议。会上提出："要深入研究全面深化体制改革的顶层设计和总体规划，明确提出改革总体方案、路线图、时间表。"这让我对十八届三中全会寄予厚望。但根据一些证券分析机构于 2013 年 7 月所作的前瞻性分析来看，未来 10 年的改革将主要聚焦在价格、财税、金融、行政、土地、户籍六大领域②。这引起了我深入地思考。

其一，既然是"改革总体方案、路线图、时间表"，就不应该仅仅和现任领导人任期挂钩，至少应该和两个百年、尤其是"在新中国成立一百年时建成富强民主文明和谐的社会主义现代化国家"的奋斗目标衔接起来，由此完全可以反推出现任领导人的任期目标，否则还是难免短期行为，头痛医头、脚痛医脚。但是有很多病，如果等到症状很明显的时候病人已经是病入膏肓，再来治就晚了。

其二，上述前瞻性分析所披露的改革六大领域，仍然主要局限在经济体制改革的技术层面，但作为一个改革的总体方案，对如何将权力放在制度笼子里等政治体制改革问题应当给予更多地关注。试想，如果仅仅进行简政放权、提高政府透明度等行政体制改革而不进行政治体制改革，行政体制改革又怎么能够真正深入下去？如果不把权力放在制度笼子里，权力寻租行为怎么能够得到有效的遏制？如果权力可以继续作为寻租的有效手段，"权力市场经济"③照旧会大行其道，权力和资本可以继续结合形成垄断性的寻租既得利益集团，垄断稀缺资源、攫取超额利润，影响政策制定和执行，从而继续造成严重的社会不公。缺乏社会行为主体的实质性参与，权力制约的行为主体缺位，简政放权、提高透明度等就难免流于形式。

其三，从新华社发布的中央经济工作会议通稿"中央强调顶层设计，提出改革路线图时间表"，到上述证券机构所做的前瞻性分析，我们都可以看到执政者在造就一种更强大的权力来包打天下的努力，但是权力真的可以包打天下吗？在中华人民共和国建立之后60年的发展历程中，我们已经用30年的实践证明了由权力包打天下是行不通的④，我们又用了 30 年的实践明白了市场也不能包揽一切。通过重建各种非官办、非营利、志愿性、自治性的社会组织，可以实质性参与对政府信息披露、财政预算的监督，对垄断性企业的监督，以及民众的自律，形成良性的官民互动，民企互动，有效地制约"权力之恶"、"资本之恶"与"人性之恶"，也可以通过各类社会组织的自主与自治形成社会秩序、法制基础、信用基础、道德基础，避免一放就乱。因此在改革总体方案设计中，除权力和市场之外，我们还需要考虑怎么重建一个健全的社会。通过社会的重建，形成非营利的社会服务主体、权力制约的行为主体，形成政府、市场、社会相互配合的治理结构。

以上，可以看出改革路线图的顶层设计亟须全社会有识之士的群策群力。目前，我国民间虽然有智慧，但民间智慧与上层执政者之间尚无沟通渠道。古有汉武帝两下求贤诏⑤，既汇集了治国方略，又延揽了人才。如汉初大儒董仲舒就是在元光元年汉武帝下诏征求治国方略时提出了著名的《举贤良对策》。我愿当今执政者也能够礼贤下士，集中官民智慧，尽早制定出符合国情、民情、人类社会治理规律、社会发展规律的改革路线图。

注释

① 为救全球经济危机，当时的中国政府拿出 4 万亿元，并要求地方政府配套 18 万亿元，没有钱的地方政府只能通过融资平台（全国有上千家）借钱，部分养老金也进了地方债中，如果这些地方资产不良，问题就太大了。

② 姜超、高远：《习李改革路线图与时间表 十八届三中全会或再释改

革红利》，金融界网站，2013 – 07 – 30。

③ 孙立平等：《走向社会重建之路（第二部分)》，清华大学社会学系社会发展研究课题组，2010。

④ 丁晓良：《按照中央集权加计划经济思路能够调控好国民经济吗?》，http：//blog. sina. com. cn/s/blog_60f793a501018441. html。

⑤ 元光元年（公元前 134 年）问贤诏，元封五年（公元前 106 年）求贤诏。

31. 为什么说改革有窗口期?

无可奈何花落去

俗话说"机不可失，时不再来"。正如鲜花有花期、庄稼有拔节期一样，改革也有窗口期。一旦错过，便无力回天了。从理论上来说，改革有窗口期有三个原因。其一是制度变迁有路径依赖，制度锁定。一旦依靠不合理制度寻租既得利益者的力量大于改革者的力量，制度将被锁定，改革将不再可能。其二是改革的人才与各种力量的支持都是稀缺资源，风云际会，一旦错过，就难以再聚在一起。其三，可能也是最主要的原因是原本支持改革的社会精英或者实力派一旦对于现政府的改革失去信心，就会走向现政府的对立面，转而主导或者支持推翻现政府的革命。

为了进一步说明这个问题，我给大家举两个历史上实际发生的因为错过改革而导致革命的实例。

第一个典型例子是唐玄宗之时，有所谓的"开元盛世"（公元 713—741 年）。到玄宗末年，由于藩镇割据势力逐渐强大，爆发了安史之乱（公元 755—763 年）。玄宗的儿子肃宗平定安史之乱后，并没有及时针对动乱之源（吏治腐败、宦官当道、藩镇割据）采取相应措施。唐朝自此开始走下坡路，接着吐蕃、南诏乘唐朝之虚犯境。由于朝廷不讲信用逼反了守边的 700 徐州兵庞勋等人，导致了兵变和大规模的老百姓造反。因为平叛的需要引入了沙陀骑兵李国鼎、李克用父子。徐州兵变平定之后，王仙芝、黄巢又开始聚众造反，在中国历史上第一次提出平均的口号。当时的几任皇帝都是昏庸之辈，以致改革的窗口期终于错过，改革的大幕在一次次农民起义的打击中落下，流民为了生活都铤而走险①。地方的藩镇，包括平定徐州兵变有功的沙陀骑兵，名义上都是尊奉唐朝皇帝为精神领袖，实际上对朝廷阳奉阴违，乘乱世争夺地盘，进行地方割据。唐朝的弊病逐渐积重难返，苟延残喘至 907 年终于被原黄巢部将，后投降唐朝的朱温所灭。最终导致五代十国近百年的乱世。

　　第二个典型的例子是晚清的"戊戌变法"和最后十年的"晚清新政"。戊戌变法实际上是清朝变革图强的最后一个窗口。革新派由于不注重或不懂政治策略而导致了顽固派等依靠旧有不合理制度寻租既得利益者的强烈反对。②慈禧由于大权旁落，为了夺回权力和顽固派勾结起来发动了戊戌政变，导致百日维新的失败，当时的社会精英、会党、新军中的下级军官和士兵因此对腐败的清廷彻底失望而走上武装推翻清廷的道路。如孙中山早年也曾给李鸿章写信，痛陈改革，后来由于对清廷彻底失望走上造反之路。

　　慈禧用铁腕把"戊戌变法"扼杀在血泊之中。两年之后，她又用铁腕实施了戊戌年间提出的变法主张，并且还大大地向前推进了一步。1901 年 1 月 30 日（光绪二十六年十二月十日），一向坚持"祖宗之法不可变"的慈禧太后，以光绪皇帝的名义颁布了变法诏书。诏书以雄辩的文字说明，只有"变法"，才能使国家渐致富强。祖宗之法也不是不可变的，而且列祖列宗也是在不断地变法。请看诏书的几段原文。

"世有万古不易之常经，无一成不变之治法。穷变通久，见于大《易》；损益可知，著于《论语》。盖不易者三纲五常，昭然如日星之照世；而可变者令甲令乙，不妨如琴瑟之改弦。伊古以来，代有兴革。当我朝列祖列宗，因时立制，屡有异同。入关以后，已殊沈阳之时。嘉庆、道光以来，渐变雍正、乾隆之旧。大抵法积则敝，法敝则更，惟归于强国利民而已。自播迁以来，皇太后宵旰焦劳，朕尤痛自刻责，深念近数十年积习相仍，因循粉饰，以致成此大衅。现正议和，一切政事，尤须切实整顿，以期渐致富强。懿训以为取外国之长，乃可补中国之短，惩前事之失，乃可作后事之师。"

"今者恭承慈命，壹意振兴，严祛新旧之名，浑融中外之迹。中国之弱，在于习气太深，文法太密，庸俗之吏多，豪杰之士少。文法者庸人借为藏身之固，而胥吏恃为牟利之符。公事以文牍相往来，而毫无实际。人才以资格相限制，而日见消磨。误国家者在一私字。祸天下者在一例字。晚近之学西法者，语言文字制造机械而已，此西艺之皮毛，而非西学之本源也。居上宽，临下简，言必信，行必果，服往圣之遗训，即西人富强之始基。中国不此之务，徒学其一言一话一技一能，而佐以瞻徇情面，肥利身家之积习，舍其本源而不学，学其皮毛而又不精，天下安得富强邪？总之，法令不更，锢习不破，欲求振作，须议更张。"

经过王公大臣一番辩论之后，慈禧发布懿旨，宣示预备立宪。懿旨说，"我国政令积久相仍，日处阽险，忧患迫切"，"国势不振，实由于上下相睽，内外隔阂，官不知所以保民，民不知所以卫国。而各国之所以富强者，实由于实行宪法，取决公论，君民一体，呼吸相通，博采众长，明定权限，以及筹备财用，经划政务，无不公之于黎庶。又在各国相师，变通尽利，政通民和，有由来矣。时处今日，惟有及时详晰甄核，仿行宪政。"慈禧这次急转变，也是迅猛的。自听取出洋大臣的考察报告之后，短短的一个多月，便下懿旨，宣示仿效西洋，为立宪作准备。晚清由慈禧亲自推动的新政，是真诚的，认识也是相当深刻和正确的。其改革的路线图，应该说是相当全面、慎重而且充满了理性的布局的③。其中一些改革举措，不仅超越了百日维新，在中国历史上也是空前的。

但历史的潮流不可阻挡，即使像西太后那样玩弄权术出了名的铁腕人物、实力人物，也不例外。慈禧的新政无可非议，承诺预备立宪也非一无是处。但慈禧的嗜权如命和她的转变，仍然逃避不了历史的谴责。正是由于她嗜权如命，丧失了改革政治体制的大好时机。在晚清特殊的社会环境和大众心理面前，新政的任何措施事实上都走向了其目的的反面。大变革的浪潮已经渗透到中国人的生活之中，作为异族势力的满清王朝企图竭尽全力左右这种变革，然而，反清的思潮、军队的涣散已在所难免。事实上，最后灭亡清朝的恰恰就是这些军队。政府在国外培训的留学生，国内训练的新军队，它所鼓励的从事国内经营的商人，各省组织的谘议局，所有这种种势力都或早或晚地掉转了矛头，直指清王朝。当慈禧实行新政、承诺预备立宪时候，一个新的政治气候已经形成。越来越多的人认识到，不推翻清政府不足以刷新政治，不足以使中国走向富强。这个新的政治观念，代替过去那个在君主专制体制内进行政治改革以使中国走向富强的政治观念。民主共和与君主专制的较量，取代了君主立宪和君主专制的较量。即使慈禧的立宪是真诚的，也只是君主立宪，而且只是一个承诺。挽救覆亡的努力，尽管由老谋深算、精于权术的铁腕人物挂帅，但为时已晚。她的预备立宪的承诺，遇到的是革命党人举起的民主共和的大旗，一面推翻君主专制的大旗。历史是无情的。错过戊戌变法改革窗口十几年之后，辛亥革命就在和晚清宪政改革的赛跑中胜出。清王朝终于为历史所淘汰了。以史为鉴，当代中国人必须把握住未来两三年深化改革的"时间窗口"。否则，将愧对自己的一生和子孙后代！

注释

① 例如，唐昭宗景福元年（892年）六月，马殷与刘建峰收拾残兵败将7 000余人逃往江西洪州。流民归附混口饭吃，很快就在江西聚集起十万余人。

② 丁晓良：《戊戌变法中改革者自身有哪些失误？》，http：//blog. sina. com. cn/s/blog_60f793a501017p8i. html。

③ 见《清末新政》。

32. 中外竞争软实力有哪些主要差别？

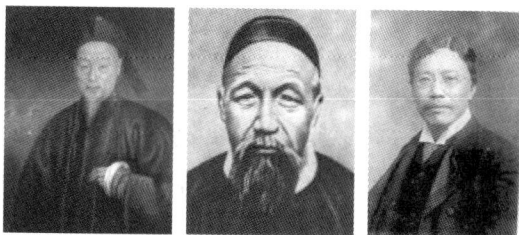

图　从左至右依次为林则徐、曾国藩、
严复，三位"开眼看世界"的近代中国先贤

什么是软实力？一个国家的制度文明、精神文明是软实力。其中，制度文明更加重要。这在我前一篇博文"制度文明是精神文明和物质文明的基础"中已经讲到了①。

从中外竞争软实力对比来看，目前我国最大的差距在于七点：

1. 体制框架尚缺乏定期的自纠错能力，自我调节机制。远的且不说，2008 年金融危机本该借机进行经济转型，但 4 万亿元的投放就表现了强大的制度惯性，主要投向增加了过剩的产能，产业界消化不了的多发行货币为了保值增值纷纷流向房地产市场，造成了 2008 年以来的房价飞涨②。资本是逐利的，由于房地产目前尚可以保值增值，甚至近一两年新推出的针对小微企业的优惠贷款都流向了房地产市场。

2. 缺乏对于领导人和领导机构的权力约束机制。

3. 制度框架中缺乏对于产权的保护。在我国，私有产权是神圣但可以侵犯。如前一阶段某些地方政府随意没收民间矿产，就是很典型的例子。而没有私人产权的保护，就不会有持续不断的创新投入和动力。

4. 官方和民间普遍没有道德信仰。最令人切齿痛恨的是 2013 年 7 月 24 日,黑龙江桦楠县 17 岁少女胡伊萱在路上遇到故意在路边摔倒的孕妇谭某,好心将谭某扶起送回家,到了谭某的家里却被其伙同丈夫白某迷奸,最后是遭杀人灭口,抛尸荒野③。而这个孕妇被逮捕之后竟然还毫无反悔之心,忏悔之意,这说明这个社会真的是有了非常严重的社会病。好心扶摔倒的老人,却被老人状告并被愚蠢的法院有罪推定是撞人的人④;好心扶孕妇,却被人迷奸杀害,诸如此类的事,不正说明官方和民间都得了道德缺乏症吗?

5. 中国历史上农业文明兴盛,商人没有地位。中国社会缺乏商业文明所必需的契约精神。

6. 中华文化中强调儒家的三纲五常、中庸之道。而创新需要敢为人先。三纲五常、中庸之道不利创新。

7. 中国 90% 以上的企业为贴牌或者加工贸易,利润仅为 1%~2%,而国外大部分企业是自主品牌,利润大约为 35%。

注释

① http://blog. sina. com. cn/s/blog_60f793a501012r73. html。

② 据笔者在温州的亲戚说,当时银行银根非常松动。很多银行主动给企业增加信用额度,鼓励企业多贷款。例如,笔者亲戚的工厂只需要贷 100 万元流动资金,但银行希望他贷 1 000 万元。为了搞好与银行的关系,笔者亲戚硬着头皮贷了 1 000 万元。多出来的钱还需要交银行利息,很多领域也限制民企投资,怎么办? 为了资金的保值增值,多出来的钱就进入了房地产领域。造成了 2008 年以来的房价飞涨。最近笔者的北京亲戚也得到了小微企业贷款,为了保值增值,资金照样流向房地产。

③ 见《漂亮善良的女孩就这样被骗奸并杀害》,http://club. china.

com/data/thread/1011/2762/75/49/1_1. html。

④ 2006 年彭宇案：一位老人在街上摔倒并受伤，彭宇将其送到医院，并给予 200 元作为帮助。但老人却在法庭上状告是彭宇将其撞倒。南京法院有罪推定彭宇给老人钱就是其将人撞倒的证据，法官最著名的一句话就是：不是你撞的你为什么要送她去医院？其结果，法庭最终判决老人应得 4 万元补偿费。法院看似帮助了老人，维护了所谓弱势一方的利益，但是却破坏了社会公德。今天中国社会的冷漠、道德沦丧，本质上与中国的法律有莫大关系。

33. 为什么中华制度文明中没有诞生对于皇权的制约法律?

图 1215 年 6 月 15 日,英王约翰被贵族胁迫签署《自由大宪章》①

英国历史上一直存在着以社区自治为基础的贵族强大势力以及中间组织。1215 年,在大主教兰顿和舆论的支持下,英国贵族以武力迫使国王约翰签署保障贵族及骑士,以及保护公民与自由民利益的"大宪章"。其重要意义在于以成文法的形式强化了国王与贵族的契约关系,体现了王权有限和法律至上的精神。而同时期的中国,正处于南宋和金国对峙时期。当时的中华文明,在世界上应该是属于先进文明之一。②但是由于中华制度文明中缺乏对于皇权的权力制约机制,使得昏君频出,矛盾不断积累至总爆发,然后由另外一个皇帝家族代替被推翻的皇帝家族,开始下一轮循环。导致中国发展基本停滞甚至倒退,与世界各先进国家的差距逐渐拉大。

我们不禁要问,为什么在中华制度文明中没有诞生对于皇权的制约法律? 我的解释如下。其一,由于中国是农耕文明,需要对于大江大河有统一的水患治理和用水调度机制,这是客观需求。其二,存在决定意识。同样是由于农耕文明,自然经济,自给自足,不需要和外界进行商品交换,因此社会缺乏与商品交换相伴随的协商和妥协的传统。相反，形成的传统是丛林法则，一开始是有经验的人说了算，后来是有实力的人说了算。家庭是家长说了算，宗族是族长说了算，在邦国时代③，是诸侯王说了算，在统一帝国时代，是皇帝说了算。最终说了算的人只能有一个，所谓成王败寇就是这个意思。这是中国的单中心政府体制、自董仲舒而始的"大一统"文化传统能够被社会所延续的经济基础。

其三，由于中华民族共同生活在以中原为核心的东亚大陆上，东临大海，西有高原，西北横亘大漠，西南耸立高山，黄河、长江、淮河流注东西，人工开凿的运河纵贯南北，有比较好的建立统一国家的地理交通条件。这么多因素凑在一起导致了不断的兼并。"传说周武王渡黄河灭商的时候，有 800 个商的附庸，参加他的征伐。虽说我们无从证明每一个都是一个部落国家，只以数目之众，即表示当日自主之单位为数必多。在春秋时代，记录里留下了 170 个国家的名目。当诸侯互相吞并的时候，楚国就独自吞并了百余国中之 40 个。迄至孟子之日，只有 12 个可以在地图上画出，其中也只有 7 国可以实际算数。这样的兼并不断地继续下去，一直发展到周之封建所划分的各国疆域全部作废。最后，所有土地归一人管辖④，"产生了大一统的帝国。而此大一统的帝国进一步导致了皇权的无限膨胀以及不受限制，大多数民众没有参与政治的权力，只是现行体制的消极服从者，即臣民。社会中缺乏能够制约皇权的政治基础。而西方文明的发展，源自于地中海沿岸各国互通有无的贸易文明，更早还可追溯到雅利安人的游牧文明。贸易的基础是平等交换、诚信守约。贸易文明同游牧文明都同样具有资源内不足的特点。因而也都具有创新、开放、进取、独立的优点⑤。这导致以地区自治为基础的古希腊城邦国家、德意志邦联和联邦国家的建立，以及根据该国的法律规范承担义务和享有相应政治经济社会权利的公民与自由民的诞生。如古罗马帝国已经有成文的公民法。在欧洲，主要的政治事务都是由地区推动的。这成为了制度文明中制约王权的政治基础[6]。

注释

① 其宗旨为保障封建贵族的政治独立与经济权益，国王只是贵族"同等中的第一个"。这张书写在羊皮纸卷上的文件在历史上第一次限制了君主的权力，日后成为了英国君主立宪制的法律基石。

② 北宋时期，商品经济在中国已经有了一定的发展，国民生产总值占到世界的80%。

③ 丁晓良：《中国大历史观是什么样的?》，http://blog.sina.com.cn/s/blog_60f793a501018f2h.html。

④ 黄仁宇：《中国大历史》，生活·读书·新知三联书店，1997。

⑤ 丁晓良：《农耕、游牧、工商业三大文明比较谈》，载《商业文化》，2013（5）下。

⑥ 德国默克尔总理说："我们是一个联邦国家，所有的政治事务都是由地区推动的，联邦政府只是一个媒介。我们的职责就是寻求一致并促进区域间合作以推动国家向前发展。"（引自 Jeremy Rifkin：《第三次工业革命》，北京，中信出版社，2012）

34. 为什么在中国权术流行而王道不行？

我们需要解释一下本文所说的王道，是指儒家提出的以仁义道德治天下的政治主张。权术，是指用权力或者谋略的手腕实现自己的目的。在中国是权术流行而王道不行吗？是的。让我们先来看一些事例和其中蕴藏的道理。

例一，潜规则盛行。在中国古代，最高统治者和广大自耕农之间有一个庞大的代理最高统治者利益的官吏集团。自科举制以来，这个集团成员基本上都是接受孔孟圣贤教育的佼佼者而入仕。初入仕途之时也都曾有青云之志，想要做一番"修身齐家治国平天下"的伟业。"没想到刚刚提拔任用的时候，这些人既忠诚又坚持原则，可是让他当官当久了，全都又奸又贪。"这就是朱元璋发现的新官堕落定律①。因为真正支配这个集团中大部分官吏行为的，绝对不是他们口头上讲的仁义道德，而是非常现实的利害计算。正如吴思所说，"这种利害计算的结果和趋利避害的抉择，这种结果和抉择的反复出现和长期稳定性，分明构成了一套潜在的规矩，形成了许多本集团内部和各集团之间在打交道的时候长期遵循的潜规则。"这套潜规则可是厉害得很，它垄断了信息渠道，选人和用人管道，不仅可以使得新官堕落，而且可以蒙蔽更高层次的正式制度代表乃至皇帝，淘汰清官，使好人变坏，坏人更坏。连晏婴这样的贤臣、能臣都要被逼着转换其在东阿的治理政策，在宫廷内部讨好齐景公的左右和权贵，在治所讨好邪民、懒民和豪强，可见其势力之强大（《晏子春秋·外篇第七》）。在当代，最高统治者和广大老百姓之间仍然存在着庞大的官吏集团。由于没有建立起宪政的制度文明制约机制，这个官吏集团照样按照潜规则行事，到处寻租。回想一下我自己，早年也曾雄心万丈地献身中国改革事业，当年在中科院被称为干活的"拼命三郎"，院长的"哼哈二将"。我之所以回国后婉拒了五个正局长的位置辞职创业，实质上也是因为自己不太适应这套潜规则，选择出局。

例二，近几年来，表现帝王权术、宫廷勾心斗角的大辫子剧铺天盖地，充满了视频，多得数不清。戏说也罢，褒贬也罢，把人间权术描绘得淋漓尽致，把官场腐败污秽肮脏揭了个体无完肤，忠良常被宦官奸臣坑害，走投无路，仰天长叹……更有甚者，辫子剧中表现后宫女人权谋术的精品《甄嬛传》在2013年还将进军美国。我真是感慨！一部《大长今》，告诉了我们韩国女人的坚忍、贤惠和朝鲜美食；一部《甄嬛传》将告诉世界什么？中国女人的狡诈和残忍吗？

例三，自古以来，中国政界和思想界为了战争需要、官场生存需要、熟人社会人际关系打理的需要，权谋之士与权谋之术就层出不穷。例如战国时期纵横家鬼谷子及其学生苏秦与张仪等"翻手为云，覆手变雨"，操纵着战国斗争的局势。《鬼谷子》一书，以功利主义思想冷眼静观尘世，认为为了达到自己的目的，一切自认为最合理的手段都可以运用。至汉代，已形成以儒家伦理道德为中心，以法家的严刑峻法为辅助，以道家权术政治为手段的治国模式。如汉宣帝所说："汉家自有制度，本以霸、王道杂之，奈何纯任德教，用周政乎！且俗儒不达时宜，好是古非今，使人眩于名实，不知所守，何足委任？"之后，唐朝赵蕤有《长短经》问世②。这本书，历代统治者从来是秘而不宣、用而不言的。晚清的柱石人物曾国藩，也曾说"吾学以禹墨为体，庄老为用"，并口授其得意门生李鸿章"挺经十八法"。实际上中国的帝王术从来都是对臣下满口讲的是仁义道德，但御臣之术大都用霸道与权谋。例如，从姜太公之时御下就讲因人而异，暗地摆平，反对明罚、明察、明赏③。实质上就是反对制度而注重权术。逐渐地，臣下也悟到了帝王的这套把戏，对其部下、同级官员乃至上级满嘴巴讲的也是仁义道德，但御下之术也是用霸道与权谋，御同级和上级官员用权谋。怪不得中国人礼法繁复，守之者寡，"孔子明王道，干七十馀君，莫能用"（《史记·十二诸侯年表》）。鲁迅作为一个愤青则更加偏激，"在中国，其实是彻底的未曾有过王道④。"

我们不禁要问，为什么在中国权术流行而王道不行？我看主要是因为儒家仁义道德学说假设的前提是"人之初，性本善。"施政理念侧重于道德教化而不是建立制度文明制约机制。但岂不知人都是有私心的⑤。仁义道德或者精神文明建设的大道理讲归讲，但如果这个道理的基本假设就不成立，又没有透明的监督机制，那么大多数社会成员做起事来最基本的出发点还是现实的利害计算。举个例子，尽管有媒体调查85%的官员为公款吃喝愧疚，但官员们为了"得到更多升迁机会"，也会"人在江湖，身不由己"地参与公款吃喝和浪费⑥。这种矛盾心理实际上在中国社会普遍存在。大家谈论起腐败来个个都是义愤填膺，骂起别人来慷慨激昂，一旦自己有了贪的机会，从现实的利害计算也会贪。为什么？因为没有约束机制，贪了得便宜，不贪会吃亏，不贪白不贪！

注释

① 吴思：《潜规则》，上海，复旦大学出版社，2009。

②《四库全书》中又将其名为《反经》。

③ 太公曰：明罚则人畏慑，人畏慑则变故出。——反明罚也。明察则人扰，人扰则人徙，人徙则不安其处，易以成变。——反明察也。太公曰：明赏则不足，不足则怨长，明王理人，不知所好，而知所恶；不知所归，而知所去，使人各安其所生，而天下静矣。

④ 鲁迅：《且介亭杂文集·关于中国的两三件事》。

⑤ 丁晓良：《人之初，"性本善"还是"性本私"、"性易坏"？》，http://blog. sina. com. cn/s/blog_60f793a5010111 m1. html。

⑥ 全球通凤凰观察，2013 - 03 - 21。

35. 明规则怎样才能战胜潜规则？

细菌

在 2013 年 3 月 17 日记者招待会上，新当选的国务院总理李克强铿锵有力地提出："要用明规则战胜潜规则。"但中国历来的情况是上有政策，下有对策，何况潜规则在中国这个人情社会至少已流行了 2 500 多年①，今日想要去除，谈何容易！但民族要进步，必须要破除导致腐败的潜规则。那么，明规则怎样才能战胜潜规则呢？首先，我们需要明白潜规则在中国社会为什么会存在而且经久不衰，搞清楚什么样的明规则是合理的，怎样才能立得住，然后才能对症下药，"用明规则战胜潜规则"。

先来回答第一个问题，潜规则在中国社会为什么会存在而且经久不衰？道理其实很简单，因为它是"利害计算的结果和趋利避害的抉择"[②]，符合人是自利的本性。而传统文化中的"明规则"，也就是儒家所谓的"以德治国"对于人性恶的一面没有足够的认识[③]，因此对于官吏集团的正当利益也缺乏制度规范。中国历史上法家所讲的"依法治国"，主要是维护自上而下集中统治的刑法。如果一个清官严格按照儒家的仁义道德和历来所制定的《法经》、《秦律》、《汉律》、《唐律疏议》、《宋刑统》、《元典章》、《大明律》、《大清律》行事，那就很可能像海瑞一样，去世之后，连丧葬费都凑不齐[④]。这就是辛勤节俭了一生的清廉正直的官员应得的下场吗？官吏也是人，也有私心，也要生活。冠冕堂皇的"仁义道德"没有照顾到自己的利益，达到的效果，必然要通过潜规则来达到。中国几千年的帝王术，本质上也是说一套，做一套。"后代史家，说中国几千年来的政治一直是内法（或荀）而外孔，以孔做羊肉，挂招牌，以荀或法做实际"[⑤]。

第二个问题是什么样的明规则能立得住？因为立不住的明规则定了也没有用。就像儒家的"仁义道德"一样，很多人只是口头上说一说而已，但做是另外一套。

第一，明规则必须能够战胜丛林法则。因为我们这个社会除了潜规则外，还存在着决定各种规则的元规则，那就是暴力最强者说了算[⑥]。本质上就是丛林法则。必须有能够战胜元规则的明规则，即能够将暴政约束在宪政笼子内的明规则才能够立得住。这就势必要求相对公平、透明地选出领导人的制度；领导人的权力也必须受到宪法制约的制度；领导人出错后的自纠错机制；等等。但是这些制度也不会从天上掉下来。即使定了好的制度也需要能够有人来执行。即使有人来执行也需要有鼓励这种执行不走过场、能够持续下去的机制。为此就需要通过政治体制改革、经济体制改革，在自主治理的基础上逐步建立多中心组织的协商对话架构，多中心治理的制度框架。例如，中国共产党和政府正在推进的依法治国，与民主党派协商对话机制，省级立法权，基层民主建设，社会管理创新，扶持政府与企业之外的社会组织（有的学者称其为第三部门[⑦]），有限度的差额选举，区县人大直接选举，地方政府所采取的决策听证会等措施。尽管中国的政治体制改革远远落后于经济体制改革，还远不能满足社会健康发展的需要，还随时可能倒退到暴力最强者说了算的丛林法则，但中国毕竟已经开始了从大一统、单中心的政府走向多中心的自主治理过程。唯愿执政者认清并顺应世界大势，从国家和人民利益而不是小集团利益出发，从真正使国家长治久安出发，加快政治体制改革，加快多中心组织的竞争与合作过程、制衡过程，使得中国的未来不可能再倒退到暴力最强者说了算。建立中国发展的自纠错机制，中国才可能真正可持续发展。这样的执政者将作为真正的民族英雄而名列青史！

第二，明规则必须考虑到人性恶的一面。或者说必须考虑到经济人假设。其一般含义是：（1）人都是自私自利的，都追求自身利益的最大化。（2）人都是努力计算自己的收益与成本的，无论是无限理性，还是有限理性。（3）只要有私有产权的制度保障，通过市场经济的自由竞争，人追求自身利益最大化的行为会导致社会利益的最大化。所以产权的合理界定与私有化、可以被交易是市场经济运行的主导制度原则。这也就是秘鲁著名经济学家赫尔南多·德·索托所说的《资本的秘密》⑧。从上述经济人假设看，实际上就是承认人对自身利益追求的正当性、合理性，将中国社会普遍存在的潜规则明规则化。但是上述经济人假设的第 3 条是明显不能成立的。因为在仅仅靠价格机制，没有多维度的制衡与合作机制的市场经济运行中，以每一个体作为自然人追求个人利益最大化的过程，并不自然地导致社会利益的最大化。相反，市场主体不顾他人或社会整体利益对自身个人利益的绝对追求，确实会对社会的长远和整体利益起破坏作用，造成"公地悲剧"⑨。因此，合理的明规则是承认人的自利性，但同时又规范人在追求自己私利的不能够侵犯他人的合法权益，这才能够建立人在为自己的同时也在为社会的双赢关系。

第三，我们接着要问，怎样才能建立这样一种双赢关系呢？以往政府对于经济的管理，基本是按照基于经济人假设的市场经济规律去做，再辅以宏观财政政策、货币政策。但世界范围的金融危机和北京雾霾等严峻的现实已经告诉我们，对于自然环境、地下水、金融秩序等公共资源的管理而言，仅靠上述制度设计是远远不能解决问题的。2009 年诺贝尔经济学奖获得者埃莉诺·奥斯特罗姆教授探讨了存在时间最短的超过 100 年，最长的已超过 1 000 年的一些成功的公共资源管理的案例。涉及瑞士和日本的山地牧场及森林的公共池塘资源，以及西班牙和菲律宾群岛的灌溉系统的组织状况。探索了维持公共资源、保证占用者世世代代遵守所使用的规则中的成功原因。她界定了其中的八项原则⑩：

1. 清晰界定边界。公共池塘资源本身的边界必须予以明确规定，有权从公共池塘资源中提取一定资源单位的个人或家庭也必须予以明确规定。

2. 占用和供应规则与当地条件保持一致。规定占用的时间、地点、技术和/或资源单位数量的占用规则，要与当地条件及所需劳动、物资和/或资金的供应规则相一致。

3. 集体选择的安排。绝大多数受操作规则影响的个人应该能够参与对操作规则的修改。

4. 监督。积极检查公共池塘资源状况和占用者行为的监督者，或是对占用者负有责任的人，或是占用者本人。

5. 分级制裁。违反操作规则的占用者很可能要受到其他占用者、有关官员或他们两者的分级的制裁（制裁的程度取决于违规的内容和严重性）。

6. 冲突解决机制。占用者和他们的官员能够迅速通过低成本的地方公共论坛，来解决占用者之间或占用者和官员之间的冲突。

7. 对组织权的最低限度的认可。占用者设计自己制度的权利不受外部政府权威的挑战。

8. 分权制企业。在一个多层次的分权制企业中，对占用、供应、监督、强制执行、冲突解决和治理活动加以组织。

这些原则是在案例分析的基础上总结出来的，它们是长期有效的公共资源自主组织、自主治理制度的基本构件，"这些设计原则对公共池塘资源及其相关制度的存续性提供了一种可信的解释……这些设计原则能影响激励，使占用者能够自愿遵守在这些系统中设计的操作规则，监督各自对规则的遵守情况，并把公共池塘资源的制度安排一代一代地维持下去。"

第四，阳光下，即使细菌在发霉的地毯中也无藏身之处。在透明的信息披露制度下，执政者的所作所为可以受到民众的公开监督，因此阳光下的潜规则会少一些，明规则会多一些。

总之，要想让明规则战胜潜规则，承认人的私心和正当权益，有透明的信息披露，有制度供给能力，有自纠错机制是关键。这还有很长的路要走，需要全体人民的集体学习，共同努力实践才能办到。

注释

① 见《晏子春秋·外篇第七》。

② 吴思：《潜规则》，上海，复旦大学出版社，2009 年。还可见丁晓良：《为什么在中国权术流行而王道不行?》，http：//blog. sina. com. cn/s/blog_60f793a50101 a953. html。

③ 丁晓良：《人之初，"性本善"还是"性本私"、"性易坏"?》，http：//blog. sina. com. cn/s/blog_60f793a5010111m1. html。

④ 当时有一个叫朱良的人去海瑞家，回来写了一首诗，其中有四句可以作为海瑞真穷的旁证："萧条棺外无余物，冷落灵前有菜根。说与旁人浑不信，山人亲见泪如倾。"

⑤ 顾准：《论孔子》，见《顾准文集》，贵阳，贵州人民出版社，1994。

⑥ 吴思：《血酬定律》，北京，语文出版社，2009。

⑦ 在欧美发达国家，非营利机构是发展最快的就业部门。以法国、德国、英国和荷兰为例，非营利部门占就业增长总量的40%。详见杰里米·里夫金：《第三次工业革命：新经济模式如何改变世界》，北京，中信出版社，2012。

⑧ 关于产权的合理界定与私有化、可交易的重要意义，还可见丁晓良：《农耕、游牧、工商业三大文明比较谈》，载《商业文化》，2013（5）下。

⑨ 当资源或财产有许多拥有者，他们每一个人都有权使用资源，但没有人有权阻止他人使用，由此导致资源的过度使用，即为"公地悲剧"。如草场过度放牧、海洋过度捕捞等。如国有企业产权名义上归全体人民所有，但由于全体人民行使所有权的成本过高，造成了实际上的所有者缺位。在所有者缺位的情况下，当缺乏有效的约束机制时，政府官员、厂

长、经理等假定的所有者代理人往往会借助于代理权和资本的结合而中饱私囊（如公费旅游、公款吃喝、利用审批制寻租等），增大代理费用，使企业的运营成本提高，也是属于公地悲剧的一种表现。

⑩ 埃莉诺·奥斯特罗姆：《公共事物的治理之道》，上海，三联书店，2000。

36. 什么是民主议事的 "三纲五常" 原则？

图　中国人和西方人讨论问题的比较①

民主议事也有"三纲五常"原则？您可能觉着非常奇怪。是的。民主议事绝不是简单的"少数服从多数"，那可能导致大众政府的制度能够使多数派为了自己的统治欲，牺牲公共利益以及其他公民的权利，走向民主病②。例如，希特勒的法西斯暴政。

中国人不懂得民主议事？是的。正如孙中山在《民权初步》序中所说："是集会者，实为民权发达之第一步。然中国人受集会之厉禁，数百年于兹，合群之天性殆失，是以集会之原则，集会之条理，集会之习惯，集会之经验，皆阙然无有。以一盘散沙之民众，忽而登彼于民国主人之位，宜乎其手足无措，不知所从；所谓集会，则乌合而已。是中国之国民，今日实未能行民权之第一步也。"例如，1959 年的庐山会议，本来原定议题是总结经验教训，调整指标，继续纠正"左"倾错误。结果会后在全国展开了"反右倾运动"，上万名党员受到了批判，很多人即使有不同意见也不敢吭气了。《安徽日报》前副总编黎洪在《我也批过彭德怀》中反思说："我在总的方面是奴性十足地服从谬误的，没有一次按照党性原则去坚持真理，反对错误。"他说，当时在党员干部中，像他这样的至少要占到90%以上③。

原本是为了解决问题而开会，最后却往往会议还没开就打破头了，或者是开会引起的问题比开会前更多。中国现代史中曾出现过一加一等于三的怪事。两个类似的民间组织召开会议讨论如何合并，结果合并不成，却演变成了三个组织，即原来的两个组织加合并成的一个组织。这次会议失败跟与会者不懂得议事规则或懂得却不遵守议事规则有直接的关系。因此，了解并学会遵守民主议事规则，对于国人来说非常重要。

那么，什么是民主议事的要旨呢？正如季卫东先生在第10版《罗伯特议事规则》中文版序一中总结的"三纲五常"。所谓"三纲"指三大权利，即多数者的权利：多数人的意志可以约束少数人；少数者的权利：尊重少数意见，只要有一名动议、一名附议④即可成立动议，就要提交会议考虑；缺席者的权利：必须满足法定人数，提供事先告知。

所谓"五常"是五项基本原则，包括：（1）基于保障个人权利和平等自由的理念而建立的一人一票原则；（2）以进行真正的对话性论证和充分审议为目的而确立的一时一件的原则；（3）为节约会议成本、提高决策效率而确立的一事一议原则；除非有2/3以上的多数赞成再议，已经议决的事项不再重复讨论；（4）多数票决定原则，即过半数可通过具有全体约束力的议案，重大事项应提高多数通过的量化标准（例如2/3或3/4的绝大多数）；（5）法定人数生效原则，即出席者在没有达到法定人数的情况下作出的表决没有效力。

如果有一天中国人真正学会了怎么利用开会的形式进行"规范化竞争"和"程序性竞争",怎么利用开会的形式协商民主,那么类似于庐山会议、文化大革命之类的悲剧可能就不会重演。所以说,学会如何民主议事非常重要。

注释

① 中西方人谈论问题的比较。中国人群中常见好几位同时抢着发言,谁也不认真听别人在说什么,谁也听不清别人在说什么,最后往往演变成吵架,广场暴力。西方人群中,轮流举手发言,最后演变为投票决议。

② 丁晓良:《怎样避免民主病?》,http://blog. sina. com. cn/s/blog_60f793a50101 c04b. html。

③ 吴思:《林彪笔记中的官场策略》,见鄢烈山编选《2004 中国杂文年选》,花城出版社,2005。

④ 附议并不表示附议人同意动议人的意见,而是表明附议人认为该动议应该予以考虑。

37. 代表会议如何提高议事质量和权威？

中国人现在的民主意识确实是比以前强多了。以前普通民众对于选举之类的事毫不关心，现在却常常可以听到有人说："我最不愿意被代表"。这能够做到吗？如果做不到，有什么可行的解决方式呢？

动物只有一个大脑，需要处理信号发送和信号接收。从动物乃至人类沟通的本质来说，在任何协商集团中，一次只能有一位信号发送者能够被接收并得以理解。两个或者多个人同时给同一个人或同一群人演讲，只会制造噪音，并引起混乱。有序的深思熟虑，需要演讲和沟通都遵守一次一个信号发送者的规则。但是随着协商集团规模的扩大，让全体成员都平等地用相同的时间发送信号变得不可能。例如，在美国众议院，共有435名议员，如果每名议员发言5分钟，全体发言完毕需要36小时以上的时间。任何大型协商大会，无论是直接民主还是代表大会，都取决于选择若干人去行使设定议程、控制协商的特权。随着成员规模的扩大，领袖人物主导性逐渐增加，而大会成员在协商方面的影响力将逐渐减少。

笔者本人曾经参加过中科院的若干次工作会议、联想集团的若干次年会、地方政协的若干次年会。这些会议都是百人以上的会议，形成了一种固定的模式。基本上都是先作大会报告，然后分小组讨论。小组成员的发言有多少被小组长准确地理解和记录下来？这是第一次信息的衰减和筛选。小组长再根据自己的理解与记录将小组讨论意见择其要者有选择地汇总报到会议主席团，这是第二次信息的衰减和筛选。小组长的发言有多少被主席团准确地理解和记录下来？这是第三次信息的衰减和筛选。主席团再根据小组长们的发言汇总讨论作出反应。这是第四次信息的衰减和筛选。经过了四次信息的衰减和筛选，一般会议成员的意见基本上很难对大会主席团预定的会议进程和目标发生什么影响。笔者也曾参观过美国联邦议会、伊利诺伊州和加州议会、巴西议会的会议厅，那里与中国的人大、政协开会有三点根本的不同。其一，议员人数相对中国而言要少得多，这样议员可以有机会陈述意见；其二，主要是开大会辩论而不是开小组会；其三，开放，允许公众旁听。

在人类治理的历史实践中，古希腊和古罗马共和国里，经常也是全体人民亲自集会。参加雅典大会的有数千公民，已经超过了能够有效参与直接民主的人数。"那里通常可看到一个演说家或一个手腕高明的政治家左右一切，好像独掌大权一样"①。

为了解决直接民主所带来的寡头政治，各国（包括中国）普遍采取代议制。也就是说普通民众必须"被代表"。如果不愿意"被代表"，要么自己去竞选代表，要么就努力去选出和自己意见相同的人去代表自己。这就需要在政治制度中实施代表的民主竞选机制。需要给有见解人士表达意见的平台，普通民众能够聆听不同意见并作出独立判断的制度。目前在中国，亟须逐步建立以上的制度。就拿村委会为例，虽然已经实行直接选举，但几百口人的小村还可以直接参选，几千口人的大村直接参选的效果就很差了，以致产生贿选、大姓宗族操控等弊病。就人大代表选举而言，现在中国乡镇一级、县一级都是直接选举。但一个乡镇几万人口，一个县几十万人口，因为没有公开竞选的机制，普通选民根本无从了解候选人过去的表现、为人以及政策主张，只能是相信组织部门的提名，主动或被动地参与投票，"被代表"或者弃权。至于说到省市乃至全国人大代表选举，它是由县以上人大代表间接选举产生，同样没有公开竞选的机制；这样产生的代表素质没有制度上的保证，②各级政协委员的产生机制也不够透明。

再来看看协商议事代表的适当规模。经验告诉我们，把一定的权力委托给六七十人的群体，可能比委托给六七个人更为适当。因为在此六七十人的群体中可以有深入的讨论和深思熟虑的考虑，建立具有监察机制、渐进纠错机制、制度供给和人才供给能力的制度框架。但是不能就因此扩大，说六七百人就相应地成为更好的委托，这主要是因为规模过大后沟通和深入讨论的困难。例如，美国众议院因为规模比较大，因而在深思熟虑方面不如参议院有效。英国平民院有600多名议员，面临的问题更加困难。政府成员以及反对党重要成员等领袖人物控制着会议进程，主导着辩论，普通议员很少有发言机会。如果我们继续扩大到六七千名议员，由于人类演讲和沟通都必须遵守一次一个的规则，协商集团越大，每个成员表达自己思想的机会也就越小，沟通的效果就更差。中国全国人民代表大会和全国政协目前存在的问题就是代表和委员太多。如果当政者真正希望人民代表大会和政协提高议事质量和权威，就应该进行三项改革。一是减小人大代表规模至300人以内，任期3年；减小政协委员规模至100人左右，任期6年。二是代表、委员职业化，人大代表按照人口比例通过竞选在相应选区产生，政协委员也应当通过竞选按照地域特点产生。这样，中国作为一个人口众多的大国的人群和地域特性都有了适当的协商代表和表达渠道。三是改变一年一次大会报告，代表、委员开小组会讨论，大会投票的开会方式；采取就议题调研形成专题议案，人大、政协开会讨论议案常态化，大会公开辩论后投票、允许旁听的透明开会方式。

注释

① 文森特·奥斯特罗姆：《复合共和制的政治理论》，上海，三联书店，1999。

② 丁晓良：《为什么速滑世界冠军王濛会身陷"打斗门"事件?》，http://blog. sina. com. cn/s/blog_60f793a50100xf2g. html。

38. 维稳需要什么样的顶层设计？

改革和发展需要相对稳定的政治环境。但改革开放以来，有两句话成了挡箭牌。其一是"中国特色"。什么事只要是符合首长意志而不见得符合历史规律或者国际惯例的，就被美其名曰"中国特色"。这可能是最大的"中国特色"吧。还有一句就是"稳定压倒一切"。什么事只要是不符合领导意志就要被采取非常应对手段，其借口就是维稳。例如，对上访人员采取劳教措施。滑稽的是，2013 年 1 月 11 日，云南省镇雄县山体发生滑坡事故，造成 46 人遇难，但未经遇难者家属签字同意，遇难者遗体就被匆忙火化，引起部分遇难者家属不满。县政府承认强行火化遇难者遗体为维稳。真是绝妙的借口。死者家属对于这种维稳方式排斥，表明它与维稳的初衷背道而驰。这样的维稳反而成为不稳定因素，天灾也就成了人祸。四川泸州市一位副镇长担任副镇长两年来，每年平均有 4 个月在维稳，4 个月搞资料应付检查、开会、学习，只有 4 个月干"正事"。他因为想做更多实事而辞职。在接受记者采访时他大胆地发问："有些地方维稳是真的维持稳定，保持地方经济平稳发展，还是为了保帽子？"①

可喜的是，2013 年 1 月 7 日，中共中央政法委书记孟建柱称，中央已研究，报请全国人大常委会批准后，今年停止使用劳教制度。同日，习近平在全国政法工作电视电话会议上发表讲话，重提宪法梦，强调政法工作要顺应人民对公共安全、司法公正和权益保障的新期待，全力推进平安中国、法治中国。次日，《人民日报》发表评论引用习近平话语"摸着石头过河和加强顶层设计是辩证统一的"，"只有继续鼓励大胆试验、大胆突破，改革才会不断推进、走向深入"。这里，我提出对于维稳的顶层设计机制如下。

其一，正如中国古代治水的经验，洪水宜疏不宜堵，泥沙宜淘不宜淤，民意亦如是②。在体系设计中必须建立民众意见的合理表达和诉求机制。例如，正常的信访、游行示威等民意表达形式。2012 年 10 月 26 日，在全国人大专题讲座上，中国环境科学学会副理事长杨朝飞称："自 1996 年以来，环境群体性事件年均增长 29%；但真正通过司法诉讼渠道解决的不足 1%。地方法院受制于地方利益，将矛盾推上大街"③。俞敏洪说："如政权稳定是以个体强烈不安全感为代价，是强力控制或被动维持的。那么其反过来可能使政权越来越不稳定。"未来应保证个体安全，用新机制，即民主、法治和宪政，让政治环境赢得老百姓的长期信任。

其二，建立信息的透明机制。因为程序正义并不能排除暗箱操作，不能保证没有腐败。君不见很多人大、政协会议后面的团体组织暗箱操作，形式上也是符合宪法的。现在就连科研领域很多所谓的专家委员会也是集体腐败，专家之间互相照顾寻租，利益均沾。阳光下的霉菌才会少一些。对于不涉及国家安全的有关政务信息、经济信息，例如官员财产，敢于公示、透明。将纳税人应该了解的信息公示，民众才会更加信服，社会才能够有人心安定的心理基础。

其三，建立对于官员的权力制约机制。共产党之所以能够赢得政权，就像《没有共产党，就没有新中国》中歌词说的一样，是因为"他改善了人民生活，""他实行了民主好处多"④。但是共产党取得政权之后，执政党内一些人发生变异，嘴里讲权力是人民的，内心想权力是我的。嘴巴上讲"为人民服务"，内心里是为自己和自己的家族服务。正如毛泽东 1947 年回答黄炎培关于历朝历代都没能跳出兴亡周期律时所说的："我们已经找到新路，我们能跳出这周期律。这条新路，就是民主。只有让人民来监督政府，政府才不敢松懈。"但他只说对了问题的一半。民主主要是关注政府的产生方式和权力来源，民主国家未必是宪政国家，只有民主而无宪政会导致多数派成为自己作为当事人的案件的法官，以致滥用政治特权而导致民主病⑤，例如在德国曾发生过的情形。还必须要有宪政，即对政治权力进行有效地限制，防止它被滥用。实现民主宪政体制最基本的两点是真正的普选和权力制衡⑥。在中国，由于民众民主素质所限，我估计实现普选尚需 20 ~ 30 年⑦。现阶段比较现实和迫切的是建立对于官员的权力制约机制，包括领导人任期制等自纠错体制。把权力置入宪政的笼子里，坚决反腐，才能让民众逐步恢复对于政府的信任。这是政府统治、国家能够保持相对稳定的政治基础。

上医治未病，要建立真正的维稳机制并不是在矛盾不断积累至爆发不稳定事件时才就事论事，头痛医头，脚痛医脚。那样很

图 扁鹊见蔡桓公

可能就病入膏肓，错过了解决问题的最佳时机，小错酿成大祸。而应是从上述三方面提前采取切实措施，建立社会信任、政府统治的政治基础。

注释

① 全球通凤凰观察，2013 - 07 - 05。

② 丁晓良：《古代水利工程都江堰对于今人有哪些启示?》，http：//blog. sina. com. cn/s/blog_60f793a501016b8r. html。

③《宁波 PX 项目靠街头群众抗议解决，中国输了》，http：//www. 2366. com/news/201210/29_199730. html。

④ 笑蜀编：《历史的先声——半个世纪前的庄严承诺，新华日报、解放日报社论选》，汕头，汕头大学出版社，1999。

⑤ 丁晓良：《怎样避免民主病?》，http：//blog. sina. com. cn/s/blog_60f793a50101 c04b. html。

⑥ 见中共中央党校党建教研部蔡霞教授。

⑦ 丁晓良：《中国未来宪政民主进程会是什么样的?》，http：//blog. sina. com. cn/s/blog_60f793a50100qxrj. html。

39. 为什么说权力制衡时，动物社会最为和谐？

中科院生物物理所的专家给我讲过一个生物学方面的实验，非常有意思，在这里与大家分享。

广西防城港有一个猴岛，岛上饲养着许多猴子。猴子是群居动物，饲养员将其分为30～50只一群来喂养。喂养的目标是希望猴子之间的抓伤率越低越好。因为一只没有被抓伤的猴子，在国际市场上可以卖到8 000～12 000美元，用于药物和生物学、心理学实验等用途。

猴子虽然是群居动物，但互相之间常常为了食物、交配等原因发生争斗，因此会被抓伤。怎样能够降低猴子之间的互相伤害率呢？饲养员做了非常有意思的实验。如果一只猴群中只有母猴，那么猴子之间的互相伤害率大约是50%。

如果向这群母猴中投入一只公猴，那么伤害率会降低到30%～40%。因为猴群中的组织有序程度提高了，吃食物的顺序是公猴、皇后、大妃子、二妃子等。

如果向这群母猴中投入两只公猴，大家猜结果会怎么样？猴子之间的互相伤害率会提高到大于 50%。因为猴群明显地分成了两派，两派猴子之间有组织的伤害会大于猴群中只有母猴时互相之间无组织的伤害率。

如果向这群母猴中投入三只公猴，结果会怎样呢？多加入的一只公猴以及围绕在其周围的母猴们组成了一个对于其他两个猴群之间争斗的制约力量。例如，吃饭时，如果有两个猴群正准备为了争斗食物而打架，第三个猴群往往不管另外两个猴群之间的争斗而去吃东西了。另外两个猴群一看也就不打了，赶快去吃东西。其结果，这种情况下猴子之间的互相伤害率是最低的。可以降低到 20%。

由此，可以提出权力制衡的和谐动物社会假说。即当动物社会中有三股相对独立的势力存在并互相制约时，该动物社会成员之间的互相伤害率最低，最和谐。

人类社会也是动物社会的一种。从美洲大陆的社会实践来说，也是适用上述假说的。

40. "星光大道"等开门办综艺节目的
勃勃生机说明了什么?

我也要上"星光大道"

　　2013 年 3 月的一个星期六的晚上,夫人喜滋滋地看着"星光大道"。我通常是很少看新闻之外的其他电视节目的,但被夫人的笑声所吸引,忍不住看了一会儿,还真是觉着很好看。一个个寻常百姓,例如,黄土高坡的阿宝、王二妮,安徽淮南凤台县顾桥镇的杨艳丽等,只要是有真正的表演技能,都可以零门槛报名,有机会在全国性的舞台展示并可能从此改变命运。周冠军、月冠军、年冠军,有本事您就逐级而上。现场的专家只有评论的权力,亲友团只有加油的权力,但都没有投票权。有投票权的是网上的观众和现场观赛的以往获奖者。夫人告诉我类似的开门办综艺节目还有"我要上春晚"、"非常 6 + 1"、"向幸福出发"、"开门大吉"等。都非常受老百姓欢迎,也通过此种方式选拔了不少来自民间的音乐人才。这说明：（1）中国民众还是很有创造力的，如果有适当的制度，民众的创造力就可以得到适当的引导和发挥。这就是改革不合理制度所带来的红利。（2）采取适当的制度，可以做到民众、商家（例如汇源果汁的广告）、媒体的共赢。（3）适当的制度是发展的关键。怎样才能产生这个适当的制度呢？要调动改革主体积极性，允许探索，充分放权，政府只管自己应该管的公共服务领域的事。

"星光大道"一类的开门办综艺节目是娱乐领域向民众开放，寓教于乐的民主教育和"宪政"形式。得到了民众的支持和市场的认可，我要大声地为此叫好！

2012 年年底，张千帆、江平、张思之、章诒和等 71 名学者被习近平总书记在纪念宪法公布施行 30 周年大会上的讲话强调宪法实施所鼓舞，联名签署发布了《改革共识倡议书》，提出推进依宪执政、落实选举民主、尊重表达自由、深化市场经济、实现司法独立、保障宪法效力六条改革共识①。我认为这六条提得很对。在"星光大道"、"我要上春晚"等一系列开门办综艺节目中已经部分实现了依宪执政（依照规则竞赛）、落实选举民主、尊重表达自由、尊重群众创造力、深化市场经济（收视率的提高及伴随的广告）、实现司法（评论）独立、保障宪法（观众投票）效力。我呼吁其他领域应该向"星光大道"等开门办综艺节目学习，这样全社会就可以逐步达成改革共识了。

注释

① 《改革共识倡议书》，中国律师网群，http：//wq. zfwlxt. com/blog/blogshow. aspx？ user ＝ 28585&itemid ＝ 736dc93a － bd67 － 4cf1ae8f － a139009bcfac。

41. 为什么会产生 "非洲现象"?

在 20 世纪 50 年代,非洲很多国家仍旧是传统的酋长制,但其社会秩序相当于欧洲中等发达国家,社会比较稳定,人民安居乐业。但到了今天,非洲具有了照搬的现代国家的所有特征,但

是整个社会腐败，战乱不止，人民流离失所，饥寒交迫。就非洲整体来看，大多数国家经济发展缓慢，甚至停滞倒退。在独立后初期，非洲国家曾经有过短暂的经济发展见好的时期。但自20世纪70年代中后期，出现了普遍衰退的现象。80年代被认为是"失去发展的十年"。这10年中，撒哈拉以南非洲国家（南非除外）国内生产总值年均增长率由1973年的6.1%降到0.8%，人均收入下降约25%。城市一半人口、农村3/4的人口受到饥饿的威胁。在贫困线以下的人口由1985年的1.05亿人增至1992年的2.2亿人。全球48个最不发达国家中非洲就占33个。这种现象被人称为"非洲现象"。

最近与一位心理学大师探讨"非洲现象"之根源，他家正在装修，请百安居的设计师做的设计，但现场施工师傅根本不按照百安居的设计师的设计施工，为什么？设计者的设计方案到了现场装不上。这位大师拿百安居的设计与施工队之间的配合不上给我打了个比方。百安居和非洲国家的设计者都是高高在上，照搬西方国家或者中国的政治框架①，岂不知非洲国家现场的实际情况与照搬的设计图不符，根本装不上。联想到印度，也是类似的情况。要解决此类问题，还是要向圣贤王阳明学习，知行合一。知之真切笃实处便是行，行之明觉精察处便是知。

非洲现在所发生的情况同辛亥革命后中国不仅没有走向民主共和道路，却相反走向军阀混战类似。社会上层和普通民众也都没有民主和宪政经验、搞市场经济的经验，需要全民集体学习，经历类似于中国台湾、韩国的军政、训政、宪政的强权政治向宪政民主演进道路。其理由类似于孙中山所阐述的中国走向宪政民主需要经历此三阶段的道理，时间过程应该也需要50年左右吧②。希望非洲的当政者和国际上真心帮助非洲进步的朋友能够认真思考孙中山的"三步走"革命方略和中国台湾、韩国的民主进程经验，中国的教训[③]，找到切合非洲实际的民主进程道路、发展经济道路。

注释

① 从 1955 年至 1990 年，非洲先后有 34 个国家宣称要搞社会主义（畅征，刘青建：《发展中国家政治经济概论》，北京，中国人民大学出版社，2001），约占非洲国家的 2/3 。1980 年 4 月，邓小平在会见阿尔及利亚民族解放阵线代表团时曾指出："要研究一下，为什么好多非洲国家搞社会主义越搞越穷。"（《邓小平文选》第 2 卷）。1985 年 4 月，邓小平在会见坦桑尼亚副总统姆维尼时又强调指出："问题是什么是社会主义，如何建设社会主义。我们的经验教训有许多条，最重要的一条，就是要搞清楚这个问题。"1988 年 5 月 18 日，邓小平在会见莫桑比克总统希萨诺时建议说："你们根据自己的条件，可否考虑现在不要急于搞社会主义。确定走社会主义道路的方向是可以的，但首先要了解什么叫社会主义，贫穷绝不是社会主义。"（《邓小平文选》第 3 卷）

② 丁晓良：《中国未来宪政民主进程会是什么样的?》，http：//blog. sina. com. cn/s/blog_60f793a50100qxrj. html。

③ 1985 年 8 月 28 日，邓小平在会见津巴布韦民族联盟主席、政府总理穆加贝时明确地说："社会主义究竟是个什么样子，苏联搞了很多年，也没有完全搞清楚。"他提醒非洲的朋友说："我们特别希望你们注意中国不成功的经验。外国的经验可以借鉴，但是绝对不能照搬。"（《邓小平文选》第 3 卷）

42. 为什么说我国现行的医疗模式必须要改革?

其一, 两千多年前,《黄帝内经》就提出, "上医治未病, 中医治欲病, 下医治已病"。但可悲的是人们大都是短视的。胜于无形, 无人称智; 兵不血刃, 无人言勇。不到104个地级以上城市都严重雾霾的时候, 中国人不会重视空气污染治理或不愿为此而付出治理成本。高明的医生, 防患于未然。然而正由于患消于未生, 没有动大手术, 没有把病人折腾得九死一生, 所以医生的医术也就不为人所知。扁鹊(一说是张仲景)就慨叹大家只记得治已病的他, 记不住医术远在他之上的治未病的他的兄长。我国现在的医疗模式，多侧重在治疗已病人体的生理健康，预防疾病并不受重视，如何养生并不受重视。例如，古代40个名医，既懂医术又懂养生，平均寿命79岁，是当时人们平均寿命的两倍。而现在的医生，因为只懂用药不懂养生，寿命反而比老百姓的平均寿命短。据《健康报》报道，哈尔滨医生平均寿命比市民少1.5岁，护士平均寿命比市民少3岁；台湾医生的寿命比普通民众短10岁。还有人曾经对200多65岁以上老人做过4年以上跟踪调查，其中有1/4以上是经常到医院看病的。通过户外运动等生活方式调整，62%被调查老人的不良情绪、健康状况普遍有改善。

其二，按我国现在的医疗模式，心理健康并不受重视。岂不知人体的身心是互相影响的，生理健康会受到心理健康的影响。北医六院精神卫生研究所曾做过一个调查，老人中自我感到身体健康良好的仅有24.7%，有一种或多种疾病困扰的占73.3%。被调查老人中感觉总是情绪低落、容易发怒的占23.4%，感觉家庭关系不好的占44.4%，由于丧偶或者子女不在身边感觉孤独的占15%~19%，感觉悲观、活着没意思的占5.1%。这些或多或少有心理障碍的老人都很少去看心理医生。再比如，很多被误诊的癌症病人，在误诊后身体健康状况一泻千里，急剧恶化。一旦哪位权威专家讲是误诊了，没有病，被误诊的病人又很快好了。医圣希波拉底就说过，"治疗的功效，60%取决于医生的话语，20%取决于药，20%取决于手术。"而话语主要影响的是心理，可见心理健康之重要。现代医学也证实，在治疗过程中安慰剂效应无处不在。药物大约起一半的作用。现在的很多医生，包括为笔者面诊过的一些著名的老中医，治疗只注重用药或者手术，这本身就是违背身心健康互相影响规律和中医天人合一整体系统观的。

世界卫生组织（WHO）关于健康的定义："健康乃是一种在

身体上、精神上的完满状态，以及良好的适应力，而不仅仅是没有疾病和衰弱的状态。"这就是人们所指的身心健康。也就是说，一个人在躯体健康、心理健康、社会适应良好和道德健康四方面都健全，才是完全健康的人。世界卫生组织还指出，个人的健康，60%取决于自己的生活方式、情绪调节，15%取决于遗传，10%取决于社会因素，8%取决于医疗条件，7%取决于气候影响。举例来说，人自身有制药功能，在生气时会释放去甲肾上腺素，其毒作用仅次于蛇毒。可见自我生活方式调整对于健康是最主要的。

所谓心理健康是指人具有较好的自控能力，且能保持心理上的平衡，能自尊、自爱、自信而且有自知之明。自我感觉是良好的。情绪是稳定的，积极情绪多于消极情绪。它又受到一个人的社会适应能力和道德健康的影响。

所谓社会适应能力是指一个人的心理活动和行为，能适应当时复杂的环境变化，为他人所理解，为大家所接受。

所谓道德健康，最主要的是不以损害他人利益来满足自己的需要，有辨别真伪、善恶、荣辱、美丑等是非观念，能按社会认为规范的准则约束、支配自己的行为。

一个人只有在生理、心理、社会适应和道德四方面都健康了，才是一个真正健康的人。但是社会适应能力和道德方面的健康，不仅仅是个医疗问题，还牵涉到整个社会制度和文化的进步，这已经超出本文所讨论范围。本文所述的医疗模式，主要还是关乎于人的生理和心理健康。这并不主要靠现在医疗模式的药和手术而取得，主要靠调整自己的内心和行为方式，配合适当的药物和手术而获得。与之相应，我国社会的医疗模式需要从治"已病"转向治"未病"，从主要关注躯体生理健康转向关注身心健康。

43. 社区治理为什么这么难?

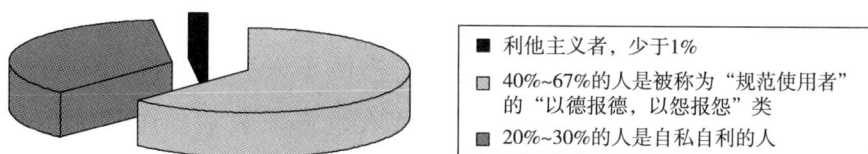

- ■ 利他主义者,少于1%
- □ 40%~67%的人是被称为"规范使用者"的"以德报德,以怨报怨"类
- ▨ 20%~30%的人是自私自利的人

图　实验经济学家关于人性的研究结果

目前中国的一些社区关于业主委员会的讨论非常热烈。本质上这是一个社区自治的问题。涉及有了私有财产的中国人怎样民主管理自己的社区。你可以通过私搭乱建、维护环境、维权等活动观察到很多人性的丑恶与善良,麻木与自私,觉醒与奋斗。它是全民对于民主治理的训练和实践,一定程度上也关乎着中国民主的未来。工欲善其事,必先利其器。要做好社区治理,必须了解人性。我因此看了陈幽泓写的《社区治理——制度环境文化》。结合我所在社区业主的实际情况,有些感想和建议,与大家分享。

先给大家讲两个实验,经济学家关于人性的研究结果:

其一,不论文化背景、社会意识形态如何,社会中利他主义者(雷锋)的人数总体上极少,少于1%。实验表明,40% ~ 67% 的人是被称为"规范使用者"的"以德报德,以怨报怨"类。另外20% ~30% 的人是自私自利的人,这类人无论别人如何善待他们都不会有所回报。这表明,社会公德的产生不能单单依靠人的利他主义和纯粹个人的品性德行,倒是要更多地依赖人们出自自利心而产生的动力。要想使这种动力形成稳定的集体理性行为,需要一定的制度激励因素。目前大家热议的业委会问题本质上是建立集体理性行为的制度激励问题。

其二，"规范使用者"还可以进一步分为"条件合作者"和"志愿惩罚者"。"条件合作者"是老好人。他们愿意协作，只要群体中有一定比例的人以互惠行为作反应就坚持合作。可是，"条件合作者"对集体行动的贡献与搭便车人数成反比。一旦搭便车的人数超过他们的容忍度，这些人也将采取不合作态度。因为，在此情况下，"理性利己主义者"会驱使"条件合作者"作出自私自利的行为选择。

"志愿惩罚者"是"嫉恶如仇"的侠客，是主动的"以德报德，以怨报怨"者。只要有可能，他们就会自发志愿地对搭便车者进行惩罚。惩罚可以是口头批评，也可以是给搭便车者造成物质损失。

研究发现："志愿惩罚者"的存在对于集体行动的结果有很大影响。他们约束搭便车行为，起着维护社会行为规范的作用。他们的惩罚使"理性利己主义者"不得不计算受惩罚的成本，修改自己的行为。如果没有"志愿惩罚者"，搭便车者不受约束，"条件合作者"就会逐渐减少直至停止为集体行动作贡献，对集体有利的公共物品就生产不出来。

由于千百年的专制政治体制造就的民众被动服从习惯[①]，我国社区自治中的"志愿惩罚者"极少，搭便车者很多，以致大部分社区的治理都是问题驱动型的。平常大家都是事不关己高高挂起，等到业主们实在是忍受不了服务方面积累的问题了，就闹一下，或者采取不合作态度拒交物业费，使得很多新建的小区成为垃圾小区，业主和物业服务公司双输，没有建立起两者间的良性互动机制。

更加由于我国农耕文明所造成的丛林法则传统[②]，社区中往往有一部分个人能力很强或者有一定寻租权力背景、喜欢其个人自由、喜欢贪小便宜、不喜欢受到乡规民约约束的业主并不希望或者坚决反对成立业委会，建立制度文明。他们喜欢保留社区业主的一盘散沙状态，因为他们的短期个人利益诉求可以通过他们对开发商或者物业公司的闹事或者寻租能力得到满足，而开发商或者物业公司为了息事宁人，常常是以牺牲其他广大业主的利益来满足这些闹事者的诉求，例如，别墅社区常常出现的私搭乱建等现象。由于没有成立业主自治组织，其他广大业主对于这些闹事者和物业公司之间的暗箱操作并不知情。其结果，这些闹事者的短期个人利益得到了暂时的满足，岂不知其他广大业主的权利以及整个社区的整体利益、长期利益受到了损害。如果这种状况持续下去，其他业主中越来越多的人将会学习这些闹事者榜样，严重的甚至会造成高档社区变成垃圾社区。例如，曾经荣获联合国人类居住中心"2000年全国优秀住宅环境"金奖的北京蓬莱社区就逐步演变为垃圾社区[③]。这无异于居住在社区中全体业主的集体自杀。

据不完全统计，在我国所有的社区中，成立业委会的不到25%。在首善之区北京，从《物业管理条例》2003年9月实施到2007年10月，北京市3 200个住宅项目中，成立业主大会和选举产生业委会的只有574个，成立率仅为17.9%[④]。成立业委会后实际参与管理者，无法用百分比来衡量。相反的是，根据中国人民大学"社区治理"课题组在2001—2005年对于北京100多个社区进行的调研，业主与物业公司发生过严重纠纷的社区占到80%，其中产生肢体冲突和暴力冲突（不包括威胁和恐吓）的占37%。这说明，民众权力的城市化比建楼更重要。城市化不仅仅是物理上建了漂亮的房子，相应的管理和社会服务也必须跟上。

具体到我所在的社区，我理解有些业主所说的业主委员会的三种困境⑤。这实际上是由于在业委会的制度设计上没有鼓励"志愿惩罚者"，约束搭便车者、闹事者而造成的。但是我们不应该因噎废食，因为一个社区要想健康发展就不可能完全"无为而治"。天上不可能掉馅饼。我们在制度设计上应该使得互惠成为制度设计的基本原则。在这样的制度中，个人私利受到尊重但不得以损害公共利益和他人利益为前提，大家彼此尊重和牵制，并因互惠的激励而长期共存。最终，使得大家在做利己的事的同时也利他。使得关注私利的驱动力成为公众权利的保护者和力量源泉。怎么实现呢？我有四点建议如下：

第一，学习"五月花号"公民公约的精神⑥，每个公民都同意为了共同利益而放弃部分私利，尽自己对于团体的义务。这是美国社会强大的社会基础。我们社区的业主也应该有自己的公约。

第二，鼓励"志愿惩罚者"，对于为社区治理作出贡献和付出时间的侠客，应当给予荣誉和付出劳动的适当补偿。

第三，古希腊城邦制国家为了实现公民履行自己对于国家的义务，除了他人推举和给予荣誉、津贴等鼓励措施外，还采取抽签法选举议事会、陪审团成员。因此每个公民一生中都有机会成为议事会、陪审团成员。对于社区的公共事务，除了"侠客"志愿做之外，也可以采取抽签的方式落实到有关业主作为执行人。

第四，为了克服业委会的三种困境⑤，将过去简单授权给5~7人的业委会管理改为授权给一个更大的、由几十名业主代表组成的，理论上具有纠错机制、监察机制和人才供给、制度供给能力的业主代表大会。业主代表大会负责决策、监察，任期较长。业委会负责执行，任期较短。不合适就定期或随时调整。这一设想是否可行，还需要实践检验。

注释

① 丁晓良：《为什么中国人是顺应者居多，西方人是创新者居多?》，http：//blog. sina. com. cn/s/blog_60f793a501017f59. html。

② 丁晓良：《为什么中华制度文明中没有诞生对于皇权的制约法律?》，http：//blog. sina. com. cn/s/blog_60f793a5010165em. html。

③ 丁晓良：《为什么说制度文明是精神文明和物质文明可持续发展的基础?》，http：//blog. sina. com. cn/s/blog_60f793a501012r73. html。

④ 据北京市人大常委会副主任赵久合：《物业管理条例》执行情况的报告，2007 - 10 - 30。

⑤ 业主委员会的三种困境：（1）被开发商收买，腐败；（2）基本处于瘫痪状态，徒有形式；（3）业委会处于业主和物业之间，两头都不说好，老鼠进风箱，两头受气。

⑥ 丁晓良：《社区民主治理的主要原则是什么?》，http：//blog. sina. com. cn/s/blog_ 60f793a50100vvu9. html。

44. 社区民主治理的主要原则是什么？

图　众人签订《五月花号公约》[1]

　　历史上发生过的一些事情，对于社区民主治理也许会有启发。

　　2500年前的希腊城邦制度，本质上是社区民主治理实践的典范。详细的历史事实和研究大家可以看顾准写的《希腊城邦制度》。这里我只列举由希腊先民们经过几百年实践摸索出的社区民主治理的三原则：主权在民、轮番为治、社会契约。

　　公元前630年左右，"希腊七贤"之一梭伦被选为"民选调解官"，他颁布"解负令"，将作为债务抵押品的土地无偿归还原主，有效地缓解了社会矛盾，促进了生产的发展。但是贵族对他责难、平民对他不满、要拥立他为专制政治的朋友们对他讥嘲。他凝立海滨，"好像一群猎狗包围中的狼"。最后，他辞职到海外漫游去了。这说明，如果制度设计中对于为公众利益服务者没有适当的激励，他（她）不可能干得长久。

　　1620年11月21日，当"五月花号"经过66天艰苦航行靠岸于北美鳕鱼角时，船上的41名成年男子在激烈讨论着：他们将如何管理未来的新世界，依靠什么，领袖的权威？军队的威力还是国王的恩赐？他们决定将这个问题弄清楚之后再上岸。最后，他们决定共同签署一份公约，名为《五月花号公约》，内容是："为了国王的荣耀，基督教的进步，我们这些在此签名的人扬帆出海，并即将在这块土地上开拓我们的家园。我们在上帝面前庄严签约，自愿结为一民众自治团体，为了使上述目的得以顺利进行、维持和发展，亦为将来能随时制定和实施有益于本殖民地的总体利益的一应公正法律、法规、条令、宪章和公职等，吾等全体保证遵守与服从。"这成为北美后来千百万个社区形成自治"意愿共同体"的开端。

洛杉矶20世纪50年代面临喝水问题，759家抽水单位都不断抽地下水，地下水用得过多，海水就渗进来。如何维护这一社区共有财产资源？由此引申出社区民主治理的第四个原则：透明。洛杉矶从1955年开始记录保护每个用水单位的记录。当纠纷起来时他们可以很好地利用这些信息解决冲突。

由这些历史所引申出的社区民主治理的四原则：主权在民、轮番为治、社会契约、透明，和我在《社区治理为什么这么难?》里讲到的关于人性的实验数据，我对于社区的民主治理有如下建议：

第一，全体乡民签署乡约。约定保证遵守与服从有益于社区总体利益的公正法规、条例。

第二，提高透明度。有关物业收支账目都应该公示。业主论坛也是很好的透明对话平台。但是在上面注册的用户必须是社区的业主、开发商和物业公司。发言应当摆事实，讲道理，不允许谩骂攻击，传播谣言。否则马甲过多，鱼龙混杂，反而会成为聚集负能量的地方。

第三，社区治理结构建议由业主代表大会、业委会、监事会组成。业主代表大会是社区各项公共事务的最高代议制决策机构，负责议案讨论、审议、召集业主大会、选举业委会、监事会。业主代表可以按照 5% ~ 10% 的比例在业主中选举产生，任期 5 年。为了便捷、低碳，也可采取邮件、短信等通信会议方式。业主代表回复的邮件、短信也可作为投票或表达意见的依据。业委会人数 5 ~ 7 人，其主要职责是落实业主大会决议，任期 1 ~ 2 年，可以连任。监事会职责是保证乡规民约不受破坏，保证其有效实施。凡业委会主任任期终了，经审查政绩后可以加入监事会，在身体健康、可以履职且本人愿意履职的情况下可以终身任职。

第四，对于为社区治理作出贡献和付出时间的侠客，应当给予荣誉和付出劳动的适当补偿。

第五，为了履行业主对于社区公共事务的义务，除了"侠客"志愿做之外，也可以采取抽签的方式落实到有关业主作为执行人。

注释

① 1620 年 11 月（中国明朝末年），经过在海上六十六天的漂泊之后，一艘名为"五月花"的大帆船抛锚在美洲大陆鳕鱼角外。船上有一百零二名乘客。为了建立一个大家都能受到约束的自治基础，他们在上岸之前签订了一份公约，这份公约被称为《五月花号公约》，签署人立誓创立一个自治团体，这个团体是基于被管理者的同意而成立的，而且将依法而治。这是美国历史上第一份重要的政治文献。在整个人类文明史上，它的意义几乎可以与英国的《大宪章》、美国的《独立宣言》、法国的《人权宣言》等文献相媲美。美国几百年的根基就建立在这短短的几百字之上，信仰，自愿，自治，法律，法规……这些关键词几乎涵盖了美国立国的基本原则。

45. 在社区民主治理结构设计中需要解决哪些问题？

我自 2012 年年中开始参加所在社区业委会的预筹备工作。期间，常有业主或朋友问起有关工作进展。根据我个人的体验，在筹备社区治理结构中需要解决四方面九个问题。

第一方面：业主的民主权利问题。

1. 鉴于有些产权人业主是未成年人，有些父母是实际购房出资人，但是用子女名义购房，而子女在国外留学。为方便这部分业主行使民主权利，我们建议以业主户代表的方式解决。这已经得到地方政府的认可。这个问题的解决也相应地提高了社区民主治理的人才供给能力。

第二方面：代议制问题。

2. 为了解决业主开会难问题，有必要实行代议制。为此建议以组团业主代表方式解决。这也已经得到地方政府的认可。

第三方面：改进社区民主治理的人才供给能力。

3. 如何筛选出社区工作志愿者？业委会成员不称职或者不能正常履职的情况下如何及时替换？如何弹劾？

4. 如何调动和保护社区志愿工作者的积极性，以吸引更多的业主加入志愿者队伍。

5. 如何分担志愿者的工作负荷？

6. 怎样组成优势互补的业委会领导班子？

第四方面：改进社区民主治理的制度供给能力。

7. 业委会工作如何避免腐败？如何建立监事会制度？

8. 志愿者如何在一起议事？少数人意见如何得到尊重和有效表达？如何达成共识？如何开会（在百度上输入"罗伯特议事规则"，可以看到相关介绍）？

9. 业主之间有了矛盾怎么办？如何组织人民调解委员会？如何建立陪审团制度？

只有对于上述问题有了有效的解决方案，作好相应的制度准备和志愿者动员工作，才能够避免很多社区出现的业委会工作能力不强、不团结；业委会工作无法持续，热热闹闹上马，悄然无声瘫痪；甚至腐败的尴尬局面。

感谢社区居民对于建设业委会工作的关心和支持。天上不会掉馅饼，为了维护社区的物质文明、生态文明、美好生活，必须建立相应的制度文明。希望大家尽一个居民和公民的责任，知行合一，一起来做馅饼。

经济之问

46. 从历史事例看文明进步的过程
怎样才能成本较低？效益较好？

　　自1840年第一次鸦片战争以来，中华民族从天朝大国的睡梦中惊醒，始终不渝地探索中华文明进步之路。这其中不乏走弯路和付出惨痛学费的代价。为了减少未来进一步走弯路，有必要从有关历史事例中总结相应的教训和经验。

　　甲午战争之前，清朝已经进行了三十年的洋务运动，建立起了号称亚洲第一、世界第八的海军①，配备洋枪、洋炮的陆军也具备了一定的规模。平心而论，开战之前，中日的军事实力基本相当，从战争的正义性、防守方的地理来说中国甚至还具有一定的优势，日本当时并没有必胜的把握。统治阶层内部对于是否同中国开战还有相当严重的分歧。但是从制度的角度看，日本的优势就很大了。通过明治维新，日本建立了两元君主立宪制②。工商企业也开始在国家事务中发挥重要作用，上下励精图治。例如，皇室和公务员队伍都看到了日本海军与北洋水师的差距，皇室捐钱，公务员捐十分之一工资用于建设海军。而中国于1888

年北洋舰队成军后再没有添置炮、舰，航速平均每小时 15 海里。日本海军主力舰"吉野"舰航速为 23 海里，有速射炮，原为清政府向英国订购的当时最先进的快速巡洋舰，目的是用来增强北洋水师的实力。可本来用于购置战舰的银子却被慈禧太后挪去修颐和园，李鸿章只好被迫放弃购买该舰。1894 年，清朝举国忙碌的是怎么为慈禧太后过 60 大寿。据清宫皇太后六旬庆典档案，从皇宫到颐和园沿途修牌楼需白银 240 万两、宴会 23 万两、唱戏 50 多万两，庆典花销共计不下于 1 000 万两。这些钱中的几百万两来自于挪用户部的修铁路款、军费、军饷；另外的几百万两来自于所谓京外统筹，也就是大小官员摊派。官员平均要拿出 2.5 年的薪水为慈禧祝寿。对比一下当时的日本，天皇为筹集资金购买"吉野"，甚至宣布自己从此到击败清廷一日只吃一餐，皇太后捐出了自己的首饰，由于天皇的举动激起民众的民族自尊，使得民众踊跃捐献购买"吉野"，日本商人和民间发起了"'吉野号'募捐会"，后来募集到的银两可以买三艘"吉野号"。从领导体制上看，光绪名为皇帝，实权仍然掌握在慈禧手里，"帝党"、"后党"为了权力在争斗不已，海军、陆军的指挥缺乏统一协调。而日本为了达到占领朝鲜、侵略中国的目的，成立了战时大本营，三军由天皇统一指挥。

在甲午战争中，海战中虽然首战有失利但仍具有一定战斗力的北洋水师被意欲保存实力的李鸿章严令待在威海卫港口内乃至被全歼。陆地上，在平壤守卫战中具有以逸待劳的优势，粮草和弹药充足的 1.3 万清军只守了一天就在淮军将领叶志超的率领下在暴风雨的半夜主动弃城逃跑，以致被攻城伤亡远大于清军，弹药和粮草不足，士气低落，在暴风雨中得不到休息，原计划如果一天之内再不攻克平壤就撤退的日军所追击。在雨夜中仓皇逃窜的清军自相残杀、溃不成军，一气就败逃 500 里到了中国境内。

甲午战争的惨败说明了洋务运动"中学为体、西学为用"的失败。那么是不是就应该简单移植西方制度或者是像有些学者讲的"应当再殖民几百年"就可以解决问题呢？我们可以看一些简单移植的例子。一是非洲现象。指今天的非洲具有了现代国家的所有特征，但是整个社会腐败，战乱不止，人民流离失所，饥寒交迫③。二是阿拉伯现象。以革命的名义取得政权的卡扎菲、穆巴拉克等阿拉伯世界独裁者们经过几十年的统治已经站在了人民的对立面而被相继推翻，反倒是沙特阿拉伯、阿联酋、卡塔尔、科威特、约旦等传统君主制国家保持着稳定与繁荣。再看一个殖民了几百年的例子，如印度。如果从 1600 年英国建立东印度公司算起，到 1947 年印度独立，殖民史已有 347 年。即使从 1757 年印度和英国之间爆发的普拉西大战，印度因战败而逐步沦为英国的殖民地算起，殖民史也有 190 年。但至今仍然腐败横行，妇女在光天化日之下被强奸。以上事例都说明简单地"中学为体、西学为用"；或者简单移植，穿个西方文明外套；或者暴力革命，产生一个新的专制政权；或者再殖民几百年都并不能真正带来文明进步。

一个国家文明进步的过程，应是既保留本土的优秀传统，又吸收外来文明先进成分的文明重构、社会变迁和制度变迁过程，是全体人民在实践中集体学习的过程。由于有寻租既得利益集团④的存在，这个过程有路径依赖性。一旦寻租既得利益者的力量大于改革者的力量，制度将被锁定，改革将不再可能。较优的制度安排是在可选择的范围内实现同样目的的成本较低的制度。怎样才能使得这个过程成本较低？效益较好？我们还是再进一步分析一下东邻日本的经验和我国的教训。

首先，由于岛国的局限，日本民族一直有着深切的危机感，因此有向外学习的动力和优良传统。唐朝时，日本就曾派遣大量的遣唐使向唐学习。明治维新之前，兰学⑤已经在日本流行了200年。而清朝自以为是天朝大国，故步自封。当初马嘎尼于乾隆五十七年（1792年）来华，洽谈自由贸易，乾隆说"天朝物产丰富，无所不有，原不籍外夷货物以通有无。"马嘎尼邀请当时执掌军权的福康安看新式武器操练，福康安答曰："看亦可，不看亦可。这火器操法，谅来没有什么稀罕！"呜呼！如果中国能在1792年就能睁眼看世界，何至于要等48年后第一次鸦片战争之时，才知道西方的船坚炮利？马嘎尼在日记中记载"当我们每天都在艺术和科学领域前进时，他们实际上正在变成半野蛮人"⑥。甲午战争中，日本联合舰队司令伊东佑亨给坐困威海卫的北洋舰队提督丁汝昌的劝降书写道："至清国而有今日之败者，固非君相一己之罪，盖其墨守常经不谙通变之所由致也。"中国人引以为自豪的汉朝、唐朝也都是善于学习的朝代。汉朝建国之初，曾经认真讨论、总结过暴秦速亡的教训。《白虎通》更是上自东汉天子、下迄儒生参与讨论所形成的当时之学术共识。唐朝则是多民族杂居、融合，具有雄浑、开放、包容的气魄。

其次，通过试点，增量带动存量调整，徐图渐进。日本地方势力远比中国的地方势力强大。很多维新的举措，都是在藩国内先前就已实行过的。日本相对独立的地方政权起了试验田的作用。其"私人资本力量在德川幕府后期即已超过大名藩主的力量"⑦。但戊戌变法之时，维新事业的体制变革，重在除旧而非创新，重在存量而不是增量，一下子触犯了社会各阶层太多的既得利益⑧。百日维新期间共计发布变法诏令184条，维新这锅本是需要10年、20年，以致更长时间文火慢慢熬成的粥，被急于夺权的帝党用猛火给烧糊了，只留下了百日唏嘘和六颗人头。邓小平领导的中国当代改革，应当是接受了上述教训，有关经济特区政策、双轨制也都是应用增量带动存量调整的措施。

再次，及时建立制度文明和和平纠错的机制。面对社会转型，社会的不同阶层和利益集团一定会产生矛盾冲突，政府需要找到解决危机和冲突的有效办法。反思历史，中国已经试验了三种办法：宫廷斗争，暴力革命，文化大革命及其以后的广场群众运动。都是高成本方式。从其他国家的实践来看，这个冲突有可能在议会解决。这是一种温和、缓慢、低成本的和平纠错方式。例如，日本在经过了 20 年维新之后，于 1889 年颁布第一部宪法，并于 1890 年召开第一届国会，从此走向了两元君主立宪制。用法律和制度捍卫和巩固了维新成果。"二战"后，在美国占领下，又进一步演进为议会制君主立宪制。君主交出所有的权力，首相成为国家的主要行政人，从体制上来看宪法和法律不是限制君主而是用来限制首相，首相只能在宪法和法律内治理国家。社会建立了可以学习和积累经验的和平纠错机制。

最后，学会妥协，建立改革的统一战线。世界上 193 个国家中，有君主立宪制政体的国家 36 个，约占 1/5。这种政体就是各种势力互相妥协的结果。其优点是不用战争就可实现宪政。例如，现代英国的君主立宪制的特点就是在保留古老的宪政传统和确立资产阶级政治统治的基础上，将君主制、贵族制和民主制三者融为一体。1688 年的英国光荣革命之所以光荣，就是因为没有流血，因而整个制度变迁的成本最低。这说明很多时候社会的进步可以用谈判来达成，而且需要权力先妥协。类似的，明治政府对德川幕府也采取了宽容和利益共享的政策，大多数幕府成员，只要向政府投降，大多有其一席之地。幕府末代将军，受封公爵，一直得到国家供养。日本以最小的成本完成了改朝换代，举国团结，把时间和精力都花在了维新自强上。还有众所周知的"西安事变"，共产党有机会除掉宿敌蒋介石，但为了民族抗战的大业，国共两党妥协，达成了抗战的统一战线，两党协力，实现了中国自鸦片战争以来第一次抗击外敌入侵的胜利。我们还可以再看几个不妥协的例子。1789年爆发的法国大革命，使得三年后路易十六人头落地，据说在他临死前留下了回肠荡气的一句话："我虽然将要死去，但绝没有犯过任何指控我的罪行。我宽恕造成我死亡的人，我还要祈求上帝，在我的鲜血抛洒之后，在法国的土地上再也不要流血了。"但事实与路易十六临终前的良好愿望相反，从1789年革命爆发到1815年拿破仑战败，除了中间短暂的休战之外，法国经历了25年的持续战争。大量资源被战争摧毁，500多万人的生命化为灰烬，法国工业革命被推迟了近30年，从此，法国的国力再也没有超过英国。大革命的政治和经济代价无疑是沉重而高昂的。在中国，康梁维新为何失败？很重要的原因，也是不懂得妥协，不会建立改革的统一战线⑨。再如民国初年是中国政治转型的关键时期。政治转型的实质是博弈，博弈的实质是实力与妥协。一度成为当时舞台主角的宋教仁，也是既缺乏实力又不懂妥协。其宪政之路理想虽好，但其对抗北洋系实力派、企图利用责任内阁架空袁世凯的做法却毫无成功的希望⑩。当宋教仁被暗杀，动荡时代再度降临。这都是我们应当吸取的教训。

由以上事例可见，注重对外开放，学习其他民族的长处；通过试点，增量带动存量调整，徐图渐进；建立和平纠错的机制，及时用法律和制度捍卫和巩固改革成果；学会必要的妥协，建立改革的统一战线，应当是成本较低、效益较好的制度变迁方式，对当今中国进一步深化改革也是有借鉴意义的。

注释

① 1890 年，北洋大臣李鸿章向光绪帝报告："我北洋海军规模已足雄视一切，渤海门户，深固未摇"。盲目自大之情溢于言表。

② 二元君主制，指君主立宪的前提下，君主权力大于议会，各种主要法令都要经其签署，并且常有权委任首相和上议院议员，某些国家还有君权神授色彩，而不是政教分离的。二元君主制成熟于拿破仑时代的法国，是当时拿破仑因战争需要而称帝，但又希望能保持法国大革命的民主成果之产物。受到德国和意大利统一后宪法所仿效。日本的明治维新、伊朗的巴列维王朝也采用此体制。但在实践上二元君主制，因为无法同时兼顾君主和议会权力之争，往往是权责不明的制度。昭和天皇就借此逃脱了战争罪责。所以现在仍然保持二元君主制的国家较少，目前只限于某些中东君主制国家，如卡塔尔、阿联酋等。

③ 丁晓良：《为什么会产生"非洲现象"？》，http：//blog. sina. com. cn/s/blog_ 60f793a5010134fl. html。

④ 既得利益者可分为两类。一类是寻租既得利益者，是指依靠现存制度的不合理之处寻租的人。例如，在政府的广泛不公开透明的审批制中负责审批的各级官员等。另一类是在市场经济中通过公开有序博弈所形成的既得利益者，简称非寻租既得利益者。非寻租既得利益者实际上是推动社会前进的建设性力量。寻租行为在中国社会的广泛存在以及对其事后监管所造成的损失，极大地增加了中国经济运行的制度成本。

⑤ 所谓兰学，指的是荷兰的学问，包括科技和思想文化等方面的总称。因为德川幕府实行锁国体制，只保留了与中国、朝鲜、荷兰的外贸关系，所以西学都称做兰学。

⑥ 斯当东：《英使谒见乾隆纪实》，叶笃义译，556～562 页，商务印书馆，1963。

⑦ 黄仁宇：《中国大历史》，生活·读书·新知三联书店，1997。

⑧ 丁晓良：《戊戌变法中改革者自身有哪些失误?》http：//blog. sina. com. cn/s/blog_60f793a501017p8i. html。

⑨ 见注释⑧。

⑩ 谌旭彬：《纪念宋教仁不必贬损孙中山》，http：//view. news. qq. com/zt2013/sjr/index. htm? pgv_ref = aio2012&ptlang = 2052。

47. 按照计划经济能够调控好国民经济吗？

自秦灭六国后至辛亥革命，中国处于统一帝国时代。政治体制是中央集权专制。自中华人民共和国成立到 1977 年，中国实行的是中央集权传统加从苏联引进的计划经济体制。这两者相遇后互为增强。中国传统政治文化的中央集权专制、官本位和政府本位、草民思想为实行计划经济提供了权力基础和奴性服从的土壤，计划经济为中央集权专制提供了更便于集权的方法和时髦的理论外衣。空想共产主义理念加计划经济手段加中央集权的实施权威，使得整个社会经济的运行到了崩溃的边缘。从整个中国历史的长河来看，最大的政府出现在计划经济 30 年里，把人民的吃喝拉撒睡都管起来，人民却饱受苦难。1978 年小平同志带领全党和全国各族人民进行改革开放以来，引入了市场经济体制。当时为了减少寻租和非寻租既得利益集团对于改革的联合抵制，为了摸索经验，采用了以增量改革带动存量改革的方法[①]，双轨制并行。由于我国对于国民经济的调控手段主要还是中央集权加计划经济，改革所产生的新增资源并没有完全按照新的更加有效的市场经济机制来配置，而是大部分或者相当一部分仍然进入了老的计划经济的轨道。我们现在是"老改革"遇到了老问题：按照中央集权加计划经济思路能够调控好国民经济吗？实践是检验真理的标准。还是让我们先看几个与中国老百姓生活密切相关的实例。

实例1：中国股市。改革开放之前，中国没有股市，它纯属改革增量。但是这新增的增量基本是按照旧有的中央集权加计划经济思路在管理，结果怎么样？回顾2012年中国股市，造假上市，高管套现等弊病集体爆发。股市仍是少数人的合法"圈钱"工具，而不是普通百姓的投资方式，不注重对股东回报，导致市场信心缺失。

国内外对比一下更能够说明问题。截至2012年12月初，上证综指和深证成指年内跌幅分别达5.31%和7.54%。而同期，美国道琼斯工业指数等国外股市均有上涨，其中，身处欧债重灾区的希腊ASE综指也有28%的涨幅，而以7%经济增速领先全球的中国，股市却是全球领跌，令人费解。为此，中国证券监管层频推利好，证监会密集出台了近70项资本市场法律法规修改，各项改革全力推进，但股市跌势不减，甚至在11月沪指还回到了"1时代"。

中国股市需要进行继股权分置改革之后的"二次变革"，其中股票发行制度为重中之重，应进行市场化的改革。配合全流通时代的市场需求，不仅包括新股发行，还应包括再融资、并购重组和退市制度。从市场机制、市场主体、市场结构等多方面入手，重构市场体系，推动经济转型和企业发展。唯有这样，资本市场才能服务国民经济，才能真正成为普通百姓的投资方式之一，股市也才能走出低迷，实现稳定发展。

实例2：中国楼市。2003年以来，政府在人为调控楼市，所采取的手段主要以计划经济手段为主。当调控以短期行为作目标时，通常会发生后遗症。例如，2007年经济过热了，打打房地产。GDP掉下去的时候，就拉一拉房地产。房价涨不涨应该不是政府说了算，而是市场说了算。而这个市场，绝不应该仅仅是买房、卖房的市场，也应该包括廉租房市场②。如果土地制度不改变，土地增值收益分配的大部分收入进了政府的金库③，其结果可能仍是政府在推动抬高房价。又如，由政府和社会资源共同投入巨资兴建的经适房成为了腐败重灾区。像在郑州经适房小区坐拥11套"商品房"的"房妹"④，折射出一个涉及建设、户籍、房源等环节的黑色利益链。郑州市房管局提供的数字显示，2005—2009年，开发商上交至郑州市经适房管理中心供市民公开选购的经适房房源仅占总房源的1/3，其余的都流入"暗渠"。据调查，流失的房源主要集中在三个方面：一是项目在烦琐的审批过程中，职能部门为了部门利益强留房源；二是开发企业在开发建设过程中，为便于疏通各种关系以及照顾自身社会关系，自行预留部分房源；三是管理部门个别工作人员在履行行政审批职能过程中，利用职务之便，索要房源。2011年，郑州市因"经适房腐败"党政纪立案14人，移送司法机关12人，涉案金额1.1亿多元，收缴违纪违法资金5 200多万元。

实例3：民营快递交"份子钱"。随着网购等新型消费模式的出现，快递服务业进入了一个快速发展期。不知道是眼热民营快递业的发展还是其他什么原因，财政部于2012年起草了《邮政普遍服务基金征收使用管理暂行办法》，规定内地快递企业每年将向中国邮政缴纳超过 10 亿元的"份子钱"。中国邮政也是个企业，而且是具有行业垄断权的国企。它已然享受国家拨款，又有企业垄断性带来的高额利润，向同行强制收费，这看似快递缴费，实则成本最终将转嫁给消费者。这种中央集权加计划经济所导致的既践踏公平又增加民众负担的例子还多的是。

2012 年 12 月 14 日，正和岛今日头条有一段非常有意思的对话。一位领导到江苏进行光伏产业调研，问："为什么出现如此严重危机？"答："过去几年投资过热，导致产能暂时过剩，企业恶性竞争，银行失去信心，抽贷压贷，把光伏调整为高危产业。"这个回答真有意思。好像出现危机的原因是银行抽贷压贷。我认为这根本就没有找到问题的根源。原因是在于国内光伏产业发展是有产能无产业政策；有产能无市场，就产业论产业。

这位领导透露国家将出一个对光伏产业发展的指导意见，还将出台几个用于实际操作的配套文件。而银行对光伏骨干企业必须支持。这真是值得思考。作为政府部门，应该协调国内电网对于光伏产业发电并网的政策，创造国内市场对于光伏产业的需求，这才是解决问题的关键。试问如果光伏产业在国内没有市场，在国外遭遇反倾销，再逼迫银行扶持有什么用？不过是扩大无市场需求的产能，把现金变成存货或者引发更激烈的价格战，导致竞争更加不公平而已。

传统的计划经济有八个主要方面。其一，所有生产要素的自由流动为行政指令所取代；其二，经济动力基本排斥利益导向；其三，经济核算由各级政府对所属企业统收统支，统负盈亏；其四，重要经济单位实际上都是政府的分支机构，企业领导都是国家干部，各经济单位按照行政层次、行政区域组织生产；其五，政府的商业网络在流通领域占主导地位，对粮食、住房等重要消费品实行配额供给；其六，经济分配主要按行政职务高低和行业工种划分；其七，主要由政府调配资源从事各行各业的扩大再生产；其八，经济发展目标由政府根据社会、政治、经济、文化等诸因素综合权衡制定。

新中国成立以来的实践证明，中央集权加计划经济的思路应该休矣。为什么？第一，实践的效果并不好。即使拿改革开放30多年后的数据说话，2010年数据显示，我国工业部门，国企占资源42%，创造产出仅27%。第二，从管理原理的角度看，由于调控者对于必要的信息掌握不完全，反应不够迅速（真正了解市场的是企业，不是政府），调控者自身的调控行为有可能掺杂私利等原因，也难以按照中央集权加计划经济的思路对国民经济做到科学有效的调控，反而为调控者利用代理权寻租等腐败行为提供了温床。第三，政府的主要职能应当是宏观调控、市场监管、社会管理和公共服务。而上述计划经济第一、二、三、四、五、六、七方面的做法，政府本身成了商品的生产者，既是运动员又是裁判员，管了很多不应该管也管不好的事。而社会真正需要的市场监管、社会管理和公共服务等公共产品却没有有效提供也没有管好。中欧国际工商学院调查显示，一半本土企业认为政府服务不力，且最大顾虑是"宏观经济调整"。

经过30多年的改革，上述计划经济第二、三、五方面已经基本实现市场化资源配置；第一、四、六、七方面实行的仍然是双轨制，不仅土地生产要素流转、分配制度（如事业单位）等深水区改革没有涉及，而且很多增量也依旧按照计划经济方式在进行分配⑤；第八方面正在由传统的计划经济方式向政府主导方式转变。

当前中国经济发展的危机来自经济的不可持续发展性、失衡性，也来自要求公平公正的社会压力。这些都与体制有关联。"如果制度好的话，可以更低速度获得更高效率。"（博源基金会秦晓）期望政府能够转换中央集权加计划经济的思路，真正按照市场经济的手段来实施上述第一、四、六、七方面的增量改革带动存量改革。中国经济的各个方面才有可能逐步走上健康发展的轨道。

注释

① 丁晓良：《中国由增量改革带动存量改革的方式可持续吗?》，http：//blog. sina. com. cn/s/blog_60f793a50101811m. html。

② 按照美国、德国、中国香港等发达国家和地区的情况，并不是人人都拥有自己的住房，租房市场大约占整个住房市场的30%～40%。

③ 丁晓良：《怎样才能得到下一阶段最大的改革红利?》，http：//blog. sina. com. cn/s/blog_60f793a501019z3r. html。

④《"房妹"折射经适房利益链 河南将全面取消经适房》，http：//news. jwb. com. cn/art/2013/1/11/art_247_2181210. html。

⑤ 见注①。

48. 中国由增量改革带动存量改革的方式可持续吗？

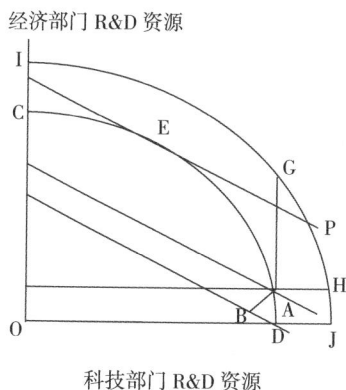
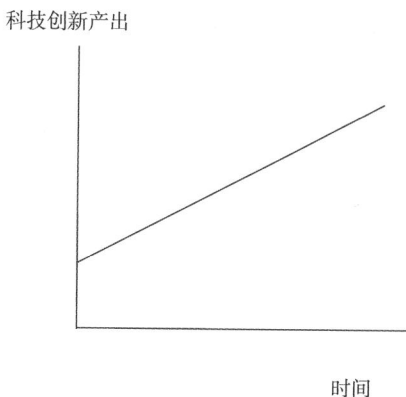

图 1　　　　　　　　　　**图 2**

注：图 1 和图 2 为作者 15 年前提出的增量改革带动存量改革路径和相应的科技创新产出。[①]

15 年前，当我一边意气风发地从事中科院的规划工作和高技术研发管理工作，一边写经济学博士论文时[②]，曾经论述过增量渐进地带动存量调整的规律、中国科技与经济体制的诱致性配套改革模型。当时自己和很多改革者都对于中国市场经济改革的前途信心满满。于是我在 2001 年留学回国后，毅然放弃了 5 个政府部门的正司局长职位和安逸生活，满怀激情辞职下海创业。11年过去了，自己经过市场经济狂涛骇浪的洗礼，创业的艰难，现在已经是白发苍苍。回过头来看，自己当时所坚定信仰的增量渐进地带动存量调整并没有发生。因为新增的资源并没有按照新的更加有效的市场经济机制来配置，而是大部分仍然进入了老的计划经济的轨道。且举几个大家都耳熟能详的例子说明如下。

例一，在中科院、教育部所属高校，老的计划体制得到强化。改革开放初期，中科院曾经提出过"一院两种运行机制"，即组织主要力量上国民经济主战场，按照市场经济机制来管理；保留一支精干的基础研究和资源公益性研究队伍，这实际上也是企望通过增量改革带动存量改革的路线。现在不再提了。因为国家对于科技支持增强，中科院的大部分力量又回到象牙塔中，以发表科研论文、SCI 引用为导向。被引导转制为企业的 16 个研究所愤愤不平，而与地方政府合作新建的 10 个研究所基本上回归老的计划体制。为什么？因为局部的改革进展到一定程度就难以孤军奋进，需要整体的改革了。在上述新建研究所回归老体制例子中，如果中科院不随大流采取传统的、安全系数大的事业单位用人制度，大部分优秀科研人才不会选择到中科院来。因为人都是趋利避害的，更加因为在科研和教育领域，基本还是老的计划经济占主导地位。优秀人才有充分的讨价还价能力去选择安全系数大、经费更加有保障的单位就业。教育部所属高校基本也是这样。比较好的院校教授手上都很有钱，年底突击花钱。科技部的处长手上掌握着大笔科研经费。所谓专家评审也是一种符合程序正义的寻租。行政官员可以在充沛的专家库中按其个人喜好选择有关"专家"，按照领导意志"公平的"、利益均沾的瓜分资源来决定未来的科研方向。凡此种种，实质上都是计划经济回归、市场机制弱化的表现。

例二，科技经济两张皮的现象依然存在。1995 年颁布的《中共中央国务院关于加速科学技术进步的决定》就指出："旧体制下形成的科技系统结构不合理、机构重复设置、力量分散的状况依然存在。"时隔 16 年后，主管科技的国务委员刘延东在 2011 年 6 月 26 日视察中国科学院天津工业生物技术研究所时依然强调，研究分散、封闭和行业分割、投入产出效率不高、缺乏优秀人才脱颖而出的体制机制已成为科技跨越发展的主要障碍。拿国家对科技的投入来说，"十一五"期间年均增长 20%，这在全世界都是罕见的。但是这些增长的经费基本上都按照老的计划经济机制来分配了。

例三，再看看人员向计划经济体制内和体制外的流量，就更加能说明问题。其一，大量企业主用脚投票，移民国外③，这表明其在国内话语权减弱或者失望。其二，1992 年小平同志南巡讲话之后是百万体制内精英辞职下海创业，以致用一个专有名词"92 派"描述这批人，当时年轻人毕业后就业的第一选择是到外企。而现在，年轻人考公务员成了录取比例高达 1/10 000 的大考。哈尔滨数千大学生竞聘清洁工，只为换取进入体制内的入场券。有些人为了解决事业编制问题不惜杀人④。国企成了香饽饽。拿我自己来说，虽然是 1997 年中科院聘用的研究员，但是因为选择了辞职创业，退休工资将仅仅是事业单位同级别同学的 1/2 或更少。这都说明存量没有改革。这将把趋利的社会优质资源分配导向增强计划经济，弱化市场经济。

目前，中国处于继续改革还是革命的十字路口。以前反对革命的一批学者，现在担心矛盾的不断积累将导致革命的可能性；以前坚持渐进式改革的人，包括我自己，现在越来越对改革失去希望。在中国重陷所谓"改革和革命赛跑"的轨道中，我们不禁要问，"中国能否告别革命？"中国由增量改革带动存量改革的方式可持续吗？

答案是两可之间。如果国民经济发展的增量可以按照高效和公平的资源配置方式（如市场经济）来分配，则可用增量继续带动存量改革。改革将进入良性循环。如果还像过去十年一样不仅不敢对存量进行改革，这其中包括对政治体制、公务员待遇、事业单位用人制度等深水区的改革，而且还将增量继续按照老的计划经济分配方式来分配，则存量中的老体制反而得到强化。中国的改革将进入制度锁定状态而停滞，社会矛盾将不断积累以致革命发生。

为国家和全体人民的福祉计，为社会公平正义计，希望中国的当政者坚持由增量改革带动存量改革的路线，并且一定要对于存量进行改革了。

注释

①（1）加强要素组合，推行现代研究所制度和现代企业制度，改革项目管理制度和科研单位会计制度，赋予微观经营单位自主权，改善对于科技创新的激励，调动非寻租既得利益集团的积极性，提高资源利用效率，使得资源配置组合从图1中的B点附近向A点附近移动；（2）微观经营机制改革使得拥有自主权的创新主体（企业家、研究所负责人）将他们可支配的新创造的资源按市场机制配置在更有效率的部门，包括按照"放开一片"的原则，鼓励技术开发型和技术服务型机构自办企业或向企业转化，按照市场机制要求，新增R&D资源配置的动态变动是从图1中的A点向G点方向而不是向H点方向；（3）由于仍然维系着计划的资源配置制度和扭曲的宏观政策环境，国家还控制着旧有的R&D资源并继续将这些资源配置在传统优先发展部门，包括按照"稳住一头"的原则，继续对科技部门予以支持，所以新增资源按市场机制分配不会引起传统优先发展部门产出（包括科技创新产出）的下降；（4）由于引入市场竞争机制和推行现代企业制度，社会对科技创新的需求增加，可以用于R&D的资源增多，资源配置可能性边界由OCD扩大到OIJ，相应的科技创新产出增加，因此，如图2所示，在改革过程中科技创新产出将出现持续的增长并促进经济的增长；（5）随着经济的增长，按新机制配置的新R&D资源进一步增多，按计划经济方式配置的R&D资源占资源总量的相对份额逐渐减小，逐步达

到社会主义市场经济条件下相对产品及要素价格变化所要求的 R&D 资源组合;(6)在此过程中注意引导传统优先发展部门转变运行机制,主动进行内部改革,最终完成向新体制的过渡。

② 丁晓良:《中国科技体制改革的经济学分析》,北京,科学出版社,1998。

③ 据最新统计,个人资产超过 1 亿元的大陆企业主中 27% 已移民,47% 正考虑移民。

④ 2012 年 2 月 18 日,山西大同副市长王伟国被其妻兄周云杀害。原因是周云多次找王要求在退休前从企业调到事业单位工作并要求调整儿子的工作单位均未果,心生不满遂对王报复。详见 http://news.ifeng.com/main-land/detail_2012_02/19/12617987_0.shtml。

49. 如何对一个经济体的健康程度号脉？

    如何衡量一个社会的健康程度？2013 年 1 月 8 日，中科院国家健康研究组发布《国家健康报告》，将全球 100 个样本国家的国家健康状况分为"健康盈余型"、"健康达标型"、"健康透支型"和"健康脆弱型"四类。其研究显示：2011 年，中国国家健康指数（NHI）在 100 个样本国家中列第 11 位，高于美英法等发达国家，居"健康达标型"国家之首。美国则居"健康透支型"国家首位。具有讽刺意义的是，中国社科院于同月 7 日在北京发布《中国社会心态研究报告 2012—2013 年》显示，中国社会总体信任指标进一步下降，低于 60 分的"及格线"，出现了人际间不信任扩大化、群体间不信任加深等新的特点，表现为官民、警民、医患、民商等社会关系的不信任，并导致社会的内耗和冲突加大。一个缺乏社会自调节机制[①]，缺乏创新能力[②]，国民幸福指数下降，腐败蔓延，连道貌岸然、满嘴马克思主义的中央编译局局长都一肚子男盗女娼[③]，"房妹"、"房叔"、"房婶"、"房姐"、"房祖宗"[④]遍地，缺乏公平正义，收入差距扩大[⑤]，社会信任指数下降，环境污染严重，连日常食品、饮水[⑥]、每时每刻呼吸的空气都缺乏安全感的国家能说健康吗？

　　无独有偶，同月 10 日，美国传统基金会发表"2013 经济自由度指数"报告，在全球 177 个经济体中，中国香港连续 19 年成为全球最自由的经济体，印度排 119 名，中国大陆排 136 位。报告称赞香港具有高度竞争力的规管制度、有效率和具有透明度的法律框架，并以廉洁著称。在贸易自由及金融自由蝉联榜首，在投资自由与产权保障则保持第二位。新加坡紧随其后。

　　在这么多矛盾的数据及其发布者背后，我们看到的是话语权之争。我们可以理解中科院国家健康研究组为中国争取话语权的善意，但是我作为一个到过报告中所评述的大部分国家的普通中国人，我的现实感受与中科院的这份报告的结论是不符的。这个报告的内容和中科院国家健康研究组的权威性均受到公众质疑。尤其是对于报告中提出的预计到 2049 年，中国一定能够全面超越美国的结论。有不少媒体提出来要警惕新的"赶英超美论"。对此，中国科学院及中国科学院科技政策与管理科学研究所均表示，没有授权发布此次报告，《国家健康报告》只是中科院研究员个人发布的一个研究结果[⑦]。

　　这个闹剧说明客观地衡量一个社会的健康程度之重要。为了既不盲目自大，又不妄自菲薄，我们需要有一套科学的度量指标，及现实可行的调查取样方法。这里试建议如下。

　　1. 社会治理是否具有自调节机制、自纠错机制。度量方法有两方面。一是看是否有对于领导人的权力制约机制，领导人的产生是否有定期调整的机制。对于贪污腐败的治理机制。二是选取有代表性的样本进行社会民意调查。

2. 经济是否具有自由度？度量方法为劳动力、土地等生产要素是否可以自由流动，使资源更容易到达使用效率更高的人手里。

3. 货币是人人都需要的商品，是企业和国家的粮道和血源。一个经济体，是否拥有独立的货币发行权？是否具有普世公信力的货币体系（硬通货）和金融系统？还是明知美元在不断贬值也必须要买进美国国债？让本国人民变相地接受美国通货膨胀的盘剥，是这个经济体是否能够健康地自立于世界民族之林的重要度量。

4. 社会是否具有创新活力？一个健康的社会不仅仅是一个只会模仿西方规模化生产的社会，甚至不是只有领先的科技和强大的军事力量，而是有引领世界文明方向的伟大思想和理念，有建立更加公平、公正的世界规则的胆略和能力。度量方法有两方面。一是看中国在世界上科技、思想、文化、制度创新的地位，其表征可以是国际上公认的奖项获得情况，著作、品牌、专利、制度的影响力调查。二是选取有代表性的样本进行社会民意调查。

5. 资源环境的可持续供给和发展能力。度量方法有两方面。一是看该社会所需要的资源可持续供给能力，环境净化是否大于环境污染？二是选取有代表性的样本进行社会民意调查。

6. 社会民众的生活满意度。度量方法可以借鉴社科院调查方法。这次蓝皮书生活满意度采用的是"中国民生指数"课题组的数据。该调查委托国家统计局社情民意调查中心分别于 2011 年和 2012 年在全国 31 个省、市、自治区进行了两次大规模的电话问卷调查，共获得有效问卷51 100份。[8]。

7. 社会民众文明程度。包括民众的信仰是否符合人类作为一个群体在一起共同生活的规范，也就是普世价值观。度量方法有两方面。一是看该社会的宗教信仰或价值观在世界上的影响力调查。二是选取有代表性的样本进行社会文明程度调查。

8. 社会分配的公平尺度。2013 年 1 月 18 日，国家统计局公布了官方统计的十年来中国基尼系数。数据集中在 0.47 ~ 0.49。但 2012 年 12 月，西南财经大学发布的报告却显示，2010 年中国基尼系数为 0.61。西南财经大学的数据是老师带学生在各地登门收集的，国家统计局的数据来源没有公开。如果想要服众，国家统计局的调查方法和数据来源也需要透明。如果考虑到非法收入、寻租收入等因素，基尼系数很可能还将上升。

拿上述八把尺子和听诊器量一量、测一测，中国社会的健康是否达标？应该是不言自明了吧。

注释

① 丁晓良：《什么是当前中国最主要的制度文明创新?》，http：// blog. sina. com. cn/s/blog_60f793a5010165ai. html。

② 丁晓良：《由历史唯物主义观看中国科技为何会落后》，见《中国科技体制改革的经济学分析》，北京，科学出版社，1998。

③ 据中央编译局女博士后常艳记载，中央编译局局长衣俊卿与常艳等 3 个女博士后有不正当关系，美其名曰"潜规则"。详见 http：//www. hb. xinhuanet. com/2013 - 01/18/c_114423112. htm。

④《郑州房妹事件揭当地经适房黑幕》，http：//news. qq. com/a/201 30104/000951. htm；《济南历城区原公安局长被曝拥有 16 栋楼被称"房祖宗"》，http：//www. dzwww. com/xinwen/xinwenzhuanti/2008/ggkf30zn/ 201301/t20130123_8118 355. htm。

⑤ 意大利经济学家基尼于 1922 年提出基尼系数，测定居民收入分配差异程度。其数值在 0 和 1 之间。越接近 0 表示分配越趋向平等。国际标准通常把 0.4 作为警戒线。大于 0.4 易出现社会动荡。发达国家系数一般在 0.2 左右，非洲国家在 0.5 左右。2000 年，中国基尼系数为 0.412。国家统计局 2013 年初公布的 2008 年基尼系数曾达到 0.491，2012 年为 0.474（http://news.21cn.com/hot/cn/2013/01/18/14444679.shtml）。但据 2012 年 12 月西南财经大学发布的报告显示，2010 年中国基尼系数已经达到 0.61。不论是哪个渠道的数据来源，中国的收入差距在扩大已经是不争的事实。

⑥《北京研究饮用水水质夫妇已 20 年不喝自来水》，http://www.21food.cn/html/news/2602/720894.htm。

⑦《中科院否认授权发布〈国家健康报告〉》，http://www.zgjrzk.com/news/201301/1357916485177371.html。

⑧《社科院报告显示中国社会陷入信任危机》，http://www.hljtv.com/2013/0112/330487.shtml。

50. 怎样才能得到下一阶段最大的改革红利?

图　新华社配发①

在改革开放的前 30 年，改革红利、人口红利、资源的掠夺性开采②为发展提供了动力。现在，中国人口的老龄化③、人力成本的上升已经大大地减小了中国人力资源相对于东南亚等国的竞争力，资源的掠夺性开采难以为继，增量按照计划经济的方式分配也大大地减小了改革红利④，未来发展的潜力必须也只能是挖掘改革红利了。从本质上说，改革红利就是改革不合理制度所得到的资源配置结构优化增量，产出率提高增量。那么，什么是下一阶段最大的改革红利呢？2012 年 12 月召开的 2013 年中央经济工作会议指出："城镇化是我国现代化建设的历史任务，也是扩大内需的最大潜力所在。"这被官方媒体和有关专家解读为"'新型城镇化'将成为最大的改革红利"。那么我们怎样做才能得到这个红利呢？

　　让我们先看看中国城镇化的现状。国家统计局发布的数据显示，2011 年我国城镇化率达到 51.27%，但按户籍人口计算的城镇化率仅达 35% 左右。而清华大学中国经济数据中心调查数据称目前非农户籍人口仅占总人口的 27.6%[⑤]。即使按照国家统计局发布的数据，也远低于发达国家近 80% 的平均水平。全国人大常委会委员、经济学家辜胜阻分析称，近 2 亿生活在城镇里的人没有城镇户口及享有城镇居民待遇，大量的农民工实现了地域转移和职业转换，却没有实现身份和地位的转变，这样的城镇化是一种"半城镇化"。

　　所谓城镇化，就是指农村人口不断向城镇转移，从而使城镇数量增加、规模扩大的一种历史过程。新型城镇化作为一种社会历史现象，不是简单的人口比例增加和城市面积扩张，那样反而会带来贫民窟、失业等大城市病。更重要的是实现产业结构、就业方式、人居环境、社会保障等一系列由"乡"到"城"的重要转变。也就是说新型城镇化确实是也只能是改革的结果。那么，我们要问怎样才能实现农民工身份和地位的转变，怎样才能实现产业结构、就业方式、人居环境、社会保障等一系列由"乡"到"城"的重要转变呢？我认为是人、土地等生产要素能够按照人自己的意愿（土地等生产要素按照其所有者意愿），根据市场经济需要合理定价并且自由流动，合理配置的结果。如果人为地阻碍上述生产要素自由流动，就会出现上面辜胜阻所说的"半城镇化"现象。

　　为了实现生产要素的自由流动，合理配置，当务之急是：（1）改革束缚人自由流动的户籍管理制度。为稳妥起见，可从中小城市先行试点。（2）明确农村耕地、集体建设用地、宅基地的产权。在现阶段，农村耕地产权还体现为承包权，宅基地还不允许买卖。依据《中华人民共和国农村土地承包法》，耕地的承包期为三十年，草地的承包期为三十年至五十年，林地的承包期为三十年至七十年。这一期限太短，以至于影响到在土地上进行的长期投资和有效的流转。目前，土地这一最大的生产要素还是游离于市场之外。为此，需要进行新时期的和平土改。同样，随着经济发展和城市化进程的加快，农村集体建设用地的资产性质逐渐显现出来，以出让、转让（含土地使用权作价出资、入股、联营、兼并和置换等）、出租和抵押等形式自发流转其使用权的行为屡有发生，在数量和规模上有不断扩大的趋势。这种情况在经济较为发达的珠江三角洲地区尤为突出。据 2005 年统计，珠三角地区通过流转的方式使用农村集体建设用地实际超过集体建设用地的 50%，而在粤东、粤西及粤北等地，这一比例也超过 20%。由于没有纳入统一土地市场，这种自发性的流转带来许多问题，如随意占用耕地出让、转让、出租用于非农建设，低价出让、转让和出租农村集体建设用地，随意改变建设用途，用地权属不清诱发纠纷等。为此，广东省政府于 2005 年发布了《广东省集体建设用地使用权流转管理办法》。之后，河北省、成都、南京、苏州、昆明等地方政府也都发布了类似的管理办法。目前亟须从国家层面出台有效的政策。（3）改革土地增值收益分配。按照我国法律规定，土地所有权不能进入市场进行交易和流转，集体土地所有权进入城市土地市场只能由国家征收，国家垄断集体土地的征收权以及城市土地一级市场，这使得土地征收过程和由此产生的补偿对农民及集体土地所有者极为不公平。因为现行的补偿标准是按《土地管理法》的相关规定执行的，实行的是"年产值倍数法"，补偿标准低。征用耕地的补偿费用包括土地补偿费、安置补助费以及地上附着物和青苗的补偿费，补偿总和不得超过土地被征用前三年平均年产值的三十倍。以 2008 年武汉市周边耕地为例,一般耕地的前三年平均年产值为 1 800 元/亩,即使按最高倍数补偿,征收每亩耕地的补偿费总额也仅为 5.4 万元。由于城乡分割的二元制土地结构和土地价格双轨制的制度安排,农村集体经济组织和农民不能参与土地增值收益的分享。土地增值收益全部由政府、房地产开发企业及其他的用地者享有。目前土地增值收益分配中政府占有份额偏高,作为土地使用权所有者的集体和农民占有份额偏低[6]。之所以出现这种不公平的状况,根本原因在于城市利益集团、地方政府甚至相关主管部门,出于依靠寻租可以得到的既得利益或部门权力考虑,都不愿意作出改变,甚至还有意阻碍改革。据英国《金融时报》报道,IMF、穆迪、惠誉及高盛等近期纷纷表达对中国地方政府债务的担忧。IMF 指出,中国 80% 被调查的城市称会以销售土地来偿付债务。据估计,如今中国各省、市、县和村的债务总额介于 10 万亿元至 20 万亿元,规模上相当于中国经济的 20% ~ 40%[7]。未来土地增值收益分配方式,有两种模式可供选择。一是目前政府主导模式。政府垄断城市建设用地市场,农民集体土地转为城市建设用地仍须先征收为国有。与此同时,政府提高补偿标准。这种方式的缺点,就是土地这一最重要生产要素的供求、自由流动为国家垄断,主要由政府调配土地资源从事各行各业的扩大再生产。这是典型的计划经济做法[8],政府本身既是运动员又是裁判员,管了不应该管也管不好的事。而土地作为生产要素的产权确定、土地交易市场建设与监管等公共服务产品却没有有效提供也没有管好,以致引火烧身,民怨沸腾,政府自身成了矛盾焦点。第二种模式,在各地建立公开的土地交易市场。政府允许可以流转的土地按照公开程序进入城市建设用地一级市场上市交易,使得资源更容易到达使用效率更高的人手里。出让土地的集体和农民获得土地出让金或租金，政府以向集体和农民收取相关税收的方式参与土地增值收益分配。应当说，第二种模式更有利于解决区域经济发展不平衡问题，更有利于缩小城乡差距。如果仍然采用由政府主导统一制定补偿标准，很难适应我国地区经济发展不平衡特点。补偿标准定高了，比较符合经济发达地区政府，经济不发达地区政府可能承受不起；补偿标准定低了，经济不发达地区政府可以承受，经济发达地区农民却不愿意。况且全国统一补偿标准，征地成本相差不大，不利于经济发达地区产业资本向不发达地区转移，不利于缩小地区差距。如果由市场来主导，那效率就提高了。经济发达地区地价高，集体和农民收益多；经济不发达地区地价低，集体和农民收益也低。由于经济不发达地区地价低，投资成本也低，发达地区的产业就会向不发达地区转移。因此，由市场来定地价，对缩小地区差异有好处。此外，允许集体建设用地直接进入一级市场，将大大提高集体和农民在土地增值收益分配中的比例，对于缩小城乡差距也有好处。因此，第二种模式更符合社会主义市场经济体制的要求，也更符合城乡一体化要求。正如秘鲁经济学家德·索托在《另一条道路》中所指出，如果穷人手里的资产有一个良好的界定，有一个法律认可，有一个有效流转，那么九个发展中国家大概是 20 个发达国家资本市场的总值，就可以用改革而不是拉美激进主义革命解决发展的问题。

综上所述，实现人和土地等生产要素的自由流动是得到最大的改革红利——新型城镇化的关键。为实现这样的自由流动，国家需要支出的成本是改革户籍制度，对土地确权并放弃垄断土地交易。这些促进劳动力和土地等生产要素自由流动的政策还将带来一个对于国家未来发展至关重要的副产品，即有助于促进中国成为创新型国家。因为，"劳动力、资本、产品和思想的自由市场，被证明是创新和技术变革的最肥沃的土壤"⑨。

注释

①2012 年 12 月 19 日人民日报海外版：中国城镇化城外最大改革红利，须防止"贪大求洋"。新华社配发此图。

② 我大学本科是学采矿的。据我所知，很多地方的矿山，如果采取留保安矿柱，贫富矿均衡开采，稳定选矿的工艺本来可以开采 60 年，但是采取采富矿丢贫矿，不留保安矿柱等掠夺性开采方式，也就只能开采 20 年—30 年。有些人称为资源红利，我认为是掠夺式开采，实际上是把子孙后代的饭碗给砸了，不应该算做红利。

③ 我国已经进入并将长期处于老龄化社会。从 2011 年开始，我国将在未来 5 年内出现第一个老年人口增长高峰，60 岁以上老人将从 1.78 亿增加到 2015 年的 2.21 亿。北京市 2012 年老龄人口已经达到 245 万人，占户籍人口总数的 1/5。预计到 2055 年，我国老年人口将达到峰值，即多达 4.72 亿。如果届时总人口 15 亿左右，那就相当于每 3 人中有一个 60 岁以上老人。

④ 丁晓良：《中国由增量改革带动存量改革的方式可持续吗?》，http：//blog. sina. com. cn/s/blog_60f793a50101811m. html。

⑤ 全球通凤凰周刊，2013 - 01 - 28。

⑥ 根据农业部农村经济研究中心研究员廖洪乐 2008 年的一项研究（第一财经日报，2012 年 11 月 30 日，http：//www. p5w. net/news/cjxw/201211/t4610128. htm），以全国土地出让为例，1995 年全国每公顷土地出让金纯收益为 66.1 万元，其中政府获得 47.2 万元，集体和农民获得 18.9 万元，政府与集体和农民的土地增值收益分配比为 2.5∶1。到了 2005 年，这个比例扩大到了 9.7∶1。集体和农民土地增值收益分配比例不断降低，直接原因在于征地补偿标准提高幅度远跟不上地价上涨幅度。比如，

1995—2005 年，全国土地出让价格平均上涨了 3.6 倍，而征地补偿标准只提高了 0.5 倍。如果与政府商业用地出让收入相比，集体和农民在土地增值收益分配中的比例会更低。根据廖洪乐 2007 年对东部地区某县级市的调查，政府征收农民水田、集体建设用地和未利用土地用于商业开发时，政府与集体和农民的土地增值收益分配比分别为 48∶1、98∶1 和 196∶1。另据上海市社科院提供的数据表明（《21 世纪经济报道》2006 年 6 月 23 日，第 5 版），长三角农地征用价格为 37.5 万元 ~ 45 万元/公顷，农地出让价格（农地转为城市建设用地后出让）为 210 万元 ~ 525 万元/公顷（一级市场），农地市场价格（农地转为城市建设用地后经出让再转让）为 1 125 万元 ~ 2 250 万元/公顷（二、三级市场）。由此看出，农村集体及农民所得到的农地征用价格大概为出让价格的1/10,而农地出让价格又大概是农地市场价格的1/5。

⑦《每日推荐》，正和岛，2013 – 4 – 17。

⑧ 丁晓良：《按照中央集权加计划经济思路能够调控好国民经济吗?》，http：//blog. sina. com. cn/s/blog_60f793a501018441. html。

⑨ 萨缪尔森:《经济学》，第 18 版，630 页，北京，人民邮电出版社。

51. 中国传统的发展方式还能够持续下去吗?

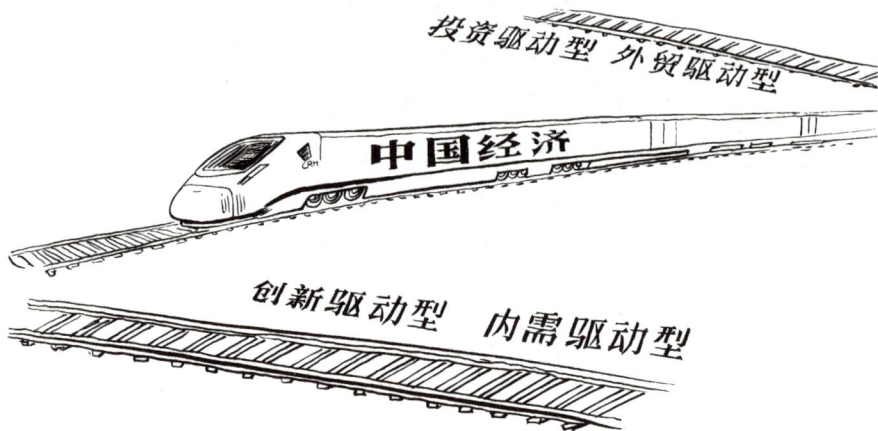

2012 年 4 月,我在武汉参加中国绿公司年会,非常有感触。

中国的一次能源消费占全球总量 21.3%,碳排放占全球总量 25%,使用了世界最大的劳动大军,得到了全世界 14.3% 的 GDP。到 2035 年,中国的能源消费将比第二的能源消费大国 (美国)高出 70%。如果没有适当的措施,碳排放占全球总量的比例将进一步提高。中欧国际工商学院许小年教授给出的中国各个行业的产能表更是触目惊心,投资增长多年超过 GDP 增长率,每年 30%,很多是增加没有销路的产能,使产能过剩进一步深化,经济增长方式难以转轨。2012 年 GDP 增长速度由 2011 年的 12% 降至 7.7%。以上种种现象都表明靠传统的投资拉动经济增长模式的难以为继,被迫结束。

从 1987 年中共十三大明确提出,要“使经济建设转到依靠科技进步和提高劳动者素质的轨道上来”,到现在,26 个年头过去了。尽管后续的中共十四大、十四届五中全会和后来的历次党代表大会、全会都反复提出这一要求，但中国经济的巨大列车似乎像失去控制一样对于执政者的要求不管不顾，始终在沿着粗放经营、投资驱动的轨道前进。看来不是大家不明事理，但是为什么始终不能转轨？究其原因，减肥的过程总是痛苦的，好大喜功是执政者从大跃进到现在的通病。执政者对于转轨的口头号召远大于认真落实促进转轨的实际行动，对于无效 GDP[①]、产能规模扩大等外延性指标的重视远胜于节能降耗等内涵性指标的减小。更有甚者，2008 年全球金融危机所带来的外贸市场减小，本可以成为中国调整产业结构、转轨的良机，但是不知道执政者是不懂经济还是短期行为，反而拿出四万亿元饮鸩止渴，并要求地方政府配套十八万亿元，其结果，全面扩大了过剩的产能和地方政府的债务规模。

从对人类负责、也是对中国人自己负责的角度讲，中国传统的增长方式必须转轨。下一步必须进一步深化体制改革，进行行业重组，减少过剩产能；弱化政府经济职能，重振民营经济；加强产权保护，使得民间有对于创新的长期投资的动力。

注释

① 像鄂尔多斯耗资 50 多亿元打造的、面积达 32 平方公里的康巴什新城——鬼城，堪称中国房地产泡沫最佳展品。到现在为止，这个为 100 万人居住、生活和娱乐而设计的城市仅居住 2.86 万人。东胜老城人满为患，新城鲜见人影。还有东部各发达县城所建的政府豪华办公楼、人迹稀少的图书馆、体育馆等所谓政绩的标志性工程，都是无效 GDP 的见证。

52. "国五条" 带来的二手房交易
高低潮和离婚潮说明了什么?

图　2013 年 3 月 4 日，南京华侨路房产交易中心拥挤异常，
很多市民赶来办理二手房过户

　　2013 年 2 月 20 日，国务院常务会议确定了五项加强房地产市场调控的政策措施（俗称"国五条"）。2013 年 2 月 26 日，"国五条"以国办发〔2013〕17 号文发布。本来执政者的用意是想抑制房价过快上涨，哪知道这五条一出，反而引发了两个怪象。

　　怪象一，本来抑制房地产的降温之法，却成了引发市场疯狂的虎狼之药。基于过去 10 多年对政策游戏规则娴熟的把握，以及对调控周期的老到经验，中国民众以"集体行动的逻辑"，在政策出台的瞬间坚决看涨并出手购房，给予房地产调控政策莫大的讽刺。受楼市调控新政刺激，购房者抢搭政策末班车。据中原地产研究中心统计数据显示：3 月全国主要 54 个城市住宅交易签约套数达到了 307 090 套，环比上涨 95%。

其中，尤为突出的是 3 月北京市二手住宅网签总量达到了 43 780 套，环比上月网签量大幅上涨了 332.5%，与去年同期的网签量相比也大幅上涨了 294%，创有史以来单月新高。3 月新增房源环比上涨 146.3%，业主短期出售意愿迅速增强。该月北京二手住宅成交均价为 27 301 元/平方米，环比上涨 7.5%，涨幅也较前两个月明显增加。新建住宅签约 19 398 套，创 2010 年来新高。二者合计总网签量为 63 178 套，创造了北京楼市签约的最高历史纪录[①]。20% 的住房交易所得税，显著增加了交易成本，在热点城市住房仍为卖方市场的情况下，这种本来应由卖方负担的税负会轻易地转嫁到购房者头上。而且，二手房价的提高，又会进一步推涨一手楼盘和房屋租金。北京 3 月开盘的新房，几乎都提高了开盘价即为明证。在 3 月下半月，全国各地新建住宅加速入市。最近 2 周，很多二三线城市都出现了日光盘的现象，大部分项目的价格相比之前也有明显上涨。

怪象二，从没听说过的凌晨三四点排队离婚的怪象出现了[②]。2012 年，天津市协议离婚 30 315 对，平均每周 600 对左右。而 2013 年，仅 3 月 4 日到 8 日这一周就达到 1 255 对，比前一周增加了 470 对。为什么人们扎堆儿离婚呢，因为"国五条"规定出售自有住房时，能核实房屋原值的，要按转让所得的 20% 计征个人所得税。而依照国家规定，个人转让自用 5 年以上，并且是家庭唯一生活用房的所得，可以免税。离婚费为 10 元（沪价涉［90］128 号），结婚的费用是 9 元（价费字［92］249 号）。离婚后卖方能够合法避税几十万元，一些夫妻因此而"离婚避税"，但是继续在一起生活，"非法同居"，等到卖房以后再复婚。

实践证明，目前的中国政府，继续采取中央集权加计划经济的方式已经在房价调控方面陷入了进退两难的困境。这说明了以下几个问题。

第一，全国人大授予国务院征收税款的权力太随意。税收本来应该是全国人大的权力。1984年，全国人大常委会授权国务院改革工商税制和发布试行有关税收条例（草案）。接着在1985年，全国人大又授权国务院在经济体制改革与对外开放方面可以制定暂行规定或条例。到目前为止，我国的19种税收中除了个人所得税与企业所得税是由全国人大立法外，其他89.5的税种都是由立法机关授权国务院制定的暂行条例。国务院能不断开征新税，而民众却无抗辩之权。我国现在没有统一《税法》，这就意味着到底我们征哪些税种，没有一个法律的规定，国务院可以自己任意的来增加税种，所以这个权限的放开是太大了。这两次授权，几乎把所有税收事项都授权给政府部门决定，并不符合法律保留原则。另外，这两次授权也没有列出明确目的，没有遵循"一事一权"原则，其授权范围，极为宽泛，只笼统说了授权范围是"改革工商税制"与"经济体制改革和对外开放方面的问题"。试想，有哪几个事项不属于"经济体制改革和对外开放方面的问题"？这是法律上不允许出现的"空白授权"，并不合理。此外，一些征税的行政法规还被经国务院再一次转授权，由财政部或国家税务总局制定，这不符合"被授权机关不得将该项权力转授给其他机关"的基本原则。那两次授权也没有规定时效，1985年的授权到今年已有28年，国务院依然依据这一授权行使税收立法权。

第二，国务院并没有慎用人大赋予的权力。作此决策时并没有经过若干大中城市的认真调研，开研讨会、听证会，听取专家和消费者意见。通过这件事，吃一堑长一智，我们的国家才能够前进。

教训一，"汝果欲学诗，功夫在诗外"③。住房涨价的最主要原因实际是通货膨胀。朱镕基任总理期间房价没怎么涨，最主要的原因是那个期间币值相对稳定，通货膨胀率控制在2%以下④。其经济政策的核心为"结构调整"；主要的政策手段为"积极的财政政策和稳健的货币政策"。如果按照"朱规"的"结构调整"观点和"积极的财政政策和稳健的货币政策"的精神⑤，对于2008年世界金融危机，中国政府本可以此为契机，逼迫国内的产业调整，为下一次经济腾飞作准备。因为，一方面，当时的出口拉动结构已经很难扩张；另一方面中国靠拼资源、污染环境、压低国内劳动力价格的粗放发展方式已经变得不可持续，这个结构必须要调整。可惜，中国摒弃了"朱规"，制定了4万亿元的投资计划，并积极推行所谓的"宽松的货币政策"。据我的温州亲戚说，2008年很多中小企业明明只需要100万元流动资金，但是银行以增加授信额度、利息打折等手段想方设法鼓励中小企业多贷。企业从银行多贷的钱除了用做正常流动资金外，其余的钱为了保值增值就需要投资，但很多投资领域对民企是封闭的，因此这些多贷的钱大部分流向房地产。我另外一个深圳的亲戚说，2009年她以房产为抵押从银行贷款买房，利率比正常利率打7折。根据央行4月11日发布的统计数据，截至3月末，中国货币供应量余额103.61万亿元，同比增长15.7%，首次突破100万亿元大关⑥，成为世界第一。从2002年初的16万亿元，到如今超过100万亿元，10多年里中国货币供应量增长近6.5倍。但是中国的GDP仅仅从2002年的120 332.7亿元增长为2012年的519 322亿元，大约增长了4.3倍。假定一个经济体货币流通速度不变，通货膨胀率为零，则经济发展所需要发行的货币增长量应该与该经济体的 GDP 增长量相等。而现在中国货币增长量远大于 GDP 增长量。多发行的货币必然造成通货膨胀[⑦]，老百姓的钱存在银行就是贬值。聚沙成塔，大量的民间资本需要寻找保值增值的渠道。但是国家又没有向民间资本开放适当的投资渠道，中国的股市又是以套老百姓钱为主。因此民众为了货币保值只好纷纷抛出货币，购买房产，以致房地产泡沫进一步扩大。以北京为例，房价的明显攀升就是从 2008 年开始的。朱镕基时期中国经济政策中的主要目标，"一个确保（确保中国年经济增长达到 8%，通货膨胀控制在 3% 之内）"已经不复存在。所以，抑制房价上涨的最根本解决之道是要抑制通货膨胀，并且要整顿股市，开放国企垄断领域，例如，通信、铁路、石化、金融等，让民间资本有可以投资、保值增值、转向实体经济的途径。国家也可以得到不是靠超发货币的经济发展资本。

教训二，房地产调控重点应当从增量房转向存量房。从交易环节转向持有环节。过去十年，是中国房地产市场发展最快的十年，最具里程碑意义的是，经过十多年的快速发展，中国住房市场出现明显的结构性变化，住房绝对短缺的时代已经结束。以 2013 年政府工作报告的数据为例。到 2012 年年底，中国城镇和农村人均住房面积 32.9 平方米和 37.1 平方米，而到 2012 年年底，中国的城镇人口为 71 182 万人，这意味着，官方统计的城镇住房存量面积为 234 亿多平方米，这还不包括 60 多亿平方米小产权房以及一些单位的福利分房，如果算上小产权房和福利分房，城镇存量房面积保守估计超过 300 亿平方米，人均住房面积早就超过了 35 平方米。而世界各国的经验表明，在人均住房面积达到 30 平方米 ~ 35 平方米之前，会保持较旺盛的住房需求，之后，城镇住房的绝对短缺时代将宣告结束，住房供应进入平稳阶段。如果按照目前人均 35 平方米来看，中国目前的城镇居民住房已经接近德国、法国、日本（分别为：38 平方米、37 平方米、31 平方米）20 世纪 90 年代的水平。即使未来中国加快城镇化的步伐，每年房地产投资只要保持 15% 的增速，新房竣工量只要达到 5 亿平方米，就完全可以满足城镇化新增人口的住房需求。事实上，过去五年房地产开发投资和住房竣工量远远高于此。政府面对的是一个总体上满足了需求的存量为主的市场，而不是增量为主的市场，管理层需要做的是扎扎实实地去搞信息联网、房产实名制、征收房产税的基础建设以及市场交易秩序，而开发商则需调整经营思维，去适应房地产从卖方到买方市场的转换。目前，住房方面的主要问题是分配不均，一部分家庭房子较多，另一部分是居住条件较差。当然也不能追求简单的平均。政策调整的思路应该是把持有房子的成本增加，交易环节的成本降低。这样就会促进房子从不用的人手上向亟须用的人手上转移。可是"国五条"现在出台的思路是增加流通环节的税费。这大概还是因为流通环节税费容易征收吧。但是，政策制定者却没想到这条政策真正实施后反而会抑制二手房的交易，在关闸之前的突击交易高潮后二手房交易进入了低潮⑧，在北京、上海、广州、深圳等一线城市二手房交易量已经超过新房的情况下，"国五条"的实施将使得不合理的存量相对固化，政策调控的方向与应该达到的效果相反。

教训三：中国文化的传统是农耕文明，大家信奉耕者有其田，经商的人赚了钱也多用于购买土地，从事地租盈利⑨。现在则转换为居者有其屋，各阶层的人攒了些钱多用于购买房产，除了自住外就从事房租盈利。政府需要引导消费者，幸福生活并不见得是家家都必须拥有自有住房。按照美国、德国、中国香港等发达国家和地区的情况，自有住房者和租房者之间存在一个适当的比例。租房者大约占整个人口比例的 30% ~ 40%。

教训四：如果真正想让房价降下来，政府就必须从垄断土地交易，获得大部分好处中退出。让市场发挥作用。其中的道理，我在讨论怎样才能得到下一阶段最大的改革红利时已经说过[⑩]。目前的现状，根据长期关注研究中国农村土地制度的农业部农村经济研究中心研究员廖洪乐 2007 年对东部地区某县级市的调查，政府征收农民水田、集体建设用地和未利用土地用于商业开发时，政府与集体和农民的土地增值收益分配比分别为 48:1、98:1 和 196:1[⑪]。福布斯中文网总编辑周健工于 2013 年 4 月 3 日在微博上发布一条信息，综合了来自国家统计局和财政部 2012 年的统计数据后指出："2012 年房地产业销售 6.4 万亿元，缴纳契税 2 874 亿元，房产税 1 372 亿元，营业税 4 051 亿元，土地增值税 2 719 亿元，缴税合计约 1.1 万亿元，银行房贷余额 12 万亿元，获 8 400 亿元利息，土地收入 28 517 亿元，政府和银行从房地产获得收入 47 917 亿元，占 6.4 万亿元收入的 75%。"南都记者根据财政部公布的数据，验证了此说法的准确性[⑫]。其中，土地出让金历来是政府从房地产行业中收取的最大比重收入，一般会占到房屋销售价值的 40% 左右。其他税费主要有 11 种，包括营业税、增值税、土地增值税、房产税、城镇土地使用税、契税、耕地占用税、企业所得税、个人所得税、印花税、城市维护建设税和教育附加费。来自全国工商联房地产商会的数据显示，上海房地产开发项目总销售收入中流向政府的份额最高为 61.84%，而北京市房地产开发项目总销售收入中有 42.42% 的份额流向政府。

教训五：政策不能"一刀切"。不同城市需要区别对待。在住房市场供求已经总体平衡的情况下，虽然北京等一线城市需求依旧旺盛，但很多三线以下的城市住房已经出现过剩，"一刀切"的调控只会扰乱市场。未来能够真正稳定房地产预期的，是基于长远的制度举措，而非中央集权加计划经济思路的调控思维。

注释

① 刘狄，54 个城市 3 月住宅成交量暴涨 9 成　北京创最高纪录，详见 http：//news. qq. com/a/20130402/000131. htm。

② 天津出现市民为卖房避税半夜排队离婚现象，详见 http：//news. qq. com/a/20130403/000300. htm。

③ 陆放翁曾告诫他的儿子说："汝果欲学诗，功夫在诗外。"

④ 朱镕基于 1991 年 4 月 8 日开始担任副总理，但是其对中国经济政策之主宰应始于 1993 年起担任第一副总理，1993 年 6 月亲任中国人民银行行长，后 1998 年接任总理直至 2003 年退任为止，前后共十年。朱镕基总理任内经济平稳增长，即经济增长速度保持 8% 以上，通货膨胀率控制在 2% 以下。

⑤ 于晓华：《朱镕基退任总理》，http：//wenku. baidu. com/view/0bfc0b7a31b765 ce050814f5. html。

⑥ 中国货币供应量首破 100 万亿元，全球通凤凰观察，2013 - 04 - 11。

⑦ 假定货币流通速度不变，可以近似认为通货膨胀率＋实际 GDP 增长率＝货币的供应量 M 的变动量。例如，一个国家实际 GDP 增长率 10%，实际货币供应量增长 15%，那么通货膨胀率就是 5%。

⑧ 青岛二手房交易下降明显　买卖双方怕上税放弃交易，http：//news. ifeng. com/gundong/detail_2013_03/27/23584302_0. shtml。

⑨ 例如明代中叶成化年间（1465—1487 年）丝织业中张翰的祖辈，从只有一张织机的小生产者逐渐发展成具有二十几张织机的工场主后，到张翰一辈，已不再从事丝织业生产，而是读书中举做官，置买田产，变成了地主官僚（凌耀伦，熊甫，斐倜：《中国近代经济史》，重庆，重庆出版

社，1982）。

⑩ 丁晓良：《怎样才能得到下一阶段最大的改革红利?》http：//blog.
sina. com. cn/s/blog_60f793a501019z3r. html。

⑪ 刘展超：《土地增值收益分配尚不合理　农民所得比例偏低》，
http：//www.　p5w.　net/news/cjxw/201211/t4610128. htm。

⑫ 全国去年房地产销售6.4万亿元交给政府近4万亿元，详见http://
news. qq. com/a/20130404/000099. htm。

历史之问

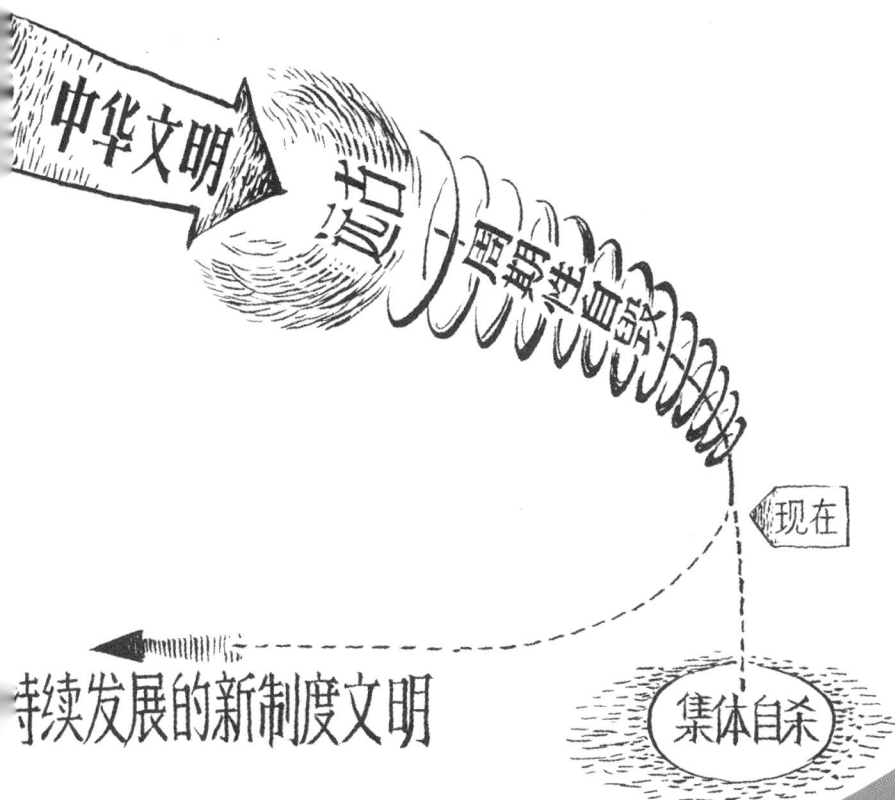

中华文明

周期兴亡率

现在

持续发展的新制度文明

集体自杀

53. 中国大历史观是什么样的?

从政治体制来看，中华民族 5 000 年文明史被西周封建、秦灭六国、辛亥革命三个划时代事件划分为四段。西周封建之前，中国处于氏族、部落、部落国家联盟阶段。"传说周武王渡黄河灭商的时候，有 800 个商的附庸，参加他的征伐①。"西周封建之后至秦灭六国，中国处于邦国时代。秦灭六国后至辛亥革命，中国便基本消灭了贵族，处于皇帝为首、官僚集团辅助、中央集权专制的统一帝国时代。辛亥革命后，中国进入了共和制时代。

而从经济的角度看，中国的大历史只有两段。一段是鸦片战争之前自给自足的小农经济、闭关自守状态。另外一段是在鸦片战争后中国被强迫打开国门，从以前小农经济、闭关自守的状态进入了商品交换、经济全球化的时代。从全世界的大趋势来看，因为工商业技术的进步，所有国家都必须主动或被动地从以前闭关自守的状态过渡到全球化，以期适应新的世界金融经济。

邦国时代的贵族封建制和统一帝国时代的中央集权专制，是两种不同的制度安排。前者是二元的或多元的权力体系，是权力的横向配置和权力的等级分层占有，是权力的下移和分化，是大政治共同体的分裂；后者是一元的权力结构，是权力的纵向垂直配置，是权力的上移和集中，是大政治共同体的统一。这两种制度本质上都是专制，前者是多元权力制衡的有限专制，后者是权力一元化的无限专制。以前，我们简单地称辛亥革命之前的中国社会是封建社会。现在，中国史学界已经基本上达成共识，这种把西欧封建社会套用在中世纪中国的做法是错误的，由帝王控制的中央集权制与贵族封建制原本是两种不相容的政治理念和制度。

历史上已经为此发生了若干次削藩战争。为简单起见，本书将邦国时代称为封建社会，将中央集权的统一帝国时代称为帝制社会。

在这两个专制时代，中国都没有在制度层面有效地建立对于昏君及其权力的制约机制。因为君王们并不愿意建立一个制度来限制自己的权力。这就是为什么孔子在周游列国时遭受到冷遇，朱元璋想要把孟子请出孔庙，删节《孟子》的原因吧。至于孔子去世之后得到帝王的尊崇，那是因为儒家学说被篡改而异化为统治工具，这是后话②。德国哲学家黑格尔曾说，中国的历史从本质上看是没有历史的，它只是君主覆灭的一再重复而已，任何进步都不可能从中产生。我自己认为中华文明的政治史自古到今都是弱肉强食的丛林法则史。从生产关系演进的角度看，我同意黑格尔的看法。

中华人民共和国成立后从苏联引入了计划经济。中央集权专制为实行计划经济提供了权力基础和奴性服从的土壤，计划经济为中央集权专制提供了更便于集权的方法和时髦的理论外衣。这两者互为增强，使得整个社会的运行仍然仰赖于伟大的领袖。体制框架尚缺乏定期的自纠错能力和社会自调节机制。

100年前孙中山提出了实现中华民族的"三民主义目标"，我们可以说：抗日胜利解决了民族独立（民族），邓小平率领全国人民经济体制改革初步解决了民生问题，现在留给新一代领导人的是民权问题。如果中国社会没有进一步的社会管理改革和政治体制改革，经济体制改革也不可能深入下去。

注释

① 黄仁宇：《中国大历史》，生活·读书·新知三联书店，1997。

② 丁晓良：《中国落后的原因到底是什么？》，http://blog.sina.com.cn/s/blog_60f793a501019lj7.html。

54. 中华文明能够跳出周期性自毁的怪圈吗?

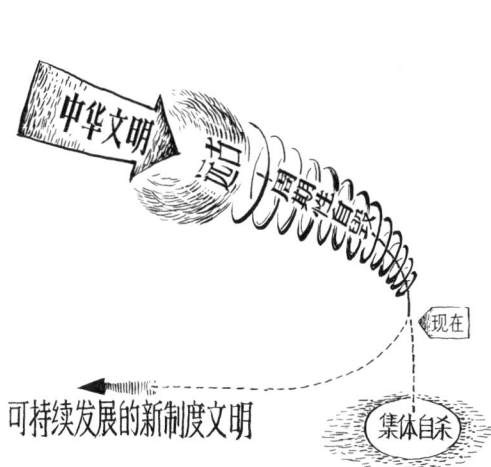

回顾中国历史,自公元前 21 世纪夏朝起,共经历了 22 个朝代和历史时期。前 2 000 年改朝换代的速度较慢,大约 600 年左右一个周期。自公元前 221 年秦朝到今天,整体运动速度提高到平均 135 年改朝换代一次。

毛泽东说,"只有中国历史上改朝换代的农民革命才是推动中国历史前进的真正动力。"我并不这样看。因为这种农民革命不过是一个姓李的皇帝代替了一个姓杨的皇帝而已。中国的政治制度没有任何改变,制度文明并没有真正前进。而是在原地转圈甚至倒退(例如,朱元璋仇商、抑商,导致宋代已经有一定程度发展的商品经济在明代受到压制)。每次改朝换代,都是开国皇帝比较强势也比较英明,子孙后代越来越腐败,老百姓后来实在没办法活下去了,造反是死,不造反也是死,于是就采取极端的方式自力救济,起来造反。每改朝换代一次,社会生产力都遭到极大的破坏,一切归零,从头开始下一个周期性自毁的循环。

2013 年 9 月，王岐山在牛津大学说，"中国的问题是长期的问题，邓小平说，这些问题的解决，不是几代人的事情，而是几十代人的事情。人们总是不撞南墙不回头的"①。为什么？因为有当政者个人、家族或者寻租既得利益集团的短期但现实的利益在其中，以致其难以为了不确定的、既有利于人民又有利于统治集团的长期利益而放弃统治集团的短期现实利益，或寻租既得利益集团的寻租权，作出相应的妥协和改革。这就是政治②与历史发展规律的区别。

这就是所谓的"一山不容二虎"啊~~

可悲的是中国历史已经告诉我们，农耕文明信奉的是斗争哲学，一块土地只能有一个主人，一山容不得二虎③，统治集团往往是撞了南墙也不肯接受妥协和改革，一定要等到矛盾积累、激化而触发革命，然后无非是开始下一个周期性自毁的循环而已。

在中华文明处于冷兵器和封闭发展的时代，这种文明还可以通过周期性自毁的方式延续。但是在有了化学武器、原子弹和全球一体化的今天，这种周期性自毁的方式无异于生活在这个文明中的人群的集体自杀。因此，中国人必须跳出这种周期性自毁的循环。

1947 年黄炎培到延安考察，谈到"其兴也勃焉，其亡也忽焉"，称历朝历代都没能跳出兴亡周期律。毛泽东表示："我们已经找到新路，我们能跳出这周期律。这条新路，就是民主。只有让人民来监督政府，政府才不敢松懈。只有人人起来负责，才不会人亡政息。"可惜毛泽东只说对了问题的一小部分。民选政府及其领导人也完全可能携民意自重，借民主之名，藐视法律，走向腐败和极权专制④。

抬眼看世界，18 世纪的法国在国体上曾经是一个最接近于中国的国家，中央集权专制把这两个国家推入到一个相似的发展轨道。而近代以来法国在革命和专制之间的轮回关系，又为认识中国的制度变迁提供了一面现成的镜子。从这面镜子中大致可以清晰地看到中国历史上周期性自毁的问题所在：革命不断地重演专制后果，日趋强化专制统治，至今依旧无法摆脱革命和专制的双重噩梦。真正能够使国家走上长治久安之路的保证是依据宪法执政⑤。现在中国思想界希望从反思法国大革命开始，重新思考革命的正当性，重新总结俄国革命和中国革命的经验教训，超越社会激进的变革方式，以英国为榜样，契约（法律）至上，限制王权⑥，为中国寻找到一条大致温和渐进的、可以自我调整和纠错的社会发展路径。

那么，中华文明能够跳出周期性自毁的怪圈吗？我认为只能说有可能！其一，通过改革开放，中国正在建立市场经济制度。这种制度必然要求建立在公平契约之上的商品交换，要求建立新的商业文明，要求社会的民主治理。这在根本上动摇了帝国制度自然经济的经济基础，家天下的政治基础。其二，中国人正在成为有产者。从制度设计上开始承认和保护私有财产权。中国社会已经不再是"普天之下莫非王土"。千万个中国人正在学习如何在保护自己私有财产的同时也尊重他人的财产和权利。这将导致中国走向一个政治上权利相对平等的公民而不是臣民社会。建立新的制度文明。其三，中国正在进行由增量改革带动存量调整的改革，如果国民经济发展的增量可以按照高效和公平的资源配置方式（如市场经济）来分配，则可用增量继续带动存量改革。改革将进入良性循环。如果还像过去十年一样不仅不敢对存量进行改革，这其中包括对政治体制、公务员待遇、事业单位等深水区的改革，而且还将增量继续按照老的计划经济分配方式来分配，则存量中的老体制反而得到强化，中国的改革将进入制度锁定状态而停滞，社会矛盾将不断积累以致革命再度发生⑦，中华文明将再现周期性自毁。

注释

① 王岐山反腐败理论的深远意义，http：//blog. ifeng. com/article/23438826. html。

② 政治是一种社会的利益关系，是对社会价值的权威性分配。所谓"讲政治"，无非是说为了统治集团的利益，放弃个人的不同于统治集团主张、有悖于统治集团利益的主张。

③ 关于农耕文明为什么信奉的是斗争哲学而不能接受妥协，笔者今后还将专题论述。

④ 丁晓良：《怎样避免民主病？》，http：//blog. sina. com. cn/s/blog_60f793a50101 c04b. html。

⑤ 王振民：《宪法政治：开万世太平之路》，载《人民论坛》，2013（15）。

⑥ 丁晓良：《为什么中华制度文明中没有诞生对于皇权的制约法律？》，http：//blog. sina. com. cn/s/blog_60f793a5010165em. html。

⑦ 丁晓良：《中国由增量改革带动存量改革的方式可持续吗？》，http：//blog. sina. com. cn/s/blog_60f793a50101811m. html。

55. 中国历史上屡屡出现千古奇冤的体制性原因是什么？

图　自左向右为商之比干，宋之岳飞，明之于谦、袁崇焕

中国历史上，常有大仁、大智、大勇、大廉者，他们是民族的脊梁，但也常常不为昏君和其周围的小人所容，结果被其陷害。从古代到现代，造成了很多千古奇冤，例如，商之比干，宋之岳飞，明之于谦、袁崇焕。这么多的千古奇冤反复出现，一定是体制上有问题。如果不尽快加以去除，将来一定会出现新的千古奇冤，受冤英雄的个人悲剧和由此所导致的中华民族悲剧还会重演。

那么，造成中国历史上屡屡出现千古奇冤的体制性原因是什么呢？我分析主要有三点。一是中华制度文明中缺乏对于昏君的权力制约机制。例如明万历皇帝，不郊、不庙、不朝、不见、不批、不讲近 30 年[①]，国政因此懈怠，瘫痪，但是他照样忙于六乐[②]，终其一生，这种荒唐的局面都没有改变。为明朝灭亡种下了祸根。而昏君因为要做昏事，常常会受到忠臣的反对。因此昏君大多不喜欢忠臣，迫害忠臣。二是在中华制度文明中，对昏君提拔小人也没有必要的制约机制。人以群分，物以类聚，昏君周围常常围绕着小人。而小人为了讨好昏君，为了扫除自己获得权势的障碍，也要迫害忠臣。三是我国制度文明中没有必要的透明机制，百姓容易受愚弄。例如明崇祯帝中清皇太极反间计，将袁崇焕寸磔而死，自坏长城。而当时京城百姓对这样一个被冤杀的拼死保卫江山的社稷之臣却是争啖其肉。

痛定思痛，要想避免中国出现新的千古奇冤，必须从上述三点体制性原因入手，改进中国的制度文明。

注释

① 不郊，指不拜天地；不庙，指不拜祖宗；不朝，指不上朝；不见，指不见朝臣；不批，指不批公文，留中尘封；不讲，指不进行经研讲习。

② 六乐指沉湎酒色，贪敛钱财，乱封滥政，肆意挥霍，大兴土木，胡作非为。

56. 春秋战国史给当代中国人什么样的启示？

　　秦国在春秋战国之中初期并不是最强的，但为什么是秦国灭了六国呢？最近读史记，了解到主要有两点原因。

　　其一，内因是最主要的。正如唐朝杜牧在《阿房宫赋》中所言：灭六国者，六国也，非秦也；族秦者，秦也，非天下也。纵观韩赵魏，燕楚齐，没有一国不犯错的。先是公元前453年，韩赵魏三家分晋，帮助秦国消灭了最大的竞争对手，此乃天助秦也。赵武灵王胡服骑射，前明后暗；赵孝成王，听信奸臣之言，不用廉颇；亡国之君赵安王，中了秦国离间计，自坏长城杀李牧。燕国不识大局，贪图眼前小利，弱齐疲赵。楚国不思变革，强大的既得利益集团反对变法，上百乱箭射死吴起，结果导致改革半途而废，朝政腐败。齐国中了秦国远交近攻之计，侍奉秦国，不修武备。如此种种，难以一一列举。

其二，反观秦国，七代明君。代代重用人才。没有一位犯大错，都有使命感，都完成了历史赋予的重任。首先是秦孝公，在位50年。重用商鞅变法图强。秦惠文王，用连横战略打破5国合纵。秦武王，仅在位3年，举重被砸死。但完成了东进战略。公元前311年，信任楚人甘茂打下宜阳。秦昭襄王，在位56年。用范雎为相，用白起为将。长平之战，坑赵兵45万人。秦统一战争共消灭六国军队100万人，白起就带领秦军杀90万人。秦孝文王，仅在位3天，无功无过。秦庄襄王，在位3年，用吕不韦，建东郡，连齐国，切断南北合纵。利用燕赵之争，占赵37城。嬴政，即秦始皇，用李斯。奋六世之余烈，不失时机发动统一战争。十年完成。势如破竹。公元前221年称帝。

历史给予当代中国人的启示是中国要富强，一是必须认清天下大势，采取正确的国际外交战略。现在世界的形势犹如春秋战国时期，美国就像当时的秦国。中国如果要生存，要么称霸，要么采取合纵战略遏制称霸之国，不可能苟且偷安。因为别人不允许我们苟且偷安。二是必须正确处理维稳和改革的关系，维护非寻租既得利益者的正当利益，打破寻租既得利益者的反对，渐进改革。通过改革逐步建立反腐倡廉的制度，公平分配的制度，国民经济可持续发展的机制，宪政民主的制度。只有通过渐进改革，建立群众依法有序表达合理诉求的机制，社会才能够在渐进改革中稳定前进。否则，小错不解决，积成大错。越维稳越不稳。三是要建立在赛马中相马、用马的制度。形成发现人才、重用人才的制度。决不能为了短期的维稳而实行愚民、庸才政策。如此，则国家幸甚，民族幸甚！

57. 古代水利工程都江堰对于今人有哪些启示?

图　都江堰的鱼嘴分水堤

自古以来，中国的农耕文明就需要治水。由此产生了大禹、李冰父子这样的杰出人物。2012年9月，我到四川开会，参观了公元前256年李冰父子率领百姓修建的都江堰，有如下几点感悟。

1. 洪水宜疏不宜堵，泥沙宜淘不宜淤。

成都平原的地势是西北高、东南低。都江堰工程位于岷江出山口。在修建都江堰工程之前，岷江十年九害。李冰父子根据江河出山口处特殊的地形、水脉、水势，乘势利导，无坝引水，自流灌溉，使堤防、分水、泄洪、排沙、控流相互依存，共为体系，保证了防洪、灌溉、水运和社会用水综合效益的充分发挥。

它最伟大之处是建堰 2 250 多年来经久不衰，一直浇灌着成都平原 1 300 万亩良田，使得成都平原"水旱从人，不知饥馑，时无荒年，谓之天府"。而且发挥着愈来愈大的效益。都江堰的创建，以不破坏自然资源，充分利用自然资源为人类服务为前提，变害为利，使人、地、水三者高度协和统一，是全世界迄今为止仅存的一项伟大的"生态工程"。

都江堰兴建以来，共经历过 16 次 7 级以上地震。抗日战争日本飞机来炸坝无功而返。2008 年汶川地震的震中，离都江堰的直线距离仅 10 公里，都江堰都能够历尽劫难而幸存。与都江堰兴建时间大致相同的古埃及和古巴比伦的灌溉系统，以及中国陕西的郑国渠①和广西的灵渠②，都因沧海变迁和时间的推移，或淤积、或湮没、或失效。唯有都江堰，因势利导，疏而不堵。特别是飞沙堰溢洪排沙工程，可以迫使水势转向进入宝瓶口河道，并在离堆前面形成螺旋形水流，使内江洪水期的大部分底沙在螺旋形水流内，被横向推移出飞沙堰，表层含沙较少的水则进入宝瓶口。内江水流量越大，飞沙堰的分洪、排沙作用也越大。这相当于都江堰建立了淘沙的自清理机制。而我们先人的伟大思想，不知道是今人忘记了，还是由于什么不得而知的原因，反而作出一些匪夷所思的事情。

由都江堰沿都汶高速向汶川方向约 16 公里处，就是国家西部大开发"十大工程"之一，被列入四川省"一号工程"的紫坪铺水库。该工程动态投资 72 亿元人民币，于 2001 年动工，在 2004 年蓄水。预计 60 年后将会像三门峡水库一样被淤积。更有甚者，由于该水库建造在龙门山断裂带上，有专家通过论证推测③，紫坪铺水库（特别是其频繁的大幅度蓄、放水），诱发了汶川地震初始点的 MS 6.0 级左右的水库地震；由于整个映秀—

图 都江堰的宝瓶口引水口和离堆

北川及彭—灌断裂带（即白鹿—汉旺破裂带所在的断裂带）的能量积累已接近（或达到）破裂临界点，在初始破裂点这个 MS 7.0 以下的水库地震的触发（或诱发）下，4 秒后，汶川地震主破裂带，即映秀—北川破裂带的虹口—清平段、白鹿—汉旺破裂带最终破裂，汶川地震的主震爆发；在这个主震的进一步带动下，南至康定、北至北川及青川，整个汶川地震全面爆发，MS 8.0 汶川大地震发生了。

2. 道法自然，疏而不堵。

2012 年 10 月 26 日，在全国人大专题讲座上，中国环境科学学会副理事长杨朝飞称：自 1996 年以来，因为环境问题引发的群体性事件年均增长 29%；但真正通过司法诉讼渠道解决的不足 1%。其原因是地方法院受制于地方利益，对存在的问题采取拖延方式，老百姓为了维护自己的正当权益，但又没有正当渠道解

图　沿都汶高速由下游向上看紫坪铺大坝

决，因此不得已采取极端的自力救济方式，将矛盾推上大街。可以预见，如果没有飞沙堰合理排沙的自清理机制，都江堰势必像同时期的其他水利工程一样早已淤积而不能使用；如果民众意见没有合理的诉求机制，解决渠道，矛盾迟早会积累到大爆发的地步而导致民变。中华文明周期性自毁的历史已经证明了这一点[④]。我们应当吸取都江堰水利工程和紫坪铺水库提供的正反两方面经验教训。对于中国未来的自然和社会工程，建立具有自清理、自纠错机制的制度文明，道法自然，疏而不堵。

注释

① 郑国渠是公元前 246 年（秦始皇元年）由韩国水工郑国主持兴建，约十年后完工。位于今天的泾阳县西北 25 公里的泾河北岸。它西引泾水东注洛水，长达 300 余里（灌溉面积号称 4 万顷）。泾水是著名的多沙河流，

古代有"泾水一石，其泥数斗"的说法，当代实测，为171公斤/立方米。郑国渠开凿以来，由于泥沙淤积，干渠首部逐渐填高，水流不能入渠，历代以来在谷口地方不断改变河水入渠处。

② 灵渠于公元前214年凿成通航，是世界上最古老的运河之一。其主要作用是沟通南北水路运输，自古就是中国岭南与中原地区之间的水路交通要道。近代以来，随着粤汉铁路和湘桂铁路的通车，灵渠内的航运逐渐停止，此后渠道也因年久失修而淤塞，两侧堤岸多处崩塌。

③ 廖永岩：《紫坪铺水库可能诱发汶川地震的证据》，http：//blog.sciencenet. cn/blog－3534－231333. html。

④ 丁晓良：《中华文明能够跳出周期性自毁的怪圈吗?》，http：//blog. sina. com. cn/s/blog_60f793a50100wr47. html。

58. 朱元璋在治国方面有哪些失误呢?

图　明太祖朱元璋

近来听《明朝那些事儿》,看《万历十五年》、儒家文化历史,感到朱元璋在治国方面有九点失误。

1. 北宋时期,商品经济在中国已经有了一定的发展,国民生产总值占到世界的80%。中国幅员辽阔,情形复杂。明朝采取严格的中央集权,施政重点不是提倡扶助先进的经济,增益全国财富,而是以均衡的姿态维护王朝的安全。由于其早年的经历,出于一家的私利,朱元璋对商人一概采取仇视和抑制的态度,以至于商品经济的发展在明代受到压制。明朝的国民生产总值仅仅是宋朝的1/10。这种维护落后的农业经济、不愿发展商业及金融的做法,既是中国在世界范围内由先进的汉唐演变为落后的明清的主要原因①,也是1368年朱元璋称帝以来,我国就少见有系统的重大发明②的主要原因。

2. 反对孟子的民本思想。朱元璋一度曾想把孟子请出孔庙,受刑部尚书钱唐拼死反对未成之后,又命令翰林学士刘三吾对

《孟子》进行删节。共删掉 85 条朱元璋感到刺眼的内容，保留
170 余条，成《孟子节文》一书③。岂不知他如果能够尊重孟子
民本思想并化为制度，他的子孙中就可以避免出现万历帝那样近
30 年不拜天地、不拜祖宗、不上朝、不见朝臣、不批公文、不进
行经研讲习的昏君，国运会好多了。

3. 八股文滥觞于北宋的经义。经义是宋代科举考试的一种文
体，以儒家经书中的文句命题，应试者作文阐明其中义理。到朱
元璋之时被确定为一种独立的八股文体，明成化以后逐渐形成比
较严格的程式，遂演变成为一种僵死的官僚式文体。此后一直沿
用，直到近代戊戌变法，才随着科举制度的停止而废弃。因为它
要求文章中必须有四段对偶排比的文字，一共八个部分，所以叫
八股文。这种文体极大地禁锢了人的思想。其考试结构更加偏重
考察死记硬背的智商，对创造力智商、情商、灵商都缺乏培养和
考察方法。以"行己有耻"、"博学于文"为学问宗旨的明末清初
大思想家顾炎武，在科举考试就屡试不中，"感四国之多虞，耻经
生之寡术"，以为"八股之害，等于焚书；而败坏人才，有盛于咸
阳之郊"。这实在是中国教育的悲剧，也是朱元璋自己的悲剧。因
为他亲手给自己的皇孙选的三位辅政大臣都是这种死读书的书生，
以致正统传位的建文帝被久经战争洗礼的朱元璋第四子朱棣推翻。

4. 朱元璋极其痛恨贪官污吏，但其肃贪力度虽大，却没有建
立相应的制度，以致于他一去世，腐败就反弹。

5. 实行藩王制，导致：一是燕王有实力造反；二是他鉴于自
己早年要饭的惨痛经历要求子孙吃俸禄，不工作，以致于到万历
年间，明朝宗室一年的宗禄需米 820 万担，而天下集中于京师的
米只有 400 万担，只能满足宗禄的一半。

6. 将百姓分为军户、匠户、农户。子孙后代也不许转换职

业。这导致了社会的僵化。相比于宋朝不问出身都可以参加科举考试，这实际上是社会发展的倒退。

7. 百姓出门都必须有路条，限制出行自由，加剧了社会的僵化。

8. 实行特务政治。锦衣卫仅向皇帝负责，不受司法监管，有独立的监狱、刑具，不走司法程序逮捕、审讯、处死犯人。虽然朱元璋在世时，已经认识到这种特务政治的危害，解散了锦衣卫，并当众销毁刑具，但其后代仍然沿用这种黑暗的特务政治。

9. 实行禁海政策。自唐中后期以来，中国已经开始有了中外商人商品等价交换的市舶贸易。到了宋代，与广州贸易往来的国家和地区不少于五十个。元代，中国海上丝绸之路大发展，同中国贸易往来的国家和地区由原来的五十多个增加到一百四十多个。朱元璋推行闭关锁国政策，绝对禁止私人对外贸易，所有的外贸又以朝贡形式进行。这种朝贡贸易，就是中国与海外诸国官方的进贡和回赐关系，朝廷对来朝贡的国家一般都有相当丰厚的回赐。这种经济关系实际是不等价的，对朝廷来说是得不偿失的。朝廷之所以明知亏本而乐此不疲，是因为对这种交易怀有一种政治目的。正因为如此，朝贡贸易的存在完全取决于朝廷。并不是可持续的。这种朝贡贸易制度，从明代后到清代，又延续了一百多年。

注释

① 黄仁宇：《万历十五年》，生活·读书·新知三联书店，2006。

② 丁晓良：《由历史唯物主义观看中国科技为何会落后》，见《中国科技体制改革的经济学分析》，北京，科学出版社，1998。

③ 张秀枫，为政：《朱元璋为什么要把孟子清理出孔庙》，http：//blog. sina. com. cn/s/blog_414c6acb010095vn. html。

59. 明故宫遗址给我们提供的启示是什么？

2012 年 10 月 25 日游南京明故宫遗址公园，看到往日皇宫，今成平地。

图　昔日金銮殿，仅留青草坪

想到当年朱元璋和马皇后临终时想传世万代的梦想和朱元璋的九点主要失误[①]，想到万历帝近 30 年的"六不"[②]，崇祯帝中兴梦想和他的刚愎自用，冤杀袁崇焕，民族分，官民分，君臣分，很是感慨。

翻开一本中国历史，从古至今，有哪一个帝制王朝的开国君主不像朱元璋和马皇后一样希望能够传世万代呢？但都没有解决"其兴也勃焉，其亡也忽焉"的周期率问题[③]。很多朝代都只有几十年、一百年左右的"寿命"，能够超过 200 年的，只有汉（426年，分为西汉、东汉）、唐（289 年）、宋（319 年，分为北宋、南宋）、明（276 年）和清（268 年）五个朝代。不管多么圣明的君主，不管其本人和他的继承人多么能干，不管他的政府如何勤政廉政，最终都没逃出周期率。对比一下，世界上最长寿的政治体制是英国 1689 年"光荣革命"后确立的君主立宪体制，迄今已经运转 324 年。由于宪政体制的确立，为政治提供了法定的运行规则，社会的矛盾纠纷都可以通过法治得到公平合理的解决，因此在这 320 多年时间里，英国没有发生过内战，实现了长期和平发展。现在仍旧运转良好。正是由于对内确立了宪政，政治体制问题彻底解决，英国才没有内部不稳的后顾之忧，迅速走上了对外扩张之路。一个本土只有 24 万平方公里的西欧小国，占领了全球 3 350 万平方公里的陆地——相当于地球陆地的四分之一，还有全球大部分海洋通道。类似的宪政体制还有美国，自 1789 年美国宪法得到 13 个州的特别会议批准生效以来，其宪政迄今已经存在并成功运转 224 年，200 多年来只增加了 27 条宪法修正案。在短短 200 多年时间里，美国国土由起初的 13 个州扩大到 50 个州和一个联邦直辖特区，聚集了世界上各方面最优秀的人才，拥有世界上各种最先进的高端技术，是世界最大经济体，拥有人类有史以来最强大的军队，在 70 多个国家有驻军或者军事存在。美国宪政立国 200 多年以来，只是于宪政立国 72 年后爆发过一次内战。自内战结束到现在的 148 年间，美国境内一直没有爆发过战争，也实现了国家的长治久安，现在仍旧运转良好。

上述中外历史的对比说明，应当把权力牢牢约束在宪法法律范围之内，并为权力运行提供明确规则。人民可以通过宪法规定的方式方法更换政府，无需诉诸暴力，人民享有基本的人权和自由，人民与政府间形成健康有序的互动关系。社会上的纷争都有法定解决的渠道和方法，杜绝了自力救济、暴力说了算的丛林法则。这些才是跳出历史周期率支配、真正实现政权"万岁"的必由之路。

这正是：多少荣辱，俱成灰土。唯有功过，后人评述。立人立己④，创新制度。天下为公⑤，亟建基础⑥。

注释

① 丁晓良：《朱元璋在治国方面有哪些失误呢?》，http：//blog. sina. com. cn/s/blog_60f793a501015svl. html。

② "六不"为不郊、不庙、不朝、不见、不批、不讲。不郊，指不拜天地；不庙，指不拜祖宗；不朝，指不上朝；不见，指不见朝臣；不批，指不批公文，留中尘封；不讲，指不进行经研讲习。

③ 丁晓良：《中华文明能够跳出周期性自毁的怪圈吗?》，http：//blog. sina. com. cn/s/blog_60f793a50100wr47. html。

④ 蒋中正于民国 18 年在南京励志社 1 号楼东墙玉碑上题字：立人立己，革命革心。

⑤ 西汉·戴圣《礼记·礼运》："大道之行也，天下为公。"原意是天下是公众的，天子之位，传贤而不传子，但因为没有相应的制度安排来落实，仅成为一种美好社会的政治理想。国人对"天下为公"这四个字，因孙中山的推崇而非常熟悉。

⑥ 丁晓良：《为什么说制度文明是精神文明和物质文明的基础?》，http：//blog. sina. com. cn/s/blog_60f793a501012r73. html。

60. 郑和航海与其后西方航海家的航海活动有何差别？

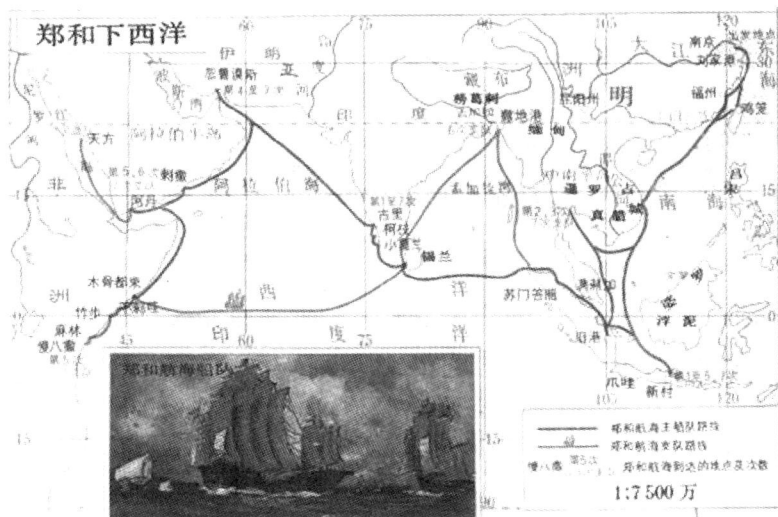

图1　郑和下西洋路线图

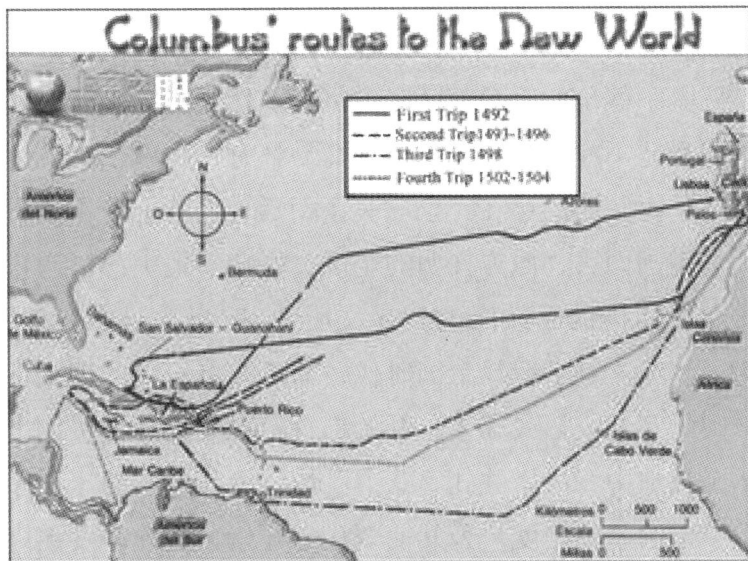

图2　哥伦布发现美洲新大陆

269

我在江苏太仓时，曾经去过郑和当年集结船队出发的浏家港。望着眼前如海一样宽阔的江面，遥想 600 多年前，燕王朱棣打败了自己的侄子建文帝，登上了帝位。当时的明朝经过朱元璋 30 多年的苦心经营，国力强盛。明成祖朱棣派伟大的航海家郑和于 1405 年开始率舰队下西洋，一直到 1433 年在印度古里去世，期间七下西洋。于郑和第一次航海 87 年后，西方航海家的地理大发现活动也相继开始并取得成功。但是在郑和去世之后，中国的航海活动就此终结，而西方的航海活动却方兴未艾，这是为什么呢？

我分析 15 世纪中国与西方的航海活动有以下七点差别。

第一，目的不同。郑和航海的目的主要是宣扬明朝国威、扩展朝贡贸易、寻找失踪的建文帝、迎佛牙、加强同海外各国的联系。政治目的很强，经济目的次之。即使上述目的中唯一和经济沾点边的朝贡贸易，其实也是中国与海外诸国官方的进贡和回赐关系。朝廷对来朝贡的国家一般都有相当丰厚的回赐。这种经济关系实际是不等价的，对朝廷来说是得不偿失的。朝廷之所以明知亏本而乐此不疲，是因为对这种交易怀有一种政治目的。正因为如此，朝贡贸易的存在完全取决于朝廷。经济上并不是可持续的。相对中国而言，西方文明的基础，源自于地中海沿岸古希腊城邦国家之间借助于航海的贸易文明[①]。航海的目的非常明确，就是为了贸易。到了罗马帝国时代，为了在更广阔的范围保持贸易所取得的利益或拓展疆土，开始推行殖民制度。这种制度，最初指的是在地中海沿岸驻扎 300 个罗马公民和他们的家属用于防卫海上袭击的一种制度。公元前 200 年开始，这种制度被广泛实行，所有殖民者保留罗马公民的一切权利。这样就使得罗马的实际控制地域大大扩展。演变到后来，这成为西方国家扩大自己的领土或者实际控制区域的一种有效方式。1492 年哥伦布发现美洲，1497—1498 年达·伽马远航到达印度古里，1519—1522 年麦哲伦船队环球航行等一系列远航都带有明确的贸易目的、殖民目的。郑和下西洋，一定程度上是明成祖和郑和本人的个人兴趣所致②。而西方航海家的航海活动，代表的是国家利益和民族意志。

由于达·伽马和郑和都到过印度的古里，我们重点拿这两个航海家的后续经济和政治效果作比较。达·伽马于郑和逝世 65 年后于古里刚一登陆就立了象征主权的标柱。一直到现在，在卡利卡特（古里）还有达·伽马的登陆纪念碑。在新德里的博物馆，科钦的印度海军博物馆，都可以看到达·伽马的照片和有关资讯，但是看不到郑和下西洋的踪影。达·伽马从印度运回的香料等货物在欧洲的获利为这次远征费用的 60 倍。由于达·伽马发现的新航路，自 16 世纪初以来，葡萄牙首都里斯本很快成为西欧的海外贸易中心。葡萄牙、西班牙等国的商人、传教士、冒险家麇集于此，从此启航去印度、去东方掠夺香料，掠夺珍宝、掠夺黄金。这条航道为西方殖民者掠夺东方财富而进行资本的原始积累带来了巨大的经济利益。例如，葡萄牙人在印度购买 1 公担（1 公担等于 100 千克）胡椒不到 3 杜卡特（货币单位），在里斯本却以 40 杜卡特的高价出售。从 1494 年葡萄牙和西班牙两国签订的划分海外势力范围的《托尔德西拉条约》到 1529 年再次协议签订的《萨拉戈萨条约》，由于达·伽马开辟印度新航路的成功，像葡萄牙这样一个当时人口仅为 150 万的小国，竟囊括了东大西洋、西太平洋、整个印度洋及其沿岸地区的贸易和殖民权利。而郑和则因 1424 年明成祖去世，仁宗朱高炽以经济空虚为由被下令停止下西洋的行动。中国民间对耗费巨大、没有经济效益的下西洋活动也并不支持。据《殊域周咨录》记载，郑和下西洋的档案《郑和出使水程》原存兵部。明宪宗成化年间，皇上下诏命兵部查三保旧档案，兵部尚书项忠派官员查了三天都查不到，其实已被车驾郎中刘大夏事先藏起来。项忠追问官员，库中档案，怎么能够失去？当时在场的刘大夏说"三保下西洋，费钱几十万，军民死者万计，就算取得珍宝有什么益处？旧档案虽在，也当销毁，怎么还来追问？"

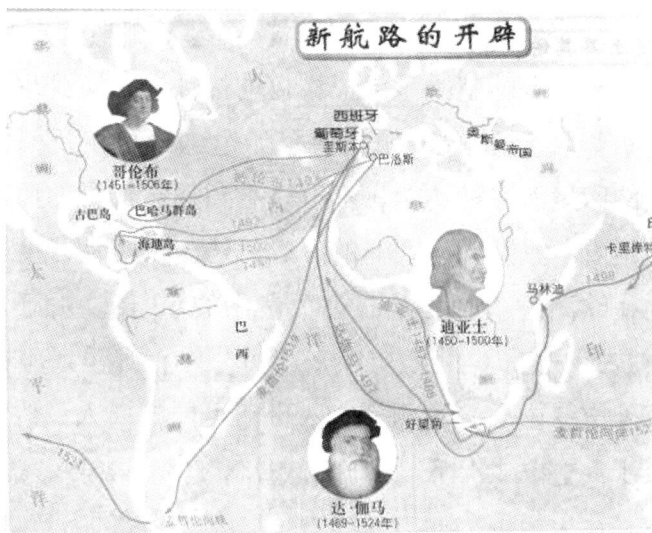

图3　新航路的开辟

　　上述中西方航海目的的不同来源于文化的不同。中国文化的特点是重农轻商，自然经济，安土重迁，故土难离，叶落归根。因而是收敛的。贸易文明从来没有在"重农抑商"的中国形成主流。虽然从地理环境来看，中国早就不仅仅是大陆国家，也是海洋国家。但是从心理和行为上来说，中国仅仅是个大陆国家③。即使是唐中后期以广州为中心发展起来的中外商人商品等价交换的市舶贸易，也在明朱元璋实行禁海政策后又归为朝贡贸易。而西方文化在初期，就特别推崇商品经济，殖民制度。因而，航海是有明确商业目的的。

第二，中外航海家与航海赞助者之间的关系不同。郑和的身份是明成祖的臣民，内官监太监。而西方航海家的身份是公民。他们与其航海活动赞助者之间的关系是合作关系，所签订的协议是互相之间合作暨交易的协议。例如，1492 年 4 月，哥伦布的计划终为西班牙国王所接受，同他签订历史上有名的《圣塔菲协定》，"委任他为所发现的海岛和大陆的司令，在他逝世之后，这个封号和属于他的所有权力将由他的继承人继承"，"哥伦布被封为所发现和夺得海岛和大陆的总督，为了管辖每片发现土地，有权选出管理者"，"所有的交易商品，无论珍珠、宝石、黄金和白银、香料或其他货物……凡在司令管辖区内购买、交易、发现或夺得的，他都有权得到十分之一的利润"，并答应给予必要的财政和物质支持。麦哲伦与西班牙国王也签订有类似的协议④。

第三，哥伦布的首次航渡美洲在航海史上具有更加重大的意义。这次航行历时 220 多天，行程往返 8 000 多海里，单向行程 4 000 多海里，不见陆地的远洋深航行 30 多天。至此，由中国人开创的 15 世纪初以来的大航海时代和远洋航行事业发生了质变和飞跃，进入了一个崭新的阶段。这是因为，在此以前不管是郑和下西洋还是葡萄牙人探航西非，就航行的行程和距离来说，也都是远洋航行，但都是不远离陆地的近海航行。郑和下西洋曾在小范围水域内斜渡了印度洋，即从斯里兰卡的南端向西偏南航行经马尔代大群岛到达东北非索马里的摩加迪沙和巴拉韦（木骨都束和卜喇哇）。其单向行程不过 1 700 多海里，离陆地最远点不过 720 海里（摩加迪沙与马尔代夫主岛马累暖岛之间距离的一半）。葡萄牙人在探航非洲海岸时离开海岸的最远点也只有几百海里。而哥伦布的首次远航离陆地最远点为 1 500 多海里（巴哈马群岛与加那利群岛之间距离的一半），在大范围水域内横渡了大西洋，且抵达之地——西印度群岛为文明人类所未知的地区。所以，哥伦布的首次远航把大航海时代的近海靠陆的远洋航行推进到远离陆地跨洋航行的新阶段，并为以后的麦哲伦环球航行和证明地球是圆的铺平了一段道路，奠定了重要的基础。

第四，从探索未知，发现的角度说，郑和所到之处大多是历史上中国人已知的地方。例如，当年郑和的祖父、父亲去麦加朝圣时，就是由广州搭乘市舶贸易船只去的。而哥伦布以及葡萄牙人沿西非海岸的探航、麦哲伦的首次环球航行，发现的都是西方文明未知的地方。

第五，由于对于经济效益的重视不同，航海目的不同，规模也不同。郑和七下西洋，带有宣扬明朝国威的政治目的，史料载有四次人员达两万七千多人，率船 200 多只，主要航线多达 40 多条，总计航程 16 万海里，是世界古代航海史上人数最多、行动范围最广的远洋航行活动。而西方航海家主要为了经济目的，规模要小得多。像 1492 年 8 月，哥伦布第一次远航，仅率领"圣玛丽亚"号、"平塔"号和"尼尼亚"号 3 艘船、船员 90 人。比郑和晚 65 年到印度古里的达·伽马，也是仅率四艘船，140 多名水手。

第六，造船技术不同。依据南京静海寺残碑拓片所记，结合明永乐十八年《天妃经》卷首郑和船队插图等材料考证，郑和宝船可复原为长 19 丈、宽 4.4 丈、排水量约 1 100 吨的船舶。而哥伦布、达·伽马的船吨位最大的仅 120 吨。图 3 是郑和宝船（1421 年）与哥伦布的圣玛丽亚号（1492 年）的比较。在郑和大航海期间，全国共造大小海船近 4 000 艘，船场遍及全国各地；

图4　郑和宝船（1421年）与哥伦布的圣玛丽亚号（1492年）的比较

永乐年间，明朝海军拥有3 800艘舰只，其中包括1 350艘巡逻船，南京新江口有400艘大型主力舰。因此英国著名历史学家李约瑟断言："在1420年前后，中国海军也许会超过历史上任何时期的其他亚洲国家，甚至可能超过同时代的任何欧洲国家，乃至超过所有欧洲国家海军的总和。"

　　第七，郑和没有利用自己舰队当时拥有的绝对优势武力强迫殖民和奴役当地居民，这充分显示了中华民族是一个和平的民族。而西方航海家的航海则是进行殖民掠夺、杀害，给殖民地人民带来深重的灾难。例如，到了1496年，也就是哥伦布来到海地的第4个年头，海地的土著泰诺人就从30万人锐减到20万人，有些人是被驱赶而累死病死的，有些则是被西班牙殖民主义者屠杀的。

从郑和航海至今，中国由强盛而衰。总结这段历史，主要是制度和文化的因素导致了民族的落后。现在我们正走在民族伟大复兴的征程上。我们必须汲取历史的教训，切实改进我们的制度文明和文化，才能够真正跻身于世界先进民族之列。

注释

① 希腊是一片丘陵，3/5 的土地不适宜种植，但适宜放牧，古希腊的畜牧业较农业发达。气候属于冬雨夏干型的地中海型气候。雅典约有 3/4 以上的粮食依赖国外输入。因此上古时代的文明中，唯有古希腊文明（以雅典城邦为代表）在经济上进行以交换为目的的商品生产，形成了发达的工商业文明。管建宏：《自然环境与古希腊文明的形成》，载《历史教学问题》，1996（4）。

② 郑和出身于穆斯林家庭，笃信回教，郑和的祖父、父亲都曾经去过麦加朝圣。从小，郑和就听长辈对他讲去麦加朝圣的故事，也一直梦想能够有机会去麦加朝圣。第七次下西洋，郑和终于去了麦加朝圣，也到达了非洲东海岸。

③ 丁晓良：《农耕、游牧、工商业三大文明比较谈》，载《商业文化》，2013（5）下。

④ 按照西班牙国王与麦哲伦签署的远洋探航协定，麦哲伦被任命为探险队的首领，所率船队的船只由国家提供，航海费用由国家负担。探险过程发现的任何土地，全部归国王所有，麦哲伦充任总督，新发现的土地的全部收入的二十分之一归麦哲伦所有。

61. 戊戌变法中改革者自身有哪些失误?

古今变法，都一定会触及既得利益。因此一定会遭到依靠旧制度不合理之处寻租的既得利益者反对。如果改革者的策略不对，也有可能遭到不是依靠寻租、而是依靠公平竞争获得既得利益者的反对。寻租和非寻租既得利益者的联合反对，很有可能导致改革的失败。历史不可能重演，但是历史的教训必须吸取。我国今天的改革已经进入深水区，有必要回顾一下当年戊戌变法失败的教训，以为今鉴。

戊戌变法失败的原因，已经有很多人分析过。通常的说法都是归于慈禧为首的保守势力的反对，袁世凯的告密等。但对于改革者自身的失误分析比较少。像戊戌变法这样在民族危亡时刻展开的全面改革，有反对者是很正常的。改革的成败，关键在于改革者是否能够因势利导。现在让我们分析一下改革者自身有哪些失误。

第一，变法没有顶层设计，事情想得太简单、太急于求成了。维新派领袖康有为一生仅仅面见过一次光绪帝。光绪帝向其抱怨反对势力强大，自己没权等。康有为对光绪帝强调三点。一是坚定变法决心，必须变法，全变，大变，不能枝节之变。二是变法的美妙前景，"泰西①讲求三百年而治，日本施行三十年而强，吾中国国土之大，人民之众，变法三年，可以自立，此后则蒸蒸日上，富强可驾万国。""以皇上之圣，图自强，在于反掌间耳"。三是针对皇上无权的情况，"就皇上现在之权，行可变之事，虽不能尽变，而扼要以图，亦足以救中国。"对于中国社会的小农经济结构、缺乏商法、民法的传统②，对于如何建立改革的统一战线和依靠力量，如何用增量带动存量改革，改革的分步展开都没有冷静的思考和系统的设计，没有建设性的意见。改革是改错，一般不到生死攸关的绝望关头，政治势力没有断然改革的勇气，但面临绝境的改革却为改革布下了地雷阵和万丈悬崖的陷阱。改革的绝境环境，使得改革的主导者不能犯大错。一旦稍有失误，反对者就将以失误作为攻讦的口实，观望者却以之为退缩的砝码，改革者也难确保自己的信心。这时刻，不仅需要康有为鼓励光绪帝壮士断腕。更需要以其为首的维新派妥善安排全局、步步理性的谋篇布局、通盘规划，还要有吸纳各股势力、化干戈为玉帛、杜绝兄弟阋墙的内部损耗的胸襟与气魄。但是客观地说，这些必要的功课维新派并没有做。自 1898 年 6 月 11 日发布《定国是诏书》，"百日维新"期间共计发布变法诏令 184 条，包括政治、经济、文化教育等各个方面。对此，时任海关总税务司的赫德指出："他们把足够的东西不顾它的胃量和消化能力，在三个月之内，都填塞给它吃了。"当时大部分地方对于光绪帝的政令都没有忠实执行。但是就连忠实执行皇帝政令的湖南省都跟不上变法的步伐。

第二，不懂得建立改革的统一战线。以光绪和慈禧的关系处理为例，当时的权力结构是帝—后结构，光绪虽然是合法的皇帝，但他不仅仅是没有实权，关键是没有政治斗争经验；慈禧虽然已经归政，但她是个政治女强人，一旦不玩政治就非常难受，朝中大臣多是她的亲信，实权实际上是掌握在慈禧手中。不管维新派是否愿意，这就是现实。光绪如果能够承认现实，处理好与慈禧的关系，利用慈禧的政治经验和在大臣中的威望，实际上可以增加变法的胜算。在 1897 年 11 月德国占领胶州湾后，光绪痛哭流涕，慈禧曾安慰皇帝说："苟可致富强者，尔自为之，吾不内制也"。在争取慈禧支持变法之前，按理应该母子俩互相敞开谈一下，取得彼此的谅解和支持，也适当地宽慰慈禧归政后感觉被冷落的心理③。但光绪很不策略地请庆亲王奕劻转述住在颐和园的慈禧，"如太后不同意变法，我愿退让此位，不敢做亡国之君"。当时国家危机重重，光绪这样说实际上是在以撂挑子为要挟，激化矛盾。慈禧恶狠狠地说："由他去办，事办不出模样，再说。"这实际上是把慈禧推到了变法的对立面。以致变法开始第 5 天，慈禧就命宠臣荣禄署理直隶总督，掌握京津一带兵权；规定今后新任二品以上大臣，必须向皇太后上折谢恩；将帝党核心人物、光绪帝的师傅翁同龢削职为民。事实上慈禧要的是权，并不是反对变法图强。在亲手扼杀了戊戌变法后的两年，1901 年 1 月 29 日，慈禧在西安颁布新政上谕，清末新政在慈禧亲自推动下启动。但可惜的是由君主专制向君主立宪制改革的窗口期已经过去，民主共和的大幕已经拉开，这是后话④。

第三，"康梁"与光绪主导的维新事业除继承洋务实业改革外，更强调体制的变化，这是对的。但维新事业的体制变革，重在除旧而非创新，重在存量而不是增量，或因为时间的关系未能充分展开。但维新大刀阔斧式的除旧改革，一下子触犯了社会各阶层太多的既得利益。如裁官、裁军；满人自谋出路；废八股，改策论等。"戊戌变政，首在裁官。京师闲散衙门被裁者不下十余处，连带关系因之失职失业者将及万人，朝野震骇，颇有民不聊生之戚"（摘自《梦蕉亭杂记》）。再拿科举考试废八股来说，自明代以来就一直有此论，但不见得在变法伊始就做。"康梁"将其作为重要改革措施，曾激发上下愤怒。赶考的士子们应该都是当时社会上有学问、有地位的人，是依靠苦读书公平竞争出来的非寻租既得利益者，应该是变法所应争取的主要支持群体之一，但由于这项改革侵犯了他们的既得利益，士子们曾手拿大棒围在梁启超家门口，声称要打断梁启超的狗腿。

第四，没有扎实建立改革的依靠力量。戊戌变法的维新势力仅以有资产阶级倾向的士大夫知识分子为核心，依靠没有实权的皇帝，联合少数官僚。既没有基地，也无兵权、财权，"与守旧党比，不过千与一之比，其数极小"。因此，守旧势力一反扑，维新势力顷刻瓦解。而东邻日本在1868年明治维新时，以中下级武士为核心，抬出天皇为旗帜，与反幕府的强藩相结合，既有基地，又有军队，广大农民和市民也积极参加和支持反幕武装，因此组成了强大的维新阵营，一举推翻了幕府旧政权。

综上所述，戊戌变法的失败，主要还是维新派自身没有练好内功。前车之鉴，后事之师。愿当今的改革者们汲取戊戌变法失败的教训，谨慎地规划改革路线图，建立改革的依靠力量和统一战线，坚持发展增量并以增量渐进地带动存量调整⑤，大家一起努力，为中华改革航船顺利度过改革深水区而奋斗！

注释

① 旧泛指西方国家，一般指欧美各国。

② 丁晓良：《中国落后的原因到底是什么？》，http：//blog. sina. com. cn/s/blog_60f793a501019lj7. html。

③ 有个故事，讲的是有一天荣禄去颐和园看西太后，西太后在扎花，荣禄就乘机拍马屁，说老佛爷的花扎得真好啊。这时西太后长叹一声："往后哇，我也就只能扎花了！"这话说得很无奈，可见她非常地落寞惆怅。

④ 丁晓良：《为什么说改革有窗口期?》，http：//blog. sina. com. cn/s/blog_60f793a 501018nk4. html。

⑤ 丁晓良：《中国由增量改革带动存量改革的方式可持续吗?》，http：//blog. sina. com. cn/s/blog_60f793a50101811m. html。

62. 为什么英法两国资产阶级革命走的是不同的路线？

图　攻打巴士底狱

英法两国隔海相望。历史上的 1066 年，法国诺曼底公爵曾经征服了英国。历代金雀花王朝（1154—1485 年）的英国君主，理论上都是法国臣民。1337—1453 年，两国间还曾爆发过百年战争，战争最后以法国的胜利而告终。在漫漫历史长河中，法国相对于英国而言一直是一个强国。但自 1689 年英国爆发光荣革命，实行资产阶级和贵族的联合统治后，英国的国力相对法国就不断增强。十八世纪中期英国打败法国，成为最强大的殖民国家。十八世纪六十年代，英国开始了工业革命。20 多年后，法国却由于社会矛盾的不断积累和激化导致爆发了大革命。从 1789 年革命爆发到 1815 年拿破仑战败，除了中间短暂的休战之外，法国经历了 25 年的持续战争。大量资源被战争摧毁，500 多万人的生命化为灰烬，社会生产力遭到了极大的破坏，法国工业革命被推迟了近30年，从那时至今，法国的国力再也没有超过英国。大革命的政治和经济代价无疑是沉重而高昂的。

我们不禁要问，同是资产阶级革命，同样有着工商业文明的传统，为何英国能够采取"光荣革命"的方式达成贵族和资产阶级之间的妥协，而法国各阶层之间的矛盾却不可调和，以至于爆发暴力冲突乃至大革命呢？

我对于这个问题的尝试解答如下。

其一，法国是一个大陆国家，英国是一个海洋国家。海洋国家的贸易通路不固定，影响因素无可测性（最危险的就是海上风暴），怎样抗拒灾难，完全靠一船甚至就是船长的个人决定，其贸易方向政府无法也无必要控制，所以海洋国家更能接受自由贸易思想；海洋的灾害一旦发生，主要波及的是灾害区域航行的局部船只（除了海啸以外），面对突如其来的无法抗拒的海洋灾难，人们根本无法组织有效的集体防御，他们只能靠自己个人和小团体的力量去逃避或者保全自己，而这个时候，政府的强权也无法对自己的人民形成有效帮助，长期的无法互救和政府无力导致人民的独立、自救，最终形成人权大于国权、自治的思想观念。

相对海洋灾害的不确定性而言，大陆经济因素更有其可预测性。其灾害一旦发生，也相对容易组织集体防御。所以大陆国家更易接受计划经济（这里计划经济是一个广义的有计划、受政府调控的经济概念，并非特定的带有意识形态特点的狭义的社会主义计划经济）。经济决定政治，由于经济发展和现实环境的需要，大陆国家更能接受中央集权体制。而海洋国家更能接受邦联或者所谓的地方自治体制，社会存在着自治传统、协商民主传统、由于资源内不足而带来的商品交易传统。例如，岛国英国的全称是大不列颠及北爱尔兰联合王国，就是由英格兰本土、北爱尔兰和自治区域苏格兰、威尔士，一些自治岛组成的邦联。以致苏格兰与英格兰合并后 300 多年后的今天，苏格兰还要举行全民公投以决定是否继续留在英联邦①。岛国日本各地也有一定的自治传统，在明治维新前也已经存在着相对独立的反幕府的萨摩等西南诸强藩。"国内组织已经商业化，例如各大名都有替他们在城市里贩卖农作物的'藏元'，所谓'回船'也等于定期航线，也有他们互相保险的办法。商会的组织则称'诸仲间'，批发商则称'问屋'。明治维新只要给它加一个新的高层机构，则所有商业管制的办法都行得通。所以表面上好像是短期突进，其实则是长时间的演变，最后出头露面而已"②。这也是资本主义首先在欧洲的英国，亚洲的日本胜利的重要原因。

其二，上述海洋国家的协商民主传统、自治传统导致其统治者在必要的时候可以作出有利于国家和民族、最终也有利于自身家族的政治妥协。例如，1215 年，英王约翰被贵族胁迫签署《自由大宪章》。国王成为贵族们"同等中的第一个"。1689 年，英国国王威廉三世和玛丽二世接受"权利法案"，法案中坚持了人民应享有的"真正的、古老的、不容置疑的权利"。包括不经议会同意不能制定或终止任何法律的效力，不经议会同意不能征税，不经议会同意不能建立常备军，人民应享有选举议会议员的自由，议会享有辩论的自由等。至此，英国议会与国王近半个世纪的斗争以议会的胜利而告结束，国家走上了议会民主道路，建立了资产阶级和贵族的联合统治。社会建立了自纠错机制，社会矛盾得以调整、释放和缓解。因此国家走上了渐进的，生产力可以积累的良性发展道路。而大革命前的法国处于中央集权政府统治之下，教士是当时法国封建社会的第一等级，贵族是第二等级。其他各种人都归入第三等级。第一、第二两个等级的人数不过 20 多万，只占全国总人口的 3%（教士占 1%，贵族约 2%）。新兴的资产阶级因为政治上没有权力而受到欺压。但这仅仅是暴力革命的基础，如果统治者能够恰当地处理、调整不断激化的社会矛盾，也不是一定要爆发暴力革命。但是在 1789 年 5 月，国王路易十六为了征税的需要，召集已经停止了 175 年的"三级会议"来筹款。第三等级的代表趁开会的时机，提出了两点要求：第一，限制国王的权力，把三级会议变成国家的最高立法机关；第二，改变按等级分配表决权的办法，要求三个等级共同开会，按出席人数进行表决。如果路易十六认清大势，他本可以借此机会建立社会的协商民主平台和渐进纠错机制，使国家逐步走上良性发展的循环，但可惜的是他有点类似中国的明熹宗朱由校（即天启帝，擅长木工），擅长制锁而不是治国。1789 年 7 月，路易十六试图驱散制宪议会，以致矛盾激化，终于在 7 月 14 日爆发了巴黎人民起义。

但是具有讽刺意义的是，作为法国大革命的象征，攻打巴士底狱的结果，只解救了 7 个犯人，其中一位是贵族家庭中被皇家密信所逮捕的"放荡罪"犯人萨德侯爵，两位是精神病患，四位是伪造犯，政治犯一个都没有。大革命的结果并未摧毁中央集权，反而是在旧制度的废墟上建立起了雅各宾专政、拿破仑皇权等更加专制和强大的中央政权。正如托克维尔在《旧制度与大革命》中所试图说明的："一个比大革命所推翻的政府更加强大、更加专制的政府，如何重新夺得并集中全部权力，取消了以如此高昂代价换来的一切自由，只留下空洞无物的自由表象；这个政府如何把选举人的普选权标榜为人民主权，而选举人既不明真相，不能共同商议，又不能进行选择；它又如何把议会的屈从和默认吹嘘为表决捐税权；与此同时，它还取消了国民的自治权，取消了权利的种种主要保障，取消了思想、言论、写作自由，这些正是1789年取得的最珍贵、最崇高的成果，而它居然还以这个伟大的名义自诩。"回顾这段历史，中国人应当汲取的教训是尽力建立社会的协商民主制度，达成必要的政治妥协，建立社会的自纠错机制，国家才能走上渐进的、生产力可以积累的良性发展道路。

注释

① 苏格兰2年后举行独立公投，专家称三因素促成独立浪潮，详见 http：//china. cnr. cn/xwwgf/201210/t20121016_511140886. shtml。

② 黄仁宇：《万历十五年》，生活·读书·新知三联书店，2006。

63. 为什么东西方对于社会主义的实现方式有不同?

东西方政治的对比

第三国际共产主义运动分裂之后,东西方实现社会主义就走上了不同的道路。东方,主要是俄国和中国以及环绕俄中边界的20余国,走上了暴力革命建立一党执政社会主义政权的道路。西方,主要是法国、德国等西欧各国和斯堪的纳维亚半岛诸国走上了通过议会民主实现社会主义的道路。西欧各主要国家,自第二次世界大战以来多年都是通过民选获胜的社会民主党在执政。他们不仅声称自己搞的是社会主义,而且还声称比东方社会主义搞得要好。"社会凝聚力"调查也表明,北欧国家凝聚力最强[①]。经济发展的情况大抵也是如此。2012 年,国际货币基金组织根据人均国民生产总值列举了前十个最富有的国家,其中七个是西方国家。我们不禁要问,为什么大家的目标都是社会主义,但是实现的方式却有如此大的差别?

究其原因,一是西方诸国有着工商业文明的传统。商品交换客观上要求交换双方讨价还价，通过协商达成一致，因此社会形成了协商民主的传统，法律上有鼓励商品生产和平等贸易的民法，政治上确立了国王没有得到议会（代议机关）同意就不得征税和进行其他立法的议会政治传统[2]。建立了最高统治者权力也要受到法律制约的制度文明。因此民众的诉求有协商表达渠道，体制中有自纠错机制，矛盾不至于积累到必须革命的程度，不必诉诸暴力革命也能够推动社会渐进地改良。

二是俄中诸国在暴力革命前都处于中央集权的帝制社会状态。历史上工商业文明相对不发达，从来没有鼓励商品生产和平等贸易的民法、协商民主的传统、议会政治传统。帝制社会的治理规则是暴力最强者说了算的丛林法则，没有自纠错机制，矛盾易于积累而导致激化产生革命。况且帝制社会和一党执政的本质都是中央集权。中央集权传统与一党执政、计划经济体制还有着互相增强的倾向[3]。因而帝制的中央集权政府更易于制度变迁为一党执政的中央集权政府。

三是东方各国的农业文明传统、中央集权的帝制社会限制了科学技术和商业文明的发展[4]，导致近代以来，东方国家相对西方国家而言，其经济发展相对慢得多甚至处于停滞状态，社会的贫富悬殊更大，因而社会的矛盾冲突更加激烈。兼之没有体制的自纠错机制，因此矛盾更容易积累而导致社会各阶级的暴力对抗，暴力革命更容易发生并取得成功。

从经济发展和社会凝聚力的调查结果看，采取协商民主的、自纠错机制的制度文明更加有利于社会渐进地改良和发展，有利于财富的积累与社会公平。中国也应向此方向努力。

注释

① 据德国《焦点》周刊 2013 年 7 月 21 日报道，在 34 个西方国家进

行的"社会凝聚力"调查显示，北欧国家凝聚力最强，丹麦列第一，美国列第8，德国列第14，而排名靠后的都是东欧和南欧国家。此项调查根据社会关系、社会团结和人们对公益的认知和态度等三大类别共九项指标排名。无独有偶，美国哥伦比亚大学2013年9月发布的《世界幸福报告》显示，在对世界156国进行评估后，丹麦成为"世界最幸福国度"。丹麦"最幸福"的一个重要原因是人与人之间信任度很高。3/4的丹麦人认为，可以信任大部分人。美国在榜单中排第17位，日本列第43位，中国则在第93位。

② 英国在中世纪时期建立了代议制度（这种情况在中世纪东方国家是没有的），确立了国王没有得到议会（代议机关）同意就不得征税和进行其他立法的原则。后来代议制度逐渐普及于欧美各国。

③ 丁晓良：《按照中央集权加计划经济思路能够调控好国民经济吗?》，http：//blog. sina. com. cn/s/blog_60f793a501018441. html。

④ 丁晓良：《由历史唯物主义观看中国科技为何会落后》，见《中国科技体制改革的经济学分析》，北京，科学出版社，1998。

64. 人类历史上与农业革命、
工业革命意义相当的第三次革命是什么?

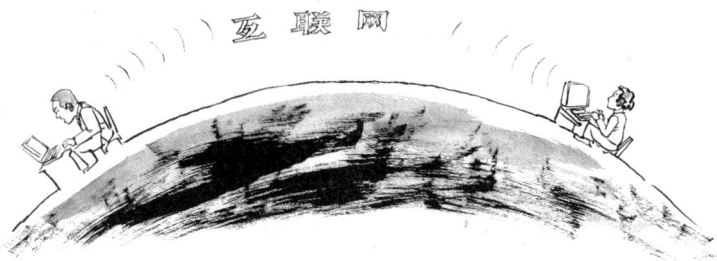

什么是革命?革命指推动事物发生根本变革,引起事物从旧质变为新质的飞跃。历史上,农业革命解决了人类稳定的食物来源问题,使得人类可以更好地顺应自然,稳定地繁衍生息。工业革命突破了人类和畜类的体能局限,使得人类可以利用自然提供的化学和原子能源,改造自然,当然这也带来了环境污染等次生问题。

互联网带来了人类历史上与农业革命、工业革命意义相当的第三次革命。其核心价值是可以快捷、低成本地解决信息不对称,实现信息的分享。它对人类社会的发展已经和正在产生着越来越深刻的变革。举例来说:

其一,它推进了世界的一体化,世界变平了。不同国家的人们可以借助互联网更加方便地交流,协同工作。这将彻底改变人类的交往方式,例如,传统的商业模式、教育模式。正如马云所说,十年后70%的生意将在互联网上进行^①。例如,在2012年"双十一"光棍节那一天通过支付宝处理的交易笔数就达到了

1.05 亿笔，销售了 191 亿元，运出了 7 800 万个包裹。2012 年，中国的快递包裹是 57 亿，其中 37 亿是通过阿里巴巴、淘宝或者天猫做的②。但是中国的许多民营企业家到现在似乎还没有意识到互联网所带来的革命。例如，曾三次荣获福布斯等榜单的大陆首富宗庆后，在 2012 年成立了娃哈哈商业股份公司，拟按照传统商业模式在国内各大城市开设大型购物中心、品牌折扣店、儿童天地和便利店，且提出"5 年开 100 家商场"的宏大愿景。但首家专卖欧洲奢侈品牌的"欧娃"商场自开业以来经营惨淡。人员也有很大的流失。再看看互联网对于教育的影响。1976 年，面向成人职业领域实用专业人才的美国 University of Phoenix（凤凰城大学）成立。开班之初仅 8 名学生。但是 1989 年，凤凰城大学推出了美国第一个网上教学计划，后逐步发展成为凤凰城大学网上校园。现今已有约 200 个校园与学习中心，分布在美国 21 个州、波多黎各及加拿大，是美国在校生规模最大的私立大学，至今有超过 15 万名的学生，大多数都通过网上授课。学校不设学期，一门课上完以后再继续另一门课，学生可以随时入学参加课程学习，课程修完合格后即可毕业。杰出校友中有柯克兰唐纳德（美国海军上将）、玛丽彼得斯（美国运输部部长）等。该校符合美国教育部毕业标准的大学生占 16%，远远高于其他同类成人教育学校。2008 年该校在美国成功上市。由于学生不断膨胀，成人教育市场的成熟，股票节节上升。类似地，中国现在也有电大、网校等。但是目前由于官办成人教育体制也在按照普通高校的体系、模式工作，没有特色，我国现在的电大教育已经被畸形化，失去了"成人教育"的实际意义。四大生（自考、电大、网络教育、成人教育或国家教育行政主管部门认可的其他类型教育，取得国家承认大专以上学历的非在职毕业生）的生源和教学质量一年不如一年，导致四大生被社会歧视性地称为"黑四类"。不少单位的招聘公告上都赫然注明，"四大生除外"。如果能够开放大量的成人教育市场[3]，允许民间以市场经济方式组织，采用互联网技术手段，开展目的明确、课程设置符合成年人特点的职业教育，则中国的成人职业教育定将会催生超过 University of Phoenix 的网上大学。

其二，互联网支撑的智能化大规模定制生产方式将深刻地改变人类社会的组织形态和工作方式，更好地满足消费者个性需求。传统的金字塔式的组织架构会减弱，分散化甚至蜂窝化的组织形式正在出现，比如有一千万远程办公的人在互联网上一起干一件事。制造业要发生巨大的变化。所有的零部件、采购都可以在互联网上完成。将来的生产组织模式将变为分散式生产，与消费者紧密配合的个性化生产、体验式生产，就地销售。"Made in China"将变为"Made in Internet"，"Made in Taobao"[2]。

其三，互联网信息技术与可再生能源技术的结合，将使得人类建立双向的能源共享网，就地收集和利用分散的可再生能源变为可能。经济也将因此走上可持续发展的轨道[4]。

其四，世界变得透明了。这导致人与人之间的双向沟通与自组织[5]，自下而上的民意更容易得到表达，一盘散沙的小农更容易被组织起来。国家间依靠物理边界的封闭和保守将更加困难，没有一个国家可以与世界无关地独处。这将大大推进全球民主治理和宪政治理的进程。

第三次革命，为过去名不见经传的小企业、新企业提供了超越传统企业的机会，为在中国匮乏创业投资条件下的低门槛起步创业[6]，为创业企业的可持续发展提供了无限的发展空间，为落后国家跨越式发展提供了宝贵机会，您或您所在的企业准备好了吗？中国准备好了吗？

注释

① 马云：《天变了》，http：//v. ku6. com/show/gBH7N3k_J0g8qrHkjr ZBpg. . . html？from = my&li = uploaded&show = 1。

② 马云，王健林：《世界在变，天已经变了》，http：//www. lohoogo. com/article – 171. html。零售行业的改变必定导致生产制造行业的变革。例如，沃尔玛通过零售改变了整个生产制造。由于其大规模采购导致出现了集装箱、规模化、标准化、低成本，带来了 B2C。而互联网则带来了 C2B，消费者数据将引导生产制造的变革。2012 年，阿里巴巴集团交易额做到了 1 万亿元，马云预计其 3—5 年将超越沃尔玛（2. 7 万亿元人民币）。

③ 例如，城里人需要"充电"、农民工需要专业培训、农民需要高等教育（目前受过专业技能培训的农业劳动力仅 9%）、残疾人需要生存教育、老人需要社区教育、外国人需要来华留学等，这些受教育者几乎都是"成人"，多数不需要"学历"，但对"品牌"、"课程"非常挑剔，"目的性"非常明确。

④ 丁晓良：《中国会否再次错失第三次工业革命的良机？》，http：//blog. sina. com. cn/s/blog_60f793a5010169o6. html。

⑤ 例如，2013 年 8 月 3 日晚，拜互联网全台大串联所赐，台湾 25 万人，不分蓝党、绿党，大家都身穿白衣，就事论事地上街集会送别被虐死士兵，陆军下士洪仲丘，悲情合唱闽南语版《悲惨世界》。

⑥ 丁晓良：《为什么我要在中国做风险大、回收期长的天使投资呢？》，http：//blog. sina. com. cn/s/blog_60f793a50100ssi3. html。

未来之问

昂首问苍天

65. 中国是否会再次错失第三次工业革命的良机？

回顾世界经济发展史，新型通信技术与新型能源系统的结合，将会导致重大的人类生产方式转变，经济转型和社会结构转型。例如，第一次工业革命，由于印刷业、电报业和蒸汽动力的结合，促进了历史上第一次公众文化普及，出现了以铁路为主的集中型商业巨人。第二次工业革命是电信技术与燃油内燃机的结合，迎来了工厂电气化，汽车进入家庭，根本上改变以往受空间、时间限制的社会结构。现在我们正处于第三次工业革命的前夜。互联网信息技术与可再生能源的结合，将利用互联网技术和原理将单向的电力网转化为双向的能源共享网，促使能源结构向可再生能源转型。每一个建筑将转化为微型发电厂，以就地收集可再生能源，分散式生产，就地销售。人们将在每栋建筑物以及基础设施中使用氢和其他存储技术，存储间歇式能源。运输工具将转向充电式或者燃料电池动力车。上述整合必将带来新型科技、产品和服务的大量出现，必将带来新的商业机会、就业机会。经济也将因此走上可持续发展的轨道。

历史上，中国已经错过了第一次和第二次工业革命。现在，中国是否会再次错失第三次工业革命的良机呢？难说！中国现在的情形可以简单用两句话来概括：有产能，没市场；有单项技术，没有顶层设计，形不成产业生态系统。举个例子，中国经济转轨升级的方向应当是走第三次工业革命的道路。但是，目前我们看到的还是制造产能的外延扩大，希望通过生产拉动 GDP，没有考虑产业与内需市场之间的互动，更没有考虑能源结构、管理体制、通道的建设与调整。导致我国的太阳能产品在国内没有销路，在欧洲、美国遇到反倾销[①]。中国目前风电并网装机的规模世界第一，风电已经成为火电、水电之后的第三大电力[②]。但由于没有外送通道，风能 2011 年弃风 100 亿～150 亿千瓦时，2012年情况还在恶化，预计弃风可能在 200 亿～300 亿千瓦时之间。再举一个例子，中国已经将第三次工业革命的五大支柱产业[③]单独立项并着手建设，但是并没有考虑能源共享网所需的管理体制变革，社会结构变革。对本可以分散在本地生产、网络共享的可再生能源仍沿用传统的集中生产、单向传输、自上而下的管理形式，以致非电力系统的可再生能源难以并网。中国现有近 500亿平方米的建筑，仅 4% 采取了节能措施。睁眼看看世界，欧盟正在为 2020 年之前实现 20—20—20 模式而作准备[④]，这个方案将使这个世界上的主要经济体远远领先于其他国家。美国政府已经拨款促进中学和大学引入智能电网课程并将在新得克萨斯农业机械大学校园旁建设第三次工业革命科技园。阿联酋首都阿布扎比正在投资数十亿美元建设一个全新的城市"马斯达尔"，它可能是世界上第一座后碳经济城市，完全依靠太阳能、风力和其他可再生能源。而中国鄂尔多斯耗资差不多等量的 50 多亿元人民币，按照传统城市模式建造、面积达 32 平方公里的康巴什新城，是一个为 100 万人居住、生活和娱乐而设计的城市，但仅居住有

2.86 万人，被称之为鬼城，堪称中国房地产泡沫的典型代表。随着煤炭价格的变化、国家经济增长方式的转轨、国家对房地产政策调控的逐渐落实，本地买房者刚性需求的饱和（平均每人已达 2.7 套房），当地的房地产泡沫终于破裂，难以为继，以致不少房地产老板因资金链断链外逃，甚至自杀[⑤]。如果当初决策者和民间投资人不是按照传统思路建房子、收房地产税而是引导民间用同等规模的投资去发展新技术、可再生能源产业链，发展就很可能是可持续的。思路决定出路。即使在人们印象中落后的非洲，也已经有数百万非洲人实现从没电到第三次工业革命时代的历史性跨越。

图　鄂尔多斯康巴什新城人迹罕至（张涛/图）

我呼吁各级领导、经济学家、科学家能够认识到第三次工业革命正在到来的战略机遇并着手相应的顶层设计，整合规划。各行业的企业家行动起来，以自己的实际行动抓住第三次工业革命所带来的商业机遇。这远比简单扩大产能的救市措施更加有效，而且可以真正促使中国经济转轨。

注释

① 世界最大的 15 家太阳能光伏模块制造商中，有 9 家是中国企业，占据30%的市场份额。

② 国家能源局副局长刘琦在出席北京国际风能大会时称，2012 年中国风电发电量将达 1 000 亿千瓦时，相当于中国六七个省全年的用电。

③ 第三次工业革命的五大支柱产业：（1）向可再生能源转型；（2）建筑物转化为微型发电厂，就地收集可再生能源；（3）在建筑物和基础设施中使用氢和其他存储技术，以存储间歇式能源；（4）利用互联网技术将电力网转化为能源共享网；（5）运输工具转向插电式或者燃料电池动力车。

④ 欧盟 20—20—20 方案要求：在 2020 年之前，温室气体在 1990 年基础之上减排20%，在同一年实现能源效率提高20%，可再生能源利用增加20%。

⑤ 鄂尔多斯地产商因资金断链外逃出现首例自杀事件，http：// news. winshang. com/news–98373. html。

66. 当大陆强权遇到海上霸权将会发生什么？

图　美国拉拢有关国家形成对于中国的岛链包围圈

2012 年，中日之间因为钓鱼岛归属问题发生争议，两国之间关系降至冰点。

中国在心理上一直是个典型的大陆国家。[①] 在地理上，虽然有着 1.8 万公里长的海岸线，但中国的外海由北至南被由韩国，日本，日本冲绳诸岛、先岛诸岛，菲律宾，马来西亚，印度尼西亚，马六甲海峡所组成的第一岛链紧紧包围。在第一岛链之外，还有由日本的小笠原群岛、硫磺列岛，美国的塞班岛、关岛，虽然独立但防务和安全仍由美国负责的密克罗尼西亚联邦、帕劳共和国，菲律宾，印度尼西亚所组成的第二岛链所包围。第二岛链是一线亚太美军和日韩等国的后方依托，又是美军重要的前进基地。美国在较短的时间内就可以在第二岛链调集三个航母战斗群。第三岛链由美国夏威夷群岛基地群组成。

台湾岛位于第一岛链的中央，是距中国大陆海岸线最近的一环，可以有效地扼控东海与南海间的咽喉通道，掌控通往第二岛链内海域的有利航道及通向远洋的便捷之路。台湾岛就是一艘巨大的航空母舰，在整个第一岛链中起着承上启下、中间枢纽的重要作用。而钓鱼岛位于台湾东北外海，向东正冲着第一岛链日本冲绳诸岛和先岛诸岛之间的空当，其对被第一岛链包围的中国之地缘政治位置重要不言而喻。再想想中国石油的进口依存度已经达到 60%，通常只有 2 周的石油储量。钢铁产业也主要依赖于从澳大利亚、巴西的铁矿石进口。中国的外贸依存度为 47%，远高于美国、日本等国。[②]一旦发生战事，拥有海上霸权优势的美国及其盟友将可以轻易地切断中国的战略物资运输通道。那将会出现什么后果呢？让我们看看历史上大陆强权遇到海上霸权时曾经发生过什么情况。

1871 年，铁血宰相俾斯麦完成了统一德国的大业。以往涣散的中欧被德国整合在一起，迅速发展，欧洲的战略均势被打破。1910 年，汉堡已经发展成为继纽约之后的世界第二大港。但是德国的迅速扩张遭到了英国来自海洋的封堵。从海洋地理来看，德国的正北是波罗的海，只能通过丹麦和瑞典之间的窄通道或者基尔运河进入北海，德国的西北也是北海。德国船只进入大西洋的通道正好被具有海洋霸权的英国所封堵。而英国则由其西岸可以自由进入大西洋。第一次世界大战（1914 年 8 月至 1918 年 11 月）打了 4 年多，德国原来预期 1 年结束战争，只准备了一年的物质储备。到了战争中后期，由于英国对德国实行海上封锁，使德国经济陷入困境。为打破封锁，德国海军决心同英国海军决战。尽管在战术层面德国取得了日德兰海战的胜利（德国称为斯卡格拉克海峡海战，1916 年 5 月 31 日至 6 月 1 日），然而在战略上而言，德国海军仍旧没能打破英国的海上封锁，全球海洋仍然是英国海军的天下，德国的大洋舰队被困在威廉港内毫无作用，仅是一支"存在舰队"。德国经济仍旧处于困境。第二次世界大战的情况也类似，除了德国的潜艇发挥了一些作用外，德国的重型军舰和没完工的"齐柏林伯爵"号航母均没有发挥实质性作用而沦为苏军的靶子。这充分说明了出洋口对于大陆强权的重要。

鸦片战争时任英国外交大臣的巴麦尊说过一句话："国家没有永远的敌人，也没有永远的朋友，只有永远的利益。"中国的迅速发展已经受到美国的遏制。在《目标中国》一书中，作者威廉·恩道尔分析了美国对华八大战略，货币战争、石油战争、粮食战争、药品与疫苗战争、经济战争、军事战争、环境战争、媒体战争。这其中，与海洋有关的就有四个。美国 1971 年将钓鱼岛随同冲绳一起"归还"给日本应当是出于此战略考虑。切望当今中国的决策者务必要吸取两次世界大战时大陆强权被海洋霸权封锁而导致失败的教训，对美国重返太平洋，遏制中国的战略保持警醒，以坚决的手段重新控制原属于中国的领土钓鱼岛，为中国的崛起提供一个宝贵的出洋口。

注释

① 丁晓良：《农耕、游牧、工商业三大文明比较谈》，商业文化，

2013.05（下）。

②海关总署数据显示，自2001年中国加入WTO后，中国外贸依存度逐年上升，2006年上升至67%的历史高点，2012年中国外贸依存度47%。相比发达国家仍处于较高水平，美国、日本、巴西的外贸依存度约为30%。

67. 能够实现 "各尽所能，按需分配" 吗？

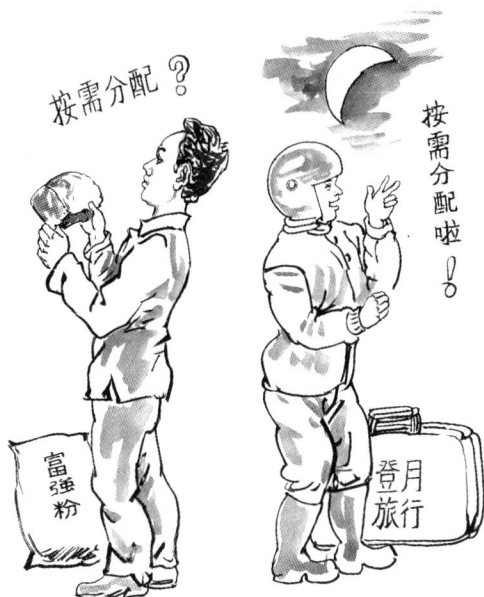

共产主义的基本原则是"各尽所能，按需分配"。意思是说，在共产主义社会，由于生产力的极大提高，物资财富将极大丰富。人人可以"各尽所能，按需分配"。记得我早年读经济学博士学位基础课程时就对此有疑问，但一直没敢公开与大家探讨。经过了这么多年的风风雨雨，这个疑问始终还是存在心里。现在的言论自由度比以前强多了，因此我斗胆将自己的疑问提出来，希望自己不致因此获罪，希望能够有大学问家来帮忙答疑解惑。

所谓"各尽所能，按需分配"，首先是怎么"分配"？在具体操作层面，谁有权力负责分配？分配的公正性？分配是否可以促进社会成员的劳动效率最大化，从而影响到社会资源的效益最大化等问题。实践已经证明，计划经济的手段并不能很好地解决上述问题。采用市场经济的手段，可以解决效率问题，但是分配的公正性还需要国家采用其他方式来调节。在中华人民共和国成立以来的实践中，也有过将"按需分配"误解为只要是按照需要来进行分配，就是共产主义高级阶段的（或具有共产主义高级阶段因素的）分配方式。即使是在生产力水平很低下的条件下，违反社会发展的客观规律，用强制的手段，分配给社会成员以很少很差的消费品，甚至只是最低限度的生存资料，也都是共产主义高级阶段的分配方式。因此曾经导致刮"共产风"。为此于光远先生还郑重其事地建议将"各尽所能，按需分配"的译句改回"各尽所能、各取所需"①。

再者，不论"各尽所能，按需分配"，还是"各尽所能、各取所需"，关键都在于"需"怎么定义？如果这个需仅仅是人类维持生命和繁衍后代的最基本需求，这在我国东南沿海某些发达地区已经实现了。如果这个"需"除了上述最基本需求外，还包括了衣食住行等方面的品牌要求、奢侈品需求、旅游度假需求，我认为无论社会生产力怎么提高，都不可能实现"各尽所能，按需分配"，或者"各尽所能、各取所需"。因为社会生产力的提高受到有限的自然资源制约，不可能是无限的。而人类的需求欲望却可以是无限的。举例说，20世纪70年代至80年代，家里能够人均住房面积5~6平方米就不错了。而现在，可能家中人均住房面积15平方米还嫌小。如果按照人类的主观需求来盖房子和分配房子，地球上将不再会有人类进行生产活动的空间。人类将自行毁灭。再举一个极端的例子，以前人们很少旅游，而现在普通老百姓也经常旅游了。国外甚至有富豪开始登月旅行。扪心自问，是否每个人都会有好奇心，有愿望（有需求）登月旅行呢。那是否可以实现"各尽所能，按需分配"呢？答案还是否定的。道理还是那么简单，自然资源是有限的，因此社会生产力的提高也是有限的，而人类的欲望是无限的。不可能满足所谓的"按需分配"或者"各取所需"。因此，当初这句由法国空想共产主义者提出的空想，仅仅在马克思恩格斯全集中出现两处，继之被列宁、斯大林所肯定的所谓共产主义最终目标是不可能实现的。事实上，恩格斯在 1888 年 8 月 17 日至 9 月 19 日考察美国后对马克思的早期理论（如暴力革命、消灭私人企业、无产阶级专政理论）的看法已经有了改变，但是没有被苏联共产党多数（布尔什维克）接受。直到 1895 年 3 月，他临终前的五个月，他终于以一个伟大的知识分子的良心，以对后代，对人类极端负责的精神，坦诚地、毫无保留地承认："历史表明我们也曾经错了，我们当时所持的观点只是一个幻想。历史做的还要更多：它不仅消除了我们当时的迷误，并且还完全改变了无产阶级进行斗争的条件。"②

理论是僵化的，是需要发展的，但中国共产党让人民当家作主和富强的理想不能变，实践之树常青。为了民富国强，为了团结一切可以团结的人实现中国梦，我们应当实事求是而不是刻舟求剑，重新审视这一所谓的共产主义者的最高理想和最终目标了。

注释

① 于光远：《把"各尽所能、按需分配"改回"各尽所能、各取所需"——我的一个建议》，载《中国翻译》，1981（3）。

② 恩格斯：《"法兰西阶级斗争"导言》，见《马克思恩格斯全集》，第 22 卷，595 页。

68. 世界人口可能无限膨胀下去吗？

——在世界人口达到70亿日所想到的

　　2011年10月31日是个值得纪念的日子。因为在这天凌晨，象征全球第70亿个成员之一的婴儿在菲律宾降生。"人口时钟"走的速度正在以加速度上升。美国人口普查局认为，公元前8000年，全球人口数量约为500万人，大约直到公元前500年，这一数值才慢慢爬到了1亿人。又用了2000多年，到19世纪初，世界人口终于攀升到了10亿人。然后，这个"人口时钟"就快得不成样子。第30亿个人口宝宝大约出生在1959年。而在突破30亿人后，仅花了15年时间，世界人口数量就达到了40亿人。1987年，世界人口达到了50亿人。1999年，世界人口达到了60亿人。2011年，世界人口达到了70亿人。也就是说，不到25年，地球已增加20亿人。按照这个速度，世界人口将在2050年达到90亿人，2100年达到100亿人。人类社会如何可持续发展？是大家应该认真考虑的问题。

联合国确定 10 月 31 日是世界勤俭日。联合国人口基金会发布的 2006 年世界人口现状报告显示，世界人口已经突破 65 亿人，仅就地球资源消耗来说，人类也必须做到勤俭节约。

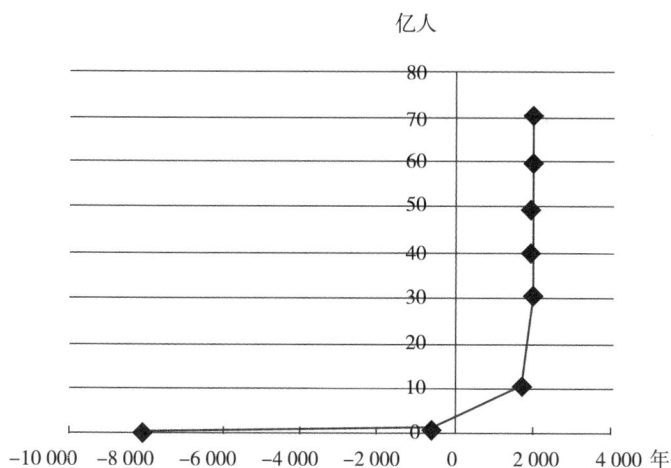

图 世界人口随时间增长曲线

69. 战略型企业家在未来需要把握的三个趋势是什么?

经济发展转型升级的重要措施之一是培养战略型企业家。那么什么是战略型企业家呢?其领导能力主要体现在对资源的整合能力,创新能力,以及对于未来的趋势、市场变化更加敏感。这里仅就最后一点,即战略型企业家在未来需要把握的三个趋势作一总结。

未来趋势之一:世界范围制造业向服务业转变。例如,20 年前 IBM 的产值中 80% 是硬件,而今天硬件的产值只有 20%,其他 40% 产值来自于软件,40% 来自于服务。更有甚者,微软推出了"软件即服务"(Software as a Service,SaaS)。目前广泛流行的云计算实质上是商务模式的变革,即把一次性购买物品变成提供持续性服务。用户可以按需使用,按使用付费。共享一个大的平台支持。为什么会产生这种趋势呢,我判断这是因为:(1)由于技术的进步,世界范围内出现了制造产能相对过剩的情况。（2）服务相对于产品的客户黏稠度高，用户资源和品牌忠诚度相对容易积累，客户不容易流失。例如我自己的中国移动手机号码，每天都会接到若干个垃圾电话、垃圾短信，不胜其烦。早就想将其弃之不用，但还是迟迟未做。为什么？因为很多老朋友只是知道我的老电话号码，一旦把它换了，与老朋友的联系也会受到影响，因此还是忍着未换。再比如中国移动虽然是移动通信领域的国有垄断经营公司，但它也不能强迫用户不用微信而用飞信。

未来趋势之二：产业的垂直整合和横向整合，协作创新。例如，网络游戏解决方案公司可以解决方案为基础去整合游戏公司、运营公司、游戏人才培训机构；外墙阻燃保温材料公司可以该产品为基础去整合上游助剂公司、下游装饰材料公司。但是整合能力取决于有关企业家对于资源的经营能力。

未来趋势之三：模块化。例如，现在很多软件企业在做的、服务于几十万家中小企业的云平台就是模块化构成。

70. 未来十年的黄金产业是什么?

俗话说:"男怕选错行,女怕嫁错郎。"且不论这句话是否完全准确,它至少描述了选择行业的重要性。过去十年中,黄金产业可以说是房地产。我过去创业虽然非常努力,但由于行业没有选对,事倍而功半。

世界上没有卖后悔药的。向前看,未来十年的黄金产业是什么?我认为是文化创意产业、海外矿产资源产业、健康产业。

文化创意产业,包括网络游戏、动画、电影、电视节目、戏剧等。在韩国已经超过汽车成为第一大产业。君不见很多中国老大妈和小姑娘,深夜 23 点以后还在一把鼻涕一把泪地看韩剧,其收视率占到了深夜 23 点之后的 10% 之多。很多年轻人乘地铁上下班时也在利用手机看。韩剧成为了中国社会的主流文化商品之一，不仅抢占了巨大的市场份额，而且还带动了韩国的饮食、服装、美容、旅游、韩语教学等相关产业的繁荣，输出了韩国的价值观，光大了韩国的国家形象。文化创意产业在欧洲也占到了GDP 的 10％以上。中国人口众多，自然资源相对较少。文化创意产业可以利用中国的比较优势，同时解决就业、拉动内需。逐渐富起来的 13 亿中国人口规模支撑起了欧美国家不可比拟的文化创意产业消费市场。以电影产业为例，2012 年中国电影票房收入为 170 亿元，人均电影消费仅十几元。王健林预计，2018 年前，中国电影票房收入将超过北美，2023 年前将达到北美票房收入的 2 倍左右。因此在 2013 年 9 月 22 日，万达集团总投资 300 亿元建设的青岛"东方影都"影视产业园启动，这是全球投资规模最大的影视产业项目。

为什么要搞海外矿产资源产业？还是因为中国人多资源少。国内的矿产资源已经炒得很高了。在铁矿等方面还受制于人，应该响应国家号召，走出去建立海外矿产资源基地。

为什么说健康产业是未来十年的黄金产业呢？中国已经进入未富先老的阶段。从 2011 年开始，我国将在未来 5 年内出现第一个老年人口增长高峰，60 岁以上老人将从 1.78 亿增加到 2015 年的 2.21 亿。拿北京市来说，2012 年老龄化人口已经达到 245 万人，占户籍人口总数的 1/5。预计到 2055 年，我国老年人口将达到峰值，即多达 4.72 亿人。如果届时总人口 15 亿人左右，那就相当于每 3 人中有一个 60 岁以上老人。若按照西方的医疗模式，仅仅是医药费一项可能就会把中国政府拖垮。所以必须创新，按照"上医治未病"的哲学思想发展中国人自己的健康生活方式和健康产品。

后记： 历经磨难痴心不改， 一生理想永追求

图1　祖先 455 年前建的永昌堡①大门

　　中国的知识分子大都受儒家文化影响很深，希望能够修身齐家治国平天下，我的家族和我也不例外。祖上王叔果、叔杲兄弟曾在明嘉靖三十七年（1558 年）发起修建永昌堡以抗击倭寇。这是我国东南沿海一带现今仅存的抗倭城堡，为国家重点文物保护单位。祖先为了鼓励后辈学习，在家族祠堂设有公学。一定年龄段的孩子可以到公学免费读书。如果族人中有人考取了功名，他的家门口可以挂上标志性的奖励旗杆。因此我家学风浓厚，人才辈出，历数百年而不衰，明、清两代列进士者 13 名，武状元 1 名，传胪 1 名，副榜 4 名，举人 30 名，胶庠 900 名。近、现代又有著名电机工程学家、教育家王国松，戏曲学家王季思（我祖父的二弟）等。我的高祖父王德馨字玉才，号仲兰，是清咸丰、同

治之际禀生，永嘉东山书院山长。高祖父为人耿直，遇不平之事，必慷慨陈词，这也给他带来了灾难。[②]高祖父这种性格也遗传给了父亲和我，给我们各自的仕途都带来了麻烦。

图2 高祖父所题温州中山公园石刻。
左为长孙女王静娴，右为长孙王希逸（我的祖父）。

我的父母都是教师。父亲王则檩于20世纪40年代在北洋大学求学时因不满蒋介石集团的腐朽统治，满腔热情地跑到华北解放区参加革命，1949年任太原国民师范学校团支部书记，改名丁大力。他的革命理想与他观察到的许多现实有矛盾，因此他在解放初期比较困惑[③]。1957年反右运动中教师曾是受灾最惨重的群体[④]，我父亲被打成右派，之后他潜心物理教学而不再谈论政治。母亲叶连枝是小学语文高级教师。"文革"时被贴大字报，也曾惶惶然不可终日。自我记事后，我从来就没有看到父母开心地笑过。父母对他们自己的将来，对我们兄弟三个生活道路怎么走实际上很彷徨，很少同我们谈及未来，也不怎么谈他们的家庭⑤。我想他们大概是被历次政治运动搞怕了，连在家里说话都很谨慎。小时候我因为家庭出身和父亲是右派的缘故，在学校中经常被欺负。我不甘于这种状况，但对于自己未来要做什么实在也是懵懵懂懂。邻居常常问我是否天生就喜欢念书？我回想一下，小时候是翻过父母的一些书，物理书我看不懂，历史书写得特别没意思，无非是说一个新皇帝怎么打倒另外一个旧皇帝，然后重复老一套。还是10岁时看到大哥丁舍予借的《钢铁是怎样炼成的》，书中有一段名句深深地影响了我，"人最宝贵的是生命。生命属于人只有一次。人的一生应当这样度过：当他回首往事的时候，不会因为碌碌无为、虚度年华而悔恨，也不会因为为人卑劣、生活庸俗而愧疚。这样，在临终的时候，他就能够说：'我已把自己整个的生命和全部的精力献给了世界上最壮丽的事业——为人类的解放而奋斗。'"这段话促使我对自己怎样度过一生有了一种内在的要求，我把这句话恭恭敬敬地抄在自己的好多日记本的扉页上。后来又陆续看到了范仲淹的"先天下之忧而忧，后天下之乐而乐"等名句，岳飞的《满江红》等名词。我成年之后很少流泪，但朗诵这些名篇时我常常会情不自禁地热血沸腾，热泪盈眶，一直到现在都是如此。我从小就梦想成为像上述先贤一样能够为民族和人民作出重大贡献的不朽人物，无论客观环境怎样，都立志努力去做。凭着这种志向，我在读书无用论横行的年代里认真学习，靠着这种信念，我在插队4年中没有沉沦，在1977年恢复高考时以长治市第15名的优异成绩被重点院校优先录取。凭着这种坚定，我在上大学身患严重的乙型肝炎时坚持练气功，终究战胜了病魔，并于 1988 年成为工学博士。也是这种梦想，使得我在硕士、博士阶段两次放弃了留学国外的奖学金，坚持在中国工作。我总是认为美国的美好是由美国人民创造的，中国的美好也不会从天上掉下来，要靠中国人民自己的努力来创造。在认识到力学领域的开创性工作基本上已经由牛顿等伟大的力学家完成，自己难以在此领域为人类作出重大贡献时，我转而从事自己当时认为更加重要的中国改革事业和经济学研究。我曾为官四任，造福四方⑥。我的经济学博士论文曾被阅评专家认为"对中国科技体制改革将是一重大的理论贡献"⑦。我在 1992 年 36 岁时成为副局级干部，具有地方和中央的实践经验，1997 年又获得经济学博士学位，具有了国民经济宏观管理的理论修养，仕途似乎一片光明。然而，由于改革必然要触动一些寻租既得利益者的利益和讨论如何深化改革时难免有不同看法，由于我国千百年来的官僚体制所具有的逆向淘汰机制⑧，也由于祖先遗传给我的耿直、认真和不圆滑的性格，更加由于我对于中国社会几千年来的潜规则缺乏清醒的认识，我作为中国科学院机关的"拼命三郎"和改革的"哼哈二将"，升迁之路戛然而止。正如陈敏之评价他的哥哥顾准："忧患任天下，卓见有明珠。奈何书生气，岂能展抱负。"⑨我在副局级的岗位上停留了 7 年。1999 年我才认真地想是否应该换换环境，出国进修一段时间了。先前提到我在硕士、博士阶段曾两次放弃留学国外的奖学金，除此之外还有一次机会。早在 1995 年，美国伊利诺伊大学的老师就提出给我奖学金，资助我在该校攻读工商管理硕士。当时我因忙于中国科学院的"九五"规划和国家 863 二期计划，根本无暇顾及。现在是时候了。

1999 年，我作为新兴领袖被美国艾森豪威尔基金会选为艾森豪威尔学者⑩。在美国 20 多个城市周游了两个半月，把高技术园区、有代表性的风险投资机构都看了一遍。确实对美国和美国人民的认识有所深化，当然也利用此机会与美国的同行互相进行了广泛的交流。之后我就用中国科学院资助的留学基金，美国伊利诺伊州立大学厄巴那—香槟分校（UIUC）资助的奖学金在 UIUC 完成了工商管理硕士的学业。我出国的时候，全家的财产加起来一共一万美金。我自认为自己在 1999 年以前把全部的精力都献给了祖国和人民。1992—1994 年在广西扶贫，我每个月工资也就 300 来块钱，还捐助 8 个孩子念书。我在美国待了一段之后，女儿和夫人也去了。女儿一开始不愿意去美国，去了美国适应之后又不愿意回来，想在美国继续求学。一贯无条件支持我的夫人开始反对我，支持女儿，我在自己家里成了少数派。记得我在加州圣地亚哥实习的时候，站在美丽的海滩上，望着远方的海际天边，想着大洋的彼岸就是自己的故乡，但自己当时还在到处漂泊。一方面是家庭的经济需求，我和夫人逛超市时经常是掐着指头买东西，夫人为了生计经常每天打两份工，女儿在中国学校和同学们都穿校服，没什么自卑感，但是在美国，限于我们的经济条件她只有两套换洗衣服，在每天换衣服的美国同学面前，她感到自卑。另一方面是"距离产生美"，我的仕途上又有了中国科学院、广西壮族自治区政府和国家行政学院等 5 个正局长位置等我就位。我自认为是个清官，信奉"君子爱财，取之有道"。按照我当时的工资，要想负担女儿在美国留学是不可能的。女儿反复问我为什么不能在非政府部门继续为民族和人民作贡献，我也反复问自己。我想大概还是中国社会传统的官本位情结⑪，"学而优则仕"在作祟。我在国外留学时假期打工的经历对于恢复我的平民意识也有促进。最近社会上流行一句话说，"老爸决定起点，老婆决定终点"。至少对于我的仕途来说，这句话是对的。为了在事业和家庭之间取得平衡，为了不再受官僚体制逆向淘汰机制⑫和夫人的夹板气，为了在市场经济的大潮中奋斗一片新天地，我终于选择出局，在 44 岁的时候辞掉局级干部的职位去创业，重新开始。这样既可以继续报效祖国，也可以支持家庭。

我中年白手起家创业，艰苦可想而知。尽管如此，我创办的"达成无限"曾被授予"中关村创业 50 强"，我自己也荣获"中关村优秀创业留学人员"。我希望并相信在大家共同努力下，国家会在我们这一代的有生之年实现经济繁荣，政治法制。我深深体会到一个地区、一个行业、一个国家的变革和发展是全体人民集体学习和努力的结果，而集体学习和共同发展都需要相当一段时间的积累，付出艰辛的努力，是一个历史的进程。作为改革开放后的首届大学生，我们有责任使中国尽快富强起来。本着上述宗旨，我从 10 岁立志以来一直是在努力学习和工作的，忙时，经常通宵达旦。这其中有探索的真诚和勇气，有追求的曲折和悲欢，有工作的艰辛和疲惫，有辛劳后的心灵宁静、智慧的充实、理性的觉醒，同时也失去了一些常人的乐趣。

现在我可以不为五斗米折腰了，也不再受任何职务的束缚，我获得了自由。但我小时候希望为民族和人民作出重大贡献的梦想仍没有实现，为此我常常感到遗憾。幸福主要是精神层面的事情，人无法以一切身外之物买到内在的平安。我不能够接受带着遗憾的所谓"放下"、"顺其自然"、"随缘"、"随遇而安"等，如果那样，我内心还是不安。我知道自己在某些人的眼中显得很愚蠢，很傻，但我终归只能够"尽人力，听天命"。因此我仍然在继续奋斗，追求新的、自己大体可以掌控、通过努力又可以实现的目标。认认真真地活在真实的当下，脚踏实地做自己感兴趣的事，例如，面对未来，自由地创作、思考，做民族思想启蒙的研究、教育普及工作；认认真真地做社会所希望和需要我做的益事，包括慈善事业、社区志愿者工作；认认真真地反思自己。李小龙说，"很多人一生都致力于去实践一个他们应怎么样的理念，而不是去实现、认识他们自身。"我大概也是这样。经过一生的沉浮，我认识到自己耿直、认真和不圆滑的性格也许局限了我在中国官僚体制内的继续发展，但是它也许有利于我从事自己感兴趣的比较文化、比较史学、比较制度、比较政治经济学方面的研究和思想启蒙。我很高兴自己在近耳顺之年时，又找到了可以贡献于民族和人民、同时又能够自我救赎的新方式。

这本书的写作也是我继续追求真理的见证。前不久与夫人讨论我的最大特点是什么？她说是认真。我说我做事当然是认真的，但最大的特点是历经磨难痴心不改，一生理想永追求！毛泽东在17岁时，他的父亲毛顺生要他留在家乡做生意。毛泽东不甘于此，在父亲的账簿里夹了一首他抄录的日本明治维新三杰西乡隆盛改写的中国宋人的诗：孩儿立志出乡关，学不成名誓不还。埋骨何须桑梓地，人生无处不青山。开始了他人生追求的旅程。我今年已经58岁了，不可能再像一个17岁的年轻人那样去打拼。但正如一篇影响了很多人的短文《年轻》⑬中所说："年轻，并非人生旅程的一段时光，也并非粉颊红唇和体魄的矫健。它是心灵中的一种状态，是头脑中的一个意念，是理性思维中的创造潜力，……"我有丰富的人生阅历，有对于国家和民族命运的深入思考，有深厚的理论修养，有对于自己个性和特长的客观认识，有多年追求理想的经验教训，因此我要把它写出来。岁月悠悠，时空变换，角色变换，但是我骨子里的信念从来未变。就像一首歌中唱的："那年万丈的雄心，从来没有消失过，即使时光渐去依然执著"，"为了理想我宁愿忍受寂寞，饮尽那份孤独"⑭。

少年和青壮年时期的我曾经非常乐观和自信。相信在历史上大多数人的选择会是对的。但现在的我没有那么乐观，或者说有点悲观。因为历史上曾经多次发生过多数人暴政。因为政治有政治的逻辑，历史有历史的逻辑。什么是政治？政治是各种权力主体维护自身利益的特定行为以及由此结成的特定关系，是对社会价值的权威性分配。在对社会价值进行再分配时往往要损害寻租既得利益集团的寻租权。由于利益集团实力的差别，政治斗争的结果，在短期甚至很长的一段时期内往往不符合推动社会进步的历史发展规律。黑格尔曾说，"人类唯一能从历史中吸取的教训，就是人类从来都不会从历史中吸取教训"⑮。尽管如此，我也只能本着良心，尽自己微薄的能力去做。因为，这不仅仅是救他人，同时更是救自己。黑格尔还说，"一个民族有一些仰望星空的人，他们才有希望。"中国有几个这样的人？民国时期的著名教育家张伯苓在抗战时曾说，"简单地说，中国将来的希望有我。人呐，一定不要灰心，你应该自己站起来说：中国的事就是我的事，我应该负责中国的事。大家不要你赖我、我赖你，自己要负些责任，国家的事情我有份责任，你不要指责这个指责那个，你指责你自己，你尽责任了没有？大家都说中国有我，中国就有办法了。"在中国社会处于转型期的今天，在改革窗口期的关键时刻，我们也应该大声地喊出并身体力行："中国改革，有我！中国启蒙，有我！"

注释

① 明嘉靖年间，温州沿海备受倭寇侵略。公元 1553—1563 年，在短

短的 11 年间，温州遭倭患 28 次之多，每年因此而死的人不少于 3 万。先祖王叔果、王叔杲募集了约 7 000 两银子，建造城堡作为抗倭根据地。这便是永昌堡。城堡呈长方形，南北长 738 米，东西阔 445 米，周长 2 366 米，城墙高 8 米，基阔 4 米。用石头斜垒，中夯土。城外环护城河，城内凿有二渠，居民分住渠之两岸，井然可观。为国家重点文物保护单位。

② 太平天国在浙江被扑灭后，清廷下旨免赋救灾。可府县地方官仍匿旨不宣，照常征赋。高祖父便写了一篇文章揭露知县陈宝善违抗朝廷，匿旨擅征，遭县官捉拿关监。幸得他的三弟是清朝的武秀才，冒险背着高祖父越狱逃往北方。

③ 详见我的堂姑妈王田兰写的回忆录，《解放日记——解放太原的日日夜夜》，第 10、25、29、44 页。姑妈于 1947 年加入中国共产党，比父亲参加革命还要早。

④ 李若建：《庶民右派：基层反右运动的社会学解读》，载《开放时代》，2008（4）。

⑤ 我对于自己祖先的了解都是成年后回温州祭祖时在温州博物馆看到和听长辈讲的。

⑥ 我自 1988 年取得工学博士学位后便投笔从政。历任中国科学院力学研究所办公室副主任，山东省淄博市张店区政府科技副区长，中国科学院政策局战略远景处处长，广西壮族自治区百色行署科技副专员兼中国科学院广西科技副职工作团团长，中国科学院规划办公室主任、21 世纪初国家高技术研究发展计划（S—863 计划）软课题组常务副组长、中国科学院计划财务局副局长、高技术研究与发展局副局长等职务。在每个岗位上都尽力为国家和人民作出贡献。获得过国内外表彰、奖励 29 项。

⑦ 丁晓良：《中国科技体制改革的经济学分析》，北京，科学出版社，1998。

⑧ 萧功秦，官僚体制具有一种逆向淘汰机制，官场会自动地排斥一切具有变异能力的人物。官僚制历来是一个大染缸，把有思想有创新意识的人统统清洗出去，把官场中的人们染成同样的颜色。体制往往不需要那些

有远见卓识或雄才大略之辈。在官僚体制内最具有适应能力的，正是这样一类人物：只顾眼前、不管将来；只打官腔、不表真情；不求有功、但求无过；胸无大志、得过且过；知难而退、有所不为。

⑨ 陈敏之：《顾准传记》，见《顾准文集》，贵阳，贵州人民出版社，1994。

⑩ 艾森豪威尔学者，英文是 Eisenhower Fellow。1953 年，美国宾州的一些商人为纪念艾森豪威尔总统为国际和平所作的贡献而设立了学术奖金项目 Eisenhower Fellowships。每年从全世界各地选拔一些新兴领袖进行交流。迄今为止，中国大陆已经有 70 余名学者，中国台湾有 40 余名学者，全世界有 1 900 余名学者。

⑪ 在改革开放、市场经济的大潮中，人们的自我实现有多种方式，对于职业有多种选择，因此官本位的情结会淡一些。例如，1992 年邓小平发表视察南方讲话后，大批公务人员辞职下海。以致有个专有名词称呼这批人为“92 派”。但是随着这些年计划经济体制的回归，中国社会官本位的味道又浓起来了。请看一组数据：在美国，3% 的大学生愿意考公务员；在法国，是 5.3%；在新加坡，只有 2%；在日本，公务员排在第 53 位；在英国，公务员进入 20 大厌恶职业榜；而在中国，76.5% 的大学生愿意考公务员。俄罗斯前总统梅德韦杰夫说过，“一个国家的青年，争着去当公务员，这说明这个国家的腐败已严重透了。”

⑫ 详见注释⑧。

⑬ 70 多年前，德裔美国人塞缪尔·厄尔曼写了篇只有 400 多字的短文《年轻》，首次发表的时候，引起轰动。许多中老年人把它作为后半生的精神支柱。麦克阿瑟将军在指挥太平洋战争期间，常引用文中的许多词句。松下幸之助说：“多年来，《年轻》始终是我的座右铭。”

⑭ 余开基：《三百六十五里路》，见《高考音乐强化训练·声乐卷（修订版）》，长沙，湖南文艺出版社，2003。

⑮ 例如，人们善良地期望中国接受苏联解体的教训，主动改、早点改、彻底改，但二十多年所谓研究结果是防止所谓苏联悲剧重演不能改。

对于寻租既得利益者，苏联解体也许的确是悲剧，但是对于老百姓来说，苏联发生的真是悲剧吗？请看一些事实：俄罗斯现在有全民公费医疗。不管工人、农民、还是无业者，只要是俄罗斯公民，就一律享有公费医疗。有免费教育。孩子上学，一律免费，连教科书，都由学校无偿提供。非但如此，所有学校，每天都免费向学生供应一顿丰盛的早餐或午餐。全俄罗斯财政收入的三分之一，用来购买公共服务和完善公共设施。高层领导及子女一律不许国外定居。

致　谢

感谢奥伦达部落提出的梦想成功计划，启动了我长久以来的一个愿望。感谢中国金融出版社社长魏革军先生对于本书的肯定和出版的支持，刘钊主任和石坚编辑认真的审校。感谢中国科学院院长白春礼院士多年以来对我的信任、培养和对于本书的肯定。感谢两位第三世界科学院院士，国务院参事、全国政协委员、中国科学院可持续发展战略研究组组长、首席科学家牛文元，原中国心理学会理事长、国际心理学联合会副主席、中国科学院心理所所长张侃拨冗为本书作序并指教。感谢温州老家的画家、原温州日报美编黄理国为书中文章所做的艺术创造插图，使得本书图文并茂，更便于读者理解。感谢《商业文化》主编于镁、中华炎黄文化研究会副会长刘向阳、中国人民大学赵彦云教授、《经济理论与经济管理》副主编杨万东、北京理工大学朱东华教授在百忙中通读书稿并写出读后感。感谢夫人刘昭和在我做心脏射频消融术期间对于我的悉心照料，感谢女儿丁骏在她大学传记课作业中对于我的敏锐观察和直率评判，感谢我的大哥丁舍予多年来对于年迈母亲的悉心照料，使我能够安心写作；同时还要感谢他和我之间的脑力激荡以及对于本书的中肯意见。